KB163556

궁극의 차이를
만드는 사람들

효율성을 넘어
창의성으로

궁극의 차이를 만드는 사람들

• 라인하르트 K. 슈프렝어 지음 | 강민경 옮김 •

흐름출판

효율성을 넘어 창의성으로

'기업은 기름칠이 잘 된 기계다.' 이것은 오랜 시간 기업 경영을 지배해온 통념이다. 불필요하다고 생각한 모든 것은 효율성을 위해 희생되었다. 특히 사람이 희생되었다. 사람은 그저 기계로 처리할 수 없는 작업을 수행하는 부속품이었다. 그러다 보니 사람은 감내해야만 했고, 생각은 하지 말고 일만 해야 했으며, 인격을 침해당해야 했다.

역설적이게도 사람을 가치창조의 영역으로 다시 끌어들인 것 또한 기술 발전이다. 디지털화에 생각하지 못한 부작용이 존재했기 때문이다. 그것은 바로 사람의 능력이라는 자산에 대한 재평가 및 고평가다. 사람들에게 진정한 가능성의 문이 열렸으며, 이러한 변화가 발생한 이유는 시장이 그것을 원했기 때문이고 기술이 그것을 가능케 했기 때문이다.

이 책에서 내가 다룰 내용은 '4주 안에 우리 회사를 디지털화하는 법'이 아니라 '디지털화를 이룩하기 위해 경영진이 해야 할 일'이다. 기업이 여태까지 달려온 방식으로는 더 이상 앞으로 나아갈 수 없다. 우리는 너무 느리고 우유부단하며 망설임이 많다.

나는 다양한 장소에서 이에 관한 내용들을 메모했다. 여기저기 산재한 발견과 지식을 한데 묶어 정리한 것이다. 이 책에 담긴 많은 조언 또한 참신한 내용은 아니지만 시대에 뒤처진 내용도 아니다. 나는 자문, 강연, 세미나를 다니던 중 떠오른 아이디어를 모아 이 책을 썼다. 이러한 아이디어는 대부분 내가 스마트폰이나 메모지, 심지어 비행기 구토봉지에 적어둔 단어 몇 개에서 출발해 디지털 시대의 기업 경영을 위한 111가지 조언이자 원칙이 되었다.

이 책을 읽다 보면 독자들도 알아채겠지만, 상당수는 아날로그 세상에도 유효한 내용이다. 이를 깨닫고 놀란다면 디지털화란 그저 기술적인 현상일 뿐이라고 잘못 이해했기 때문이리라. 모든 디지털 기술과 기기는 아날로그에서 시작해서 아날로그로 끝난다. 그것이 이 책의 핵심이다. 이 책은 디지털화의 뿌리, 즉 사람에 대해 이야기한다.

나는 똑같은 내용을 반복해서 서술하지 않으려고 노력했다. 그리고 이러한 노력이 결실을 맺지 못한 이유는 각 조언에 저마다 중요한 내용이 담겨 있기 때문이다. 나는 생각을 일관성 없이 나열하지 않으려고 애썼으며 동시에 논리적인 형태로 표현하기 위해 공을 들였다. 독자들로서는 이 책의 어느 부분이든 펼쳐서 읽고 어디서든 독서를 중단할 수 있으니 장점이다. 이 책은 누구나 자신에게 맞는 조언만을 쏙쏙 골라낼 수 있는 채석장이다. 하지만 내가 독자 여러분에게 추천하고자 하는 바는, 책을 이리저리 들추며 중간부터 읽다가도 다시 앞으로 돌아가 읽으라는 것이다. 그렇지 않으면 수많은 내용 중 특정 내용만을 편식하게 된다.

미래가 아름다운 이유는 우리가 그것을 설계할 수 있기 때문이다. 디지털화를 이해하는 일은 사람에 따라 어렵기도 하고 그렇지 않기도 하다. 이 세상에는 두 가지 유형의 사람만이 존재한다. 이진법 코드를 이해하는 사람과 이해하지 못하는 사람. 내게 "어떻게 시작하면 될까요?"라고 묻는 사람들이 많다. 이는 신문에서도 답을 찾기 힘든 상당히 어려운 질문이다. 그래서 이 책은 모두가 전진을 멈추는 곳에서 출발한다.

누구나 디지털화를 이룰 수 있다. 가장 높은 위치의 리더가 아니라 어떤 직급에 속한 리더라도 상관없다. 우리가 어떻게 하느냐에 따라 디지털화는 앞날을 밝힐 횃불이 될 수도 있고 발목을 죄는 족쇄가 될 수도 있다.

차례

오직 사람만이 궁극의 차이를 만든다

여러분은 조직을 이끄는 리더인가? 물론 리더들은 책의 '들어가는 말' 따위는 읽지 않는다는 사실을 나는 알고 있다. 그러나 이번만은 예외로 하라. 이 글은 이 책을 통해 성공을 거머쥘 방법을 미리 일러줄 것이기 때문이다. 계속 읽을 마음이 들었는가? 그렇다면 좋은 소식이 있다. 곧 우리 앞에 아주 놀라운 시대가 펼쳐질 것이다. 전혀 지루하지 않고 모든 정보가 집약된 시대가 말이다. 그리고 그것은 우리에게 반드시 필요한 시대이기도 하다.

떼려야 뗄 수 없는 디지털화

노동 시장은 격렬하게 변화하고 있으며 변화 속도는 계속해서 빨라진다. 어떤 회의에 참석했을 때 한 참석자가 발표자에게 던진 질문이 기억에 남는다. "도대체 이 디지털화라는 게 언제쯤

끝날까요?" 사람들은 웃음을 터뜨리며 그의 말에 공감했다. 여러분도 이미 알고 있으리라. 앞으로 남은 인생 동안 우리의 직업 활동과 디지털화는 떼려야 뗄 수 없는 관계다. 지금부터 펼쳐질 시대는 도전해야 할 시대이기도 하다. 우리가 다른 인물, 완전히 새로운 존재가 될 기회를 품은 시대이기도 하다. 타인과 교류가 많은 사람은 더욱 '연결된' 사람이 된다. 우리의 존재는 우리가 누구인가로 정의되지 않는다. 타인과 함께 있을 때 어떤 인물인가로 정의된다.

우선 스스로에게 질문해보자. 디지털화의 '기술적인 면'에 대해 무엇을 알고 있는가? 책 한 권에 모두 담기에는 참으로 어려운 주제다. 이 내용에 관해 토론을 시작하면 내 친구들은 곧바로 정교한 지능과 가격에 민감한 데이터의 조합인 헤지펀드를 주제로 꺼낼 것이다. 밀 가격에 영향을 미치는 미국 네브래스카 주의 날씨부터 건설 업계 경기 활성화와 밀접한 관련이 있는 독일 슈바벤 지방 중산층의 소득 예측까지, 데이터는 다양하다.

이 책이 출간된 후 세상이 그 사이 바뀌어 책의 특정 내용이 이미 지나간 일이 될 수도 있다. 그리고 내가 책에서 예시로 든 기업들이 더 이상 존재하지 않을지도 모른다. 그러니 챗봇이니 로봇, 버블정렬 알고리즘, 제로스크린, 딥러닝, 인공지능, 블록체인이니 뭐니 하는 이야기는 이제 그만두도록 하자.

주목해야 할 부분은 디지털화 시대의 '경제적인 측면'이다. 지금까지 기술은 소비 활동을 크게 변화시킨 제품이나 그 과정만을 개선했다. 가장 잘 알려진 예는 애플Apple이다. 애플은 아이팟iPod으로 음악 재생을 디지털화했고 아이튠즈iTunes로 음원 구입 과정을 디지털화했다. 우리는 이미 약 10년 전부터 디지털화의 두 번째 단계에 접어들었다. 경쟁은 동종 업계에서 시작되는 것이 아니다. 오히려 전혀 다른 분야에서 나타난다. 그래서 계획을 세워 대비하기가 어려워졌다.

아마존당하지 않는 법

"내일 나와 경쟁할 상대는 도대체 누구란 말인가?" 미국 기업의 지배를 받는 IT 지사들이 모든 산업 분야로 손을 뻗치고 있다. 이러한 기업들은 하드웨어나 소프트웨어를 판매할 뿐만 아니라 온라인 플랫폼을 통해 주요 제조업체를 고객과 분리하기도 한다. '아마존당했다to be amazoned'는 말은 이제 미국에서 진부한 표현이 되었다. 아마존당하지 않으려면 우리는 스스로 구축한 비즈니스 모델에 고객과 매일 소통하는 디지털 서비스를 추가해야 한다. 이와 동시에 기업의 활동 범위가 다음과 같이 바뀌어야 한다.

- 더욱 커져야 한다. 인터넷을 통해, 그리고 제품, 서비스, 상거래 부문에서 소프트웨어가 점점 더 중요한 위치를 차지함에 따라 물리적인 경계가 사라지기 때문이다.
- 더욱 작아져야 한다. 기존에 비즈니스 중심축을 담당하던 기업들이 새롭고 잠재력 있는, 그리고 전 세계적으로 광범위하게 활약하는 경쟁업체, 이른바 스타트업으로부터 압박을 받기 때문이다.
- 더욱 예측할 수 없어져야 한다. 플랫폼 산업(구글, 아마존, 우버 등)이 업계의 규칙을 바꾸기 때문이다.
- 더욱 복잡해져야 한다. 고객을 고려한다면 제품과 서비스를 개인 맞춤화해야 하기 때문이다.
- 더욱 빨라져야 한다. 이 세상뿐만 아니라 고객, 그리고 경쟁은 우리를 기다려주지 않는다.

디지털화를 위한 준비가 되어 있는가

아직 일관된 그림을 그리기 어려우니 이러한 점을 고려해 잠시 '독일'에 대해 이야기해보자. 독일에는 기업들의 연합체인 콘체른이 다수 존재한다. 이런 거대 콘체른들의 디지털화 수준은 이미 상당히 앞서 있다. 디지털화 수준이란 디지털 시장에서 거둔 비즈니스 성과와 디지털 기술의 사용도로 정의된다. 일부 기업은 이러한 부분에서 상당히 소극적인 태도를 보이는데, 자의

식이 강하다고 해야 할지 어리석다고 해야 할지 모르겠다. 특히 중소기업과 영세기업이 아날로그적인 자기만족을 꿈꾸는 일이 잦다. 이들은 '일이 잘 안 풀리는 이유'를 들며 변명을 늘어놓는다. 그러나 다른 기업들은 '왜 진작 하지 않았을까'라고 말한다.

디지털 퍼스트가 원칙이다

우리가 저마다 실리콘밸리를 만들어낼 필요는 없다. 전 세계에서 최고의 기술을 엄선해 우리 회사의 작업 과정에 통합하면 된다. 그런데 많은 기업들이 이제야 인터넷이 발명된 것 같은 태도를 취한다.

우리 회사는 어떤가? 만약 당신이 디지털화할 기회를 발견하고 고무되었다고 하자. 당신이 속한 조직도 그러한가? 그저 기특한 인큐베이터 단계를 넘어설 근본적이고 완전한 변화를 이루었는가? 가슴에 손을 얹고 생각해보라. 당신은 디지털 프로젝트에 직접 참여했는가? 대부분의 임원들은 그렇지 않으리라. 2017년 기업 경영진 1,000명을 대상으로 한 설문 조사에서 65%가 여태까지 디지털 프로젝트에 직접 관여한 적이 없다고 답했다. 이는 같은 해 진행된 다른 설문 조사 결과와 일치한다.

독일 기업 중 오직 35%만이 디지털화를 위한 준비가 잘 혹은 매우 잘 갖춰져 있다고 답했다. 미국 기업은 85%가 그렇다고 답했다. DACH[•] 지역 기업들 중에는 50%만이 새로운 시각을 제시할 다른 분야 전문가의 도움을 받는다고 답했다. 미국 기업 중에는 90%가 그렇게 답했다. 게다가 미국인들은 인더스트리 4.0[••]을 위한 연구에 독일인들보다 2배나 많은 돈을 투자한다(출처: www.bmf.de). 독일 전체 기업 중 4분의 3이 경영 업무 처리의 절반 이상을 서류상으로만 진행하고 있다는 사실을 알고 있는가(출처: Bitkom 협회 2017)? 만약 디지털화 수준을 기준으로 독일을 에스토니아나 라트비아 등의 국가와 견준다면 독일은 제3세계에 속할 것이다.

독일의 제조업은 다른 나라보다 한참 앞서 있는 것처럼 보인다. 하지만 그것이 바로 착시 현상이다. 우리는 엔지니어링에 집중하고 기술에 사로잡혀 이미 고도로 발전한 제품을 더욱 완벽하고 흠잡을 데 없는 것으로 만든다. 자동차 같은 독립적인 기계의 구조를 한 치의 오차도 없이 설계하기 위해 온갖 노력을 기울인다. 실린더 헤드 개스킷이나 맞춤못처럼 사소한 부품도 마찬가지다. 품질이 독일 기업을 대표하는 특징이라는 점은 굳이 언급할 필요도 없다.

하지만 디지털화는 '연결성'으로 대표된다. 미래에는 제조

• 독일, 오스트리아, 스위스, 리히텐슈타인 등 독일어권 지역
•• 독일 정부가 추진 중인, 제조업과 같은 전통 사업에 IT 시스템을 결합해 지능형 공장을 구축하는 것을 목표로 하는 성장 전략

하는 자가 아니라 연결된 자가 승리한다. 플랫폼을 예로 들어보자. 플랫폼은 정보를 교환하고 통합하며 실시간으로 독립 운영되는 기술에 기반을 둔다. 숫자 1과 0으로만 이루어진 데이터가 순식간에 아무런 손실도 없이 A에서 B로 이동하는 셈이다. 이 기술은 끝없는 네트워킹의 길을 열고 새로운 연결의 필요성을 강조한다. 물론 부작용도 발생했다. "사물인터넷IoT 때문에 3킬로그램이나 살이 빠졌지 뭐야. 시스템을 업데이트했더니 냉장고 문이 안 열리더라고." '세계는 사실들의 총체이지 사물들의 총체가 아니'라고 한 철학자 루드비히 비트겐슈타인Ludwig Wittgenstein의 말에 빗대어 표현하자면 세계는 연결들의 총체이지, 사물들의 총체가 아니다.

제조는 이제 우리의 핵심역량이 아니다. 파괴적 혁신은 말할 것도 없다. 베르타 벤츠Bertha Benz가 자식들을 데리고 발명가인 남편 모르게 만하임에서 포르츠하임까지 이동했던 역사적인 짧은 드라이브 이래로 우리는 아직 세계를 뒤흔들 만한 발명품을 개발하지 못했다.• 독일 프랑크푸르트 증권거래소 상위 30개 상장기업 중 지난 20년 동안 획기적이고 새로운 비즈니스 모델을 구축한 회사는 한 군데도 없다. 디지털 비즈니스 모델도 마찬가지다. 다들 기껏해야 미국의 원조를 복제하는 수준이다.

• 남편 카를 벤츠가 가솔린 자동차를 발명했지만 완벽주의 때문에 세상에 공개하지 못하자, 아내 베르타 벤츠가 과감하게 테스트 드라이브를 한 일화

아니면 오래된 자동차에 새로운 전기 모터를 장착할 뿐이다.

미국의 디지털 거물들에 비하면 베를린 뒤뜰에 자리 잡은 스타트업들은 구멍가게 수준이다. 미국 기업의 바로 뒤를 쫓는 다국적 소프트웨어 기업 SAP조차 세상을 놀라게 할 성공은 거두지 못했다. 근본적으로 새로운 시도를 하는 것은 독일의 덕목에 맞지 않는다. 레닌도 말하지 않았는가. 독일에서는 혁명가들도 정직하게 승차권을 구입한다.

디지털화 지체 현상을 냉정하게 설명하자면 다음과 같다. 독일에는 디지털화가 허상일 뿐이라는 의심이 만연하다. 혹은 사람들이 자신의 회사를 디지털화하는 데 너무 많은 비용이 들어간다고 생각한다. 특히 추진력이 부족한 B2B업체가 그러하다. 가격 패러다임과 재무성과는 여전히 변함없이 우리가 섬기는 신과 같다. 연방 정부가 발표한 〈디지털 경제 모니터링 보고서 2017 Monitoring Report Wirtschaft Digital 2017〉에 따르면 콘체른 기업 10곳 중 1곳, 중소기업 5곳 중 1곳, 영세기업 3곳 중 1곳에 해당하는 말이다. 여기에 경제 상황이 긍정적이라는 점도 한몫한다. 주문 장부는 빼곡하고 실업직자가 거의 없으며 임금은 높고 인플레이션은 낮다. 또한 수출 최강대국이라는 과거 명성을 이어가고 있다. 변화해야 할 이유가 무엇인가? 우리는 현재 기존 제품을 판매해 큰돈을 벌고 있지 않은가. 과거의 영광을 되찾으려는 자가 배기가스를 조작하는 사건을 벌이긴 했지만 다른 부문에서는 큰 문제도 없다.

그래서 상징적인 부분에서만 신선한 시도와 변화가 생겨났다. 넥타이를 벗고, 양복에 하얀 운동화를 신고, 직장 동료끼리 경어를 쓰지 않거나 직급으로 호칭하지 않는다. 온라인 마케팅을 시작해 민첩하게 첫발을 내딛기도 한다. IT 프로젝트를 실시하고, 최고기술경영자Chief Technology officer, CTO를 임명하며 인터넷 상점을 인수하고 사용하기 편리한 서비스 앱을 개발한다. 모든 일이 순조롭다. 하지만 대부분은 숫자 1과 0이라는 디지털 가면을 쓴 아날로그 데이터가 될 뿐이다. 디지털 변화는 기업 전체에서 이루어져야 한다. 디지털 퍼스트Digital first라는 자세가 원칙이다. 여기에 속도를 높이거나 실험을 추가해도 좋다. 결정적인 전환점이 오기를 기다리면 너무 늦는다. 그러면 우리는 또다시 뒤처진다.

디지털화가 늦어진 이유

독일 기업의 디지털화에 제동을 거는 것은 이전 세대의 보수적인 사고만이 아니다. 발전 경로를 잘못 이해하면 디지털화가 늦어진다. 여기저기 문의하고 전문잡지를 읽고 동료에게 질문해보라. "이 변화의 동력이 대체 뭘까?" 그러면 대개는 이런 대답이 돌아올 것이다. 기술이지! 그래서 사람들은 인더스트리

4.0이 과정을 더욱 효율적으로 만드는 업데이트라고 생각한다. 실상은 평소와 다름없는 산업계에 센서가 몇 개 추가되었을 뿐이다. 그리고 IT는 디지털 형태를 띤 사무실 문서가 되었다. 테크놀로지는 비즈니스 모델을 필요로 한다는 사실을 알고 있는가?

이 모든 것들은 기대만큼 높이 도약하지 못했다. 물론 그 이면을 들여다보면 기술자들은 늘 엄청난 양의 데이터와 센서, 로봇들과 새로이 연결되느라 바쁘다. 그러나 이것은 기술 분야의 배경 소음일 뿐이다. 근본적으로 전면에 드러나야 하는 것은 디지털화의 '인간적인 부분'이다.

만약 디지털화를 아주 면밀하게 설계하고 싶다면 그때 활용해야 할 유일한 도구가 바로 인간이라는 계산기다. 인간이라는 계산기는 복잡하면서도 단순해서 예측이 불가능하므로 오히려 고객의 요구나 기술 변화, 글로벌 시장을 관찰하는 데 적격이다. 매일매일 한꺼번에 여러 가지 일을 처리하며 융통성 있게 태세를 전환할 수 있기 때문이다.

사람은 누구나 기업과 다양한 접점을 갖는다. 조직의 바깥에서 사람은 더욱 개성적인 존재가 되고픈, 그리고 모든 것을 간단하고 빠르고 편리하게 손에 넣고 싶은 고객이다. 조직 내부에서 사람은 동료들과 협업해야 하는 공동 작업자다. 우리는 또한 오랜 시간 파묻혀 있던 창의적인 잠재력을 재발견해야 한다.

실리콘밸리 유니콘•들이 도널드 트럼프Donald Trump 대통령의 계획과 전문 인력 이민 제한에 매우 강경한 태도를 보이며 항의한 데에는 이유가 있다. 이 기업들은 회사를 움직이는 가장 중요한 연료가 기술이 아니라 사람이라는 점을 이미 알고 있기 때문이다. 사람만이 그들의 눈에 드리운 낡은 비즈니스 장막을 걷어버릴 수 있다. 높이 쌓인 데이터의 산은 그 속에 숨겨진 무언가를 발굴할 사람이 존재하지 않는다면 의미 없는 덩어리일 뿐이다.

그러나 일이 어떻게 잘못되고 꼬이는지는 독일 사람들이 아무리 애를 써봐야 일인자가 될 수 없다는 점을 보면 알 수 있다. "기술이 먼저고 그다음에 사람을 챙겨야 한다."는 공식이 오랜 시간 동안 지배하고 있다. 잘못된 생각이다. 변화를 주도하는 주체는 사람이다. 기술은 그에 수반하는 것이어야 한다.

디지털화의 중심은 사람이다

기술 혁명은 단편적으로 보아 사회 변혁이기도 하다. 즉 '사람을 다시 기업으로 끌어들이는 움직임'이다. 이것이 바로 이 책의 핵심이다. 모순처럼 들리지만 절대 그렇지 않다. 디지털화의

• 시가총액 10억 달러 이상의 비상장 스타트업

중심은 기술 혁명이나 기계의 힘, 알고리즘의 지배가 아니다. 오직 사람만이 해낼 수 있는 근본에 집중하는 행위가 바로 디지털화다. 그 방법은 다음과 같다.

- 고객을 다시 끌어들이기
- 타인과 다시 협력하기
- 창의력을 다시 키우기

이 세 번의 '다시 하기'를 기억하라. 이 세 가지 전략이 회사를 뿌리부터 변화시킬 테니 말이다. 당신은 아마도 이렇게 물을지도 모른다. "다시 하기? 우리가 그런 적이 있다는 말인가?" 그렇다. 조직이 현대화하는 과정에서 점진적으로 중요성이 쇠퇴했지만, 이 세 가지는 반드시 염두에 두어야 한다.

고객은 본디 기업의 동력이었다. 그러나 기업은 덩치를 키워갈수록 스스로에게 집중하게 되었다. 이제 다시 돌아가야 할 때다. 기업 전체가 고객의 입장에서 생각해야 한다. 고객과 함께 진화의 발걸음을 내딛어야 한다. 그래야만 디지털화가 개인화와 자동화를 절묘하게 연결하는 매개체가 된다.

기업 조직화 과정에서 **협력** 또한 점차 등한시되었다. 대신 세분화, 전문화 및 전문성, 조정이 중요시되었다. 관리자가 부하직원들에게 업무를 배분하고 다시 결과물을 취합했다. 그러나 디지털화로 인해 오늘날 회사원들은 완전히 새로운 협력 방식을 익혀야 한다. 이제 지휘 구조를 뒤집어야 한다. 업무 내용을 뒤집고, 부서를 뒤집어야 한다. 그뿐만 아니라 기업을 뒤집어 회사의 문을 활짝 열어야 한다.

효율성 만능주의 탓에 가장 큰 피해를 본 것은 **창의력**이다. 기업에서 창의력은 점점 이질적인 개념이 되었다. 종국에는 창의력이 회사가 아닌 특수 기관, 즉 대행 기관, 연구소, 스타트업 등의 소임으로 이관되었다. 이래서는 기업 중 단 한 군데도 제대로 된 기능을 수행하지 못한다. 미래를 둘러싼 승부는 아이디어 전선에서 결정된다. 기술은 아이디어를 낳지 못한다. 아이디어가 기술을 낳는 것이다. 상품 제조가 지닌 가치는 갈수록 떨어지는 반면 정보, 연구, 디자인의 가치는 차츰 올라가고 있다.

놀랄 만한 개념이 또 있다. 우리 인간에게 있어 디지털화란 회고다. 곰곰이 생각하다 보면 우리가 지난 몇 년 동안 논의해온 자기 책임, 자기 동기 부여, 그리고 신뢰라는 개념이 확고한 형태를 띤다. 디지털 기술은 개성이 전혀 없고 획일적이지만 사람은 그 안에서 차이를 만든다. 스마트 기기는 금방 복제할 수 있지만 사람과 사람이 내는 아이디어는 복제가 불가능하다. 그래서 기술에는 혁명이라는 단어가 안성맞춤이다. '혁명Revolution'의 라틴어 어원은 앞서 나아가는 쪽으로 방향을 전환한다는 뜻이지 획기적이고 새로운 변혁을 일으킨다는 뜻이 아니기 때문이다. 그러므로 디지털 시대에 기업을 이끄는 리더라면 기술보다는 사람과 훨씬 더 많은 상호작용을 하기 위해 발 벗고 나서야 한다. 이를 위해서는 기업 문화가 바뀌어야 한다.

디지털 변화란 기술의 총체가 아니라 문화라는 점을 이해해야만 비로소 기업이 결정적인 변화의 계기를 맞이할 수 있다. 우리는 직원 개개인과 기업 구조의 전환이라는 **사회적인 변화**의 중심에 서 있으며 그 변화의 핵심이 바로 **문화**다.

디지털화를 위해서는 문화를 바꿔야 한다

내용물이 낡아버린 아이디어를 새로 포장한다고 해서 뛰어난 아이디어로 재탄생하지는 않는다. 물론 오래된 아이디어가 빛을 발할 때도 있다. 오랜 시간 익히고 터득한 아이디어는 디지털화를 더욱 구체적으로 파악하는 데 도움이 된다. 디지털화는 이제 거의 대부분의 사람들이 예측하지 못했던 현실이 되었다. 현실뿐이랴. 디지털화는 '중요하다'고 분류되던 것에서 '초미의 관심사'가 되었다. 꼬치꼬치 따지고 아는 체하며 입만 놀리기보다 직접 행동해야 할 때다.

베를린 훔볼트대학 본관 로비에는 카를 마르크스Karl Marx의 〈포이어바흐 테제Thesen über Feuerbach〉• 11번이 새겨져 있다. "공론가들은 기업 세계를 다양한 방법으로 해석했을 뿐이다. 하지만 기업 세계를 바꾸는 것이 중요하다." 이 말이 기업의 리더에게 시사하는 바는 무엇인가?

산업화가 진행되면서 우리는 조직화된 일이란 무엇인지 분명히 깨달았다. 산업화의 전통이란 위계질서, 시간과 공간적으로 고정된 협동, 재무성과를 내기 위한 조정, 경험과 단기 예측을 기반으로 한 계획 세우기, 그리고 첫째도 둘째도 셋째도 효율성이다. 게다가 조직 구조란 신성한 것이며 직원들은 조직에 할당된 구성원일 뿐이었다. 만약 은퇴하기까지 남은 시간이 30년 이내인 직장인이라면 앞서 언급한 규칙에 따라 일하는 법을 배웠으리라.

이 모든 규칙은 오늘날에도 그럭저럭 제 기능을 한다. 하지만 그 이유는 단순히 규칙에 따라 현재까지 남은 과거의 산물을 처리해야 하기 때문이다. 이러한 규칙이 미래에도 적용될는지는 확신하기 어렵다. 우리가 사는 세상은 주가 변동, 불확실성, 그리고 모호함으로 이루어져 있다. 융통성이라고는 눈곱만큼도 없는 위계질서나 원리학습, 지휘통제는 이제 기술적으로나 인간적으로나 거추장스런 개념이다. 기업은 때때로 디지털 기술에 어마어마한 자금을 투자한다. 하지만 직원은 물론 지도자도 그만큼 함께 성장하지 못한다. "문화가 먼저다!"라는 말이

• 1845년에 마르크스가 독일의 철학자 포이어바흐에 대해 쓴 11개 항목의 테제(명제)를 말함

어려운 도전인 이유다. 문화를 바꾸려면, 다음과 같이 생각을 바꿔야 한다.

- **나**에서 **우리**로
- **목표**에서 **자기 책임**으로
- **통제**에서 **신뢰**로
- **동기 부여**에서 **자기 동기 부여**로
- **안정성**에서 **리스크**로
- **실패 기피**에서 **도전 정신**으로
- **공동 결정**에서 **공동 의무**로
- **내부로 끌어들이기**에서 **외부로 뻗어나가기**로

여기까지 읽고 나서 내 의견에 상당 부분 동의한다면 이제 패러다임 전환을 위해 더욱 깊이 박힌 뿌리까지 파고들어야 한다는 점을 깨달았으리라. 수십 년 동안 경영관리론을 지배해온 견해는 인간 중심 접근법이었다. 그래서 개인의 사고방식과 행동양식이 매우 중요한 요소였다. "우리는 적임자를 고용했는가?" 하지만 개인이 시스템을 만들어내기보다 시스템이 개인을 만들어낸 경우가 많았다.

디지털화에 따라 이루어진 조직의 변화는 생각보다 훨씬 근본적이다. 지난 수십 년 동안 지금만큼 '조직으로서의 기

업'에 대한 깊은 고찰이 이루어진 적이 없었으니 말이다. "우리는 올바른 구조를 이루고 있는가? 디지털 세상과 융합할 새로운 비즈니스 모델을 신속하게 구축할 만큼 제대로 정렬해있는가?"

이 질문에 따라 리더의 역할도 바뀐다. 우리는 기술과 사람, 비즈니스 모델과 조직, 내부와 외부를 연결해야 한다. 무엇보다도 오래된 것과 새로운 것을 연결해야 한다. 현재 돌아가고 있는 시스템에 새로운 다양성을 주입하고 그것이 와해되지 않고 지속가능하도록 만드는 것이 리더가 짊어진 역사적 운명이다. 흡사 달리는 자동차의 타이어를 교환하듯이 말이다.

언제나 지금이 가장 적당한 때다

디지털은 4차 산업혁명을 촉진한다. 그러나 디지털은 기술만을 뜻하지 않는다. 디지털이란 오늘날 기업을 이끄는 새로운 리더십이다. 그렇기 때문에 디지털 전략을 발전시키기보다 디지털을 기업 활동, 즉 생산, 판매, 구매, 마케팅에 근본적으로 통합하는 것이 훨씬 중요하다. 그리고 이러한 변혁의 속도는 놀라울 정도다. 새로운 시장 아이디어와 경쟁자는 밤낮없이 우후죽순으로 생겨난다. 우스갯소리로 말하자면 오늘이 우리 인생에서 가장 느린 날인 셈이다. 하루가 다르게 변화는 더욱 빨리 진행된다. 10년 전에 페이스북이 이렇게 발전하리라고 예측했는가? 10년 전에 사람들이 낯선 여행객에게 자신의 집을 통째로 빌려주고 생면부지인 타인의 자가용에 아무렇지 않게 올라타리라고 생각한 적 있는가?

시장점유율을 기준으로 한 기업의 순위 변동은 과거에는 1년에 한두 번 일어날까 말까였지만 오늘날에는 열 번도 더 일어난다. 1920년에는 S&P 500 기업의 평균 설립 연차가 67년이었으나 현재는 12년이다. 애플은 아이폰을 선보인 지 10년 만에 세계에서 가장 높은 가치를 지닌 콘체른이 되었다.

모두들 코닥 모먼트Kodak-Moment를 두려워한다. 코닥 모먼트란 '삶의 소중한 순간을 기록하라'는 한 아날로그 카메라 회사가 내세운 광고 문구였으나 그 회사가 현실에 안주한 채 몰락한 지금은 기업을 궁지에 몰아넣는 디지털화의 강한 압박을 뜻한다. 변화는 쏜살보다도 빠르다. 그러니 깊이 고민하고 있을 시간이 없다.

"한번 생각해봅시다."라는 말은 옛말이다. 이제는 "한번 시도해봅시다."라고 말해야 한다. 적당한 때란 결코 오지 않는다. 언제나 지금이 가장 적당한 때니까. 무엇을 망설이는가? 내가 10년 후에도 회사의 임원으로 일할지 아니면 중국이나 미국 기업을 위한 하청업자가 될지 여부가 달린 일이다. 이렇게 생각하면 변화란 벽에 붙여둔 빛바랜 좌우명이나 마찬가지다. 변화라는 개념은 늘 남을 따라 움직이는 행위를 뜻하므로 전혀 예상하지 못한 미래지향적인 아이디어를 묘사하는 단어로는 어울리지 않는다. 즉 변화란 단편적이고 하향식top-down인 변형이다. 연속적이고 상향식bottom-up의 변형이 아니다. 경쟁 결과를 지켜보겠다고? 후발주자가 되고 싶다면 그렇게 하라.

아무튼 해야 할 일이 많다는 사실에 기뻐하자. 만약 업계 선두에 도달해 기쁘기는 하나 한계에 부딪혀 행동할 엄두가 나지 않는다면 우선 '기업에 사람을 다시 끌어들이기'라는 과제를 완수하자. 새로운 시대의 막이 올랐고 우리는 무대 위에 서 있다. 고객, 협력, 창의력. 이 세 가지 전략을 진지하게 고려해야 한다.

어떻게? 그것이 바로 모두를 움직이는 질문이다. 수많은 기업 임원들이 자신은 디지털화에 도전할 능력이 부족하다고 생각한다. 그럴 리가! 디지털화는 마법이 아니다. 작은 발걸음부터 내딛어보라. 우선 머리부터 들이밀어 본다는 생각으로 무엇이든 시도하라. 이 책에는 111가지 조언이 담겨 있다. 한 가지 조언이 다른 조언으로 이어지기도 한다. 경험을 쌓고 자신만의 감각으로 판단하라. 디지털화를 촉진하는 가장 중요한 존재이자 가장 위대한 승자인 고객부터 시작하자.

지금부터 디지털화에 대비할 전략을 알아보자.

1

고객이 중심이 되는 회사

◆ 원칙 1 ◆

고객이 메뉴판보다 중요하다

나는 일 년 중 몇 달을 미국 뉴멕시코에서 보낸다. 산타페에서 가장 즐겨 찾는 레스토랑은 카사 세나다. 어느 날 저녁 당시 14세, 11세의 자녀들을 데리고 그 레스토랑을 방문했다. 하지만 아이들의 입맛에 맞는 메뉴를 찾을 수 없었다. 그래서 웨이터에게 주방에 부탁해 감자튀김을 조금 준비해줄 수 있느냐고 물었다. 웨이터는 아무런 망설임도 없이 "알겠습니다."라고 말했고 곧 내 아이들은 원하는 메뉴를 먹을 수 있었다.

식사 후 계산서를 살펴보던 나는 감자튀김에 해당하는 금액이 청구되지 않은 사실을 깨달았다. 그에 대해 언급하자 웨이터는 이렇게 대답했다. "아, 저희가 감자튀김을 길 건너편 레스토랑에서 받아오느라 계산서에 추가하는 걸 잊었습니다." 솔직하게 말해보자. 독일 레스토랑이었다면 손님을 만족시키기 위해 경쟁업체에 가서 감자튀김을 사오는 것이 가당키나 한 일이었을까?

먼 옛날 아날로그 시대에 벌어진 이 사건은 오늘날 디지털 사회에도 시사하는 바가 크다. 내가 강조하고 싶은 내용은 두 가지다. 첫째, 고객이 메뉴판보다 중요하다. 둘째, 공공의 이익을 위해서라면 경쟁업체와 협력하지 않을 이유가 무엇인가?

◆ 원칙 2 ◆

금기를 없애라

자동차 타이어 교환을 위해 정비업체에 예약을 해야 한다고 치자. 그때 갑자기 오늘이 주말이라는 사실이 떠오른다. 내가 이런 계획을 세울 수 있는 시간이란 주말밖에 없기 때문이다. 하지만 온라인 홈페이지를 통해 예약을 하는 것은 불가능하다. 오로지 전화 예약만 가능하다. 월요일까지 기다려야 한다. 업무 시작 시간까지 말이다. 월요일 아침 전화를 걸자마자 수화기에서는 '모든 상담원이 통화 중이오니…'라는 말이 흘러나온다. 이게 대체 무슨 짓이란 말인가?

자동차 정비업체 운영자가 아니더라도 이 점을 명심해야 한다. 만약 고객이 우리 회사를 가장 먼저 떠올리길 원한다면 회사 또한 고객을 가장 먼저 생각해야 한다. 그것이 기본이다. 그런 다음 회사가 원하는 연락 가능 시간이 아닌, 고객이 원하는 연락 가능 시간을 제안해야 한다. 오늘날 비즈니스에서 고객 중심은 선택이 아닌 필수 비즈니스 모델이다. 가치사슬의 출발점에 자리해야 하는 것은 계획이나 목표가 아니라 고객이다. 제품 개발, 마케팅, 판매, 이 모든 것은 고객에 뿌리를 두고 뻗어 나온 아이디어다. 고객 중심 비즈니스란 고객의 일상에 중점을 둔 조직이자, 개인화된 대화이고, 마케팅 주도적인 전략이자 고객의 일상생활에 이음매 없이 딱 들어맞도록 맞춤화된 제품이기도 하다. 이런 것들이 야망만 잔뜩 품은 헛소리보다 훨씬 많아져야 한다.

고객은 더 이상 기업의 주변 인물이 아니다. 오히려 그 반대로, 기업이 고객의 주변 환경이다. 변화 요구change request는 조직의 계층구조가 아니라 고객에게서 나온다. 이제야 수십 년 만에 처음으로 '심층적인 구조적 대안'에 관해 논해야 할 필요성이 생겨난 것이다. 우선 기업이 시장 변화에 재빨리 적응할 수 있는 작업 과정과 구조를 형성하는 것이 중요하다. 고객 중심이란 다음과 같은 것이어야 한다. '우리 회사는 변속장치(자동차, 건설 기계의 동력 전달 장치)를 상징으로 삼는다. 즉 현재 제공되는 상품 및 서비스에 대해 고객이 앞으로 요구할지도 모를 사항을 변속장치처럼 재빨리 반영할 수 있도록 미리 준비한다.'

내가 추천하는 바는, 비즈니스를 고객의 주변 환경으로 탈바꿈하라는 것이다. '끌어당기기 전략'을 도입하라. 금기를 없애야 미래지향적인 인물이 될 수 있다. 제품도, 행동 방식도, 직원이나 자본금도, 심지어는 조직의 형태나 법의 형식도 중요하지 않다. 고객의 요구 충족을 가장 우선해야 한다. 구글이나 아마존 같은 대형 플랫폼 회사가 성공을 이룰 수 있었던 원동력이 무엇인지 들여다보라. 이런 회사들은 늘 고객에게 한 발자국 더 다가가려고 애쓴다.

◆ **원칙 3** ◆

올바른 질문을 하라

경영진이 기업이라는 배의 키를 쥐고 있다는 것은 근거 없는 믿음이다. 실제로 기업을 조종하는 것은 고객이다. 기업을 움직이는 진정한 힘은 회사의 내부가 아니라 외부에 있다. 여기서부터 경영자의 역할이 생겨난다. 경영자는 직원들이 고객에게 양질의 서비스나 제품을 제공할 수 있도록 감독해야 한다. 옛 가르침에 '내 이익은 남을 섬기는 데서 나온다'는 말이 있다. 기업을 이끄는 경영진은 직원들을 위해서라면 자신의 이익을 (일부만이라도) 희생할 준비가 되어 있어야 한다. 그리고 직원들 역시 고객을 위해서라면 자신의 이익을 희생할 준비가 되어 있어야 한다.

기업은 자선단체가 아니라며 이의를 제기하는 사람이 있을지도 모르겠다. 맞는 말이다. 하지만 이것은 근시안적인 견해다. 물론 기업의 존재 이유는 경제적 이익을 얻어 살아남는 것이다. 우리는 그저 '수익에 중점을 둔' 고객 혜택이라는 통상적인 울타리 안에 머무를 수도 있다. 하지만 고객 혜택은 고객 중심에 따른 **결과**다. 성공 또한 고객 중심 경영에 뒤따르는 결과다. 이미 오랜 과거부터 고객 혜택을 위해 자신의 기업 전체를 헌신한 사람만이 승자의 대열에 속할 수 있었다. 이런 사람들은 물건을 하나 더 판다고 해서 딱히 이득이라고 생각하지 않았을 것이다. 핵심은 고객이 등을 돌리지 않는 것이다.

그렇다면 고객 중심 기업은 어떤 특성을 지녀야 하는가? 무엇을 해야 하는가? 무엇을 하지 말아야 하는가? 가장 중요한 조언은 바로 이것이다. 올바른 질문을 하라! 올바른 질문이란 이를테면 **"고객이 원하는 것은 무엇인가?"**다. 그 답은 스스로 찾아야 한다. 어떻게 답을 찾아야 하는지는 차차 알아보도록 하자. 다시 한 번 명심하자. 형태는 기능을 따른다. 회사에서 어떤 프로젝트를 진행하고 싶다면 가장 먼저 고객을 찾아가는 편이 좋다. 그렇게 해서 고객에게 긍정적인 인상을 남길 수 있다면 이미 좋은 패를 쥐고 있는 셈이다. 어쨌든 뛰어난 아이디어를 그저 아이디어로 간직하고 있기보다는 훨씬 낫다.

◆ **원칙 4** ◆

새로운 화폐를 확보하라

우리가 미래에 플랫폼의 가치 변화를 예견하는 예언자가 될 필요는 없다. 플랫폼이란 무엇인가? 플랫폼이란 제품이나 서비스 교환이 이루어지는 공개적인 IT 인터페이스를 뜻한다. 더 자세한 내용은 추후에 언급하겠다. 아무튼 기업은 플랫폼에서 대단히 가치 있는 것을 얻는다. 바로 **고객의 행동에 관한 데이터**다. 이는 오늘날 새로운 화폐가 되었다.

디지털 시대 기술 대기업의 셀 수 없이 많은 비즈니스 모델이 데이터 수집 및 활용에 완전히 의존하고 있다. 아마존은 홀푸드Whole Foods를 인수하면서 모든 범주를 포괄하는 데이터를 지능적으로 활용하는 방법을 깨우치는 일이 얼마나 중요한지 똑똑히 보여주었다. 디지털 세상에서 이뤄지는 고객과의 대화가 곧 미래가 된다.

과거에 기업들은 내부 시스템상에서 수집한 데이터를 매우 중요하게 여겼다. 하지만 오늘날 기업들은 플랫폼 연합을 구성해 외부 출처 데이터를 활용한다. 그리고 외부 데이터에서 대량의 고객 정보를 처리해 그것을 마케팅 목적으로 분석하고 사용한다. 아니, '분석하고 사용할 수 있을 것이다'라고 말해야 옳다. 많은 회사들이 디지털 발자국을 남기는 데이터를 사용하지 않기 때문이다. 내가 거래하는 은행을 예로 들자면 그곳은 내가 무엇을, 어느 시점에, 어떤 방식으로 구매하거나 판매할지 정확히 알고 있다. 그런데 은행 측은 자신들이 이러한 정보를 갖고 있다는 사실을 알고 있을까? 이러한 데이터를 사용할까? 그렇지 않다. 데이터를 사용해 가격 비교, 구매 추천, 판매 알림 등 새롭고 편리한 서비스를 제공할 수 있음에도 말이다.

이러한 태도는 디지털 시대란 도대체 어떤 시대인가라는 핵심을 관통한다. 디지털 시대란 기업이 끊임없이 이어지는 서비스를 제공해 소비자들에게 없어서는 안 될 존재로 자리 잡는 시대다. 아주 높은 가치를 지닌 브랜드들을 살펴보자. 디지털 서비스를 제공해 시장에서 스스로를 차별화하는 회사가 가치 있는 브랜드다. 당연히 시간이 지날수록 소비자들의 신뢰도 높아진다. 그 결과 고객 생애 가치Customer lifetime value•가 최대로 늘어난다. 디지털화는 세부 사항을 깊숙이 파고들어 방대한 데이터 기반을 다지는 중이다. 이는 역사상 전례가 없는 일이다.

• 고객이 어떤 회사의 서비스를 이용하는 총 기간 동안 회사에 준 이익

이때 문득 의문이 들 것이다. "우리 회사의 디지털화 실행 포트폴리오에 고객 우선이라는 새로운 개념을 어떻게 통합해야 할까?" 데이터를 토대로 삼아야 한다. 그러면 토대가 된 데이터에서 새로운 데이터가 생성되고, 이렇게 생성된 새로운 데이터가 또다시 새로운 서비스의 토대를 이루고 거기서 다시 새로운 데이터가 생성된다.

회사만의 고유한 데이터를 보유하고 싶다면 자체 플랫폼을 구축할 것을 제안한다. 회사 내부에서 플랫폼을 만드는 것이 불가능하다면 돈을 지불하고 외부 전문가를 고용하라. 지멘스Siemens가 마인드스피어MindSphere를 만들었듯이. 대규모 플랫폼에 가입해 관련 있는 업체와 제휴를 맺어도 좋다. 여러 중견 제조업체들이 동맹을 맺고 합작 투자로 아다모스Adamos를 구축한 것처럼 말이다.

여러 회사가 협력하면 플랫폼이 금세 규모와 속도, 개방성을 갖추기 때문에 사용자로서는 매력을 느낄 수밖에 없다. 소비자가 부가가치를 얻을 가능성이 보인다면 주저 말고 다른 시장 분야와 네트워크를 형성하라. 경쟁업체가 이익을 볼 것을 두려워해서는 안 된다. 그로 인해 고객이 이득을 본다면 좋은 일이 아닌가. 무료로 서비스를 제공하라. 언젠가 그 혜택이 간접적으로나마 다시 돌아오게 되어 있다.

모든 회사는 데이터 저장소가 될 기회를 갖고 있다. 내 경험에 따르면 적절한 동맹자를 찾아야 한다. 그리고 동맹자의 수보다 질이 중요하다는 점을 명심하라. 예를 들어 구글은 주요 스마트폰 제조사와 손잡고 구글 검색이나 구글 맵스 등 핵심 구글 앱뿐만 아니라 모든 소프트웨어를 자사 제품으로 제공한다.

명심할 사항이 하나 더 있다. 사람을 그들의 디지털 쌍둥이와 혼동해서는 안 된다는 것이다. 디지털 데이터로 고객을 모델화할 수 있으면 좋으련만, 그것은 실제 고객이라고 볼 수 없다. 실제 소비자는 고정된 존재가 아닌 까닭에 늘 놀랍고 새로운 것에 끌린다.

딱 하나 더 어렵고 아리송한 이야기를 하겠다. 데이터는 정보가 아니다. 빅데이터란 불확실한 상관관계로 이루어진 데이터의 집합일 뿐이다. 그러다 보니 아이스크림이 많이 팔린 해에는 산불이 빈번하게 발생한다는 추론이 나오기도 했다. 이유는? 단순히 기온이 높았으니까.

아무런 기준 없이 수집한 데이터는 어떠한 의미도 지니지 않는다. 사람이 데이터에 의미를 부여하고 여러 데이터의 관련성을 찾고 중요하지 않은 내용 중 꼭 필요한 내용을 골라내야 한다. 데이터는 이러한 작업을 스스로 하지 못한다. 사람이 나서야 할 때다! 그리고 이 작업을 수행하려면 우리는 사람만이 갖춘 능력을 발휘해야 한다. 바로 판단력이다. 모델링에 안주하다가 함정에 빠지지 말라. 컴퓨터가 내린 결정을 믿어서는 안 된다. 스스로 판단력을 발휘해야 한다! 그래야 차이를 만들 수 있다.

◆ 원칙 5 ◆

자신의 경쟁자가 되어라

"저렴한 가격, 빠른 배송, 이에 따른 고객 만족도 상승. 이 모든 것을 이룬 제프 베조스의 괄목할 능력에 경의를 표한다." 워런 버핏Warren Buffett이 아마존의 성공을 두고 한 말이다. 아마존은 앞으로도 계속해서 사람들의 입에 오르내릴 것이라고 감히 예상해본다. 어째서냐고? 아마존은 고객 중심에 온 정신을 집중하고 있으니까.

베조스는 대부분의 기업이 고객이 아니라 경쟁업체에 시선을 고정한 상태라고 지적했다. 그래서 베조스는 배포가 두둑하다 못해 무모할 정도인 반품 정책을 도입했다. 아마존 직원들조차 고개를 갸웃거릴 정도로 고객의, 고객을 위한, 고객에 의한 정책이었다. 아마존 직원들은 모든 고객 불만, 심지어는 물음표 하나만 쓰인 이메일에 일일이 답장을 하다가는 다른 일을 할 시간이 없어질 것이라고 걱정했다. 그러나 베조스는 수익성이 높은 정책이라 할지라도 그것이 고객의 신뢰를 배반한다면 과감하게 폐지했다.

아마존은 이윤을 깔끔하게 포기했다. "경쟁사가 얻는 매매 차익이 나에게는 기회다."라고 베조스는 말했다. 컨설턴트가 가격을 올리라고 조언하면 베조스는 가격을 내렸다. 결과적으로는 자신의 구매 능력으로 공급업체의 가격을 압박하려는 조치였다. 눈앞의 이익보다 미래의 매상 증가, 이것이 베조스의 차별화 전략이었다. 그 결과 아마존의 매출은 매년 약 20%씩 성장했다. 하지만 대부분의 이익을 재투자로 돌려 순이익은 그다지 높지 않았다. 디지털 시대가 되자 더 큰 미래를 지향한 노력이 결실을 맺었고 언제부터인가 주주들도 이를 깨우쳤다.

2000년에 아마존은 서드파티third party 공급자들에게 문을 열었다. 더욱 빨리 성장하려면 다른 판매자들이 플랫폼을 이용하도록 하고 그 대가로 수수료를 받아야 했다. 2015년 중순 아마존은 아마존 마케팅 서비스Amazon Marketing Service를 선보여 판매자와 공급자들이 자사 제품을 광고할 수 있는 기회를 마련해줬다. 아마존은 이미 알고 있었다. 장기적으로 모두와 모든 것, 심지어 중고 상품까지 아우르는 기업이 되려면 단기간 동안 제 살을 깎아먹는 편이 현명하다는 사실을.

아마존이 성공을 거둔 또 다른 이유는 매출 중 10%나 되는 자금을 연구개발R&D에 투자했기 때문이다. 베조스는 2014년 한 컨퍼런스에서 "나는 투자금을 잃는 것에 연연하지 않는다.

만약 내가 여태까지 수십억 달러를 투자했다가 손해 본 모든 프로젝트에 일일이 신경 쓴다면 매번 상처를 후벼 파는 일밖에 더 되겠는가."라고 말했다. 그리고 그의 R&D 투자는 5~10년 안에 전자책 리더기 킨들Kindle이나 빠른 배송 서비스 아마존 프라임Prime 등 대성공을 거둔 상품으로 돌아왔다. 이것은 그동안 실패한 모든 프로젝트를 상쇄한다. 언젠가 아마존이 분리된 온라인과 오프라인 판매를 연결한다면 또다시 새로운 시대가 막을 열 것이다.

아마존의 홀푸드 인수는 온라인과 오프라인 연결을 위한 발걸음이다. 이로 인해 경쟁업체에서는 하루 만에 시가 총액 300억 달러가 증발했다. 같은 해(2017년) 아마존의 한 임원은 "만약 디지털화가 레스토랑 방문이라면 우리는 이제 막 주방에서 고객에게 인사하는 단계에 있다."고 말했다. 2017년 9월 아마존은 시애틀에만 8,000여 개의 일자리를 만들었다.

이 사례에서 아마존의 경이로운 성과 외에 흥미롭게 느껴지는 부분이 있는가? 그것을 거울삼아 어떤 전략을 시도해볼 수 있는가? 기본은 바로 경쟁자가 아니라 고객에 주목하라는 것이다. 아마존 설립 초기 제프 베조스는 이렇게 말했다. "경쟁사가 우리보다 자원을 많이 보유하고 있다는 사실에 늘 신경 쓸 여유가 없다. 우리는 매일 아침 식은땀에 절어 눈을 떠야 한다. 하지만 그 이유는 경쟁사가 아니라 고객을 위한 고민 때문이어야 한다. 돈을 쥔 사람은 고객이다. 경쟁사는 절대로 우리에게 돈을 지불하지 않는다."

이와 같은 방향으로 발을 내딛고 싶다면 다음과 같은 방법을 시도해보는 것도 좋다. 아마존은 새로운 개발에 착수할 때 언론 발표부터 한다. 보통은 언론 발표를 무언가가 끝나는 시점에 하는 것과 반대다. 그런데 아마존의 언론 발표는 일반 대중에 공개하거나 미디어를 통해 전면 발표를 하는 것이 아니다. 매달 10~12건에 이르는 아마존만의 '언론 보도' 내용이 월드와이드컨슈머Worldwide Consumer의 CEO 제프리 윌키Jeffrey Wilke의 이메일 계정으로 전달된다. 이러한 과정 뒤에 숨은 아이디어는 소비자 혜택이 최대한 간결하고 명확하게 정리되어야 한다는 점이다. 그래야 누구나 이해할 수 있다. 그리고 독자적인 '언론 보도' 과정이 이루어지고 난 후에야 해답을 찾기 위한 탐색이 이루어진다.

언론 발표를 전제로 보도 내용을 작성해보면 애매모호한 생각과 행동을 분석하고 지워버릴 수 있다. 직원에게 언론 보도문을 작성하게 하라. 나는 한 언론사에 근무하는 제품 개발자들과 이 전략을 시험해봤는데 결과는 놀랍도록 긍정적이었다.

◆ 원칙 6 ◆

공급업체가 아니라 고객을 보라

전통적인 소매업체의 경우 회사의 업무와 시야는 두 방향을 향하고 있으리라. 먼저 B2C 회사로서 (최종) 고객을 바라보아야 한다. 그러나 대부분의 사람들은 고객과 직접 접촉하는 위치에 있을 때에만 고객에게 시선을 둔다. 예를 들어 고객 서비스를 제공하는 부서나 지점에서 일하는 직원들만이 고객을 바라본다. 기업 구조는 제조업체와의 관계에 크게 좌우된다. 구매업체들은 연간 회의에서 가격 협상에 여념이 없다. 그런 다음에야 카테고리 매니저가 자신들이 구매한 상품 중 어떤 것이 소비자에게 팔릴 것인지를 고민한다. 그 결과 생활용품 소매점이 새로 구입한 상품의 50%가 1년 안에 재구매 목록에서 자취를 감춘다.

이러한 행태는 이제 과거가 되어야 한다. 최대한 혁신적인 제품, 소비자들이 스스로 필요로 하는지조차 몰랐던 물건에 집중하는 편이 좋다. 온라인 판매업체의 압박에 짓눌린 구시대 기업 대부분이 디지털 판매 및 소통 회선을 구축했다. 이제 모든 접점과 이어진 선 끝이 당신의 손안에 쥐여 있다. 물론 앞으로 모든 접점을 표준화하고 일체화해야 한다는 과제가 뒤따른다. 그것이 끝이 아니다. 구시대에서 온 직원들은 옴니 채널 마케팅이니 고객 여정 디자인이니 하는 분야를 잘 모른다. 소비자들의 요구는 통합된 접점을 통해 고객 여정과 함께 점점 더 많이 수집되고 종합되고 분석된 뒤 아주 짧은 시간 내에 고객 제안이라는 형태로 모습을 바꿔야 한다.

고객이 자신이 자주 사던 물건이 어째서 더 이상 입고되지 않는지 지점장에게 문의하든, 개인 페이스북에 서비스 품질에 관한 불평을 늘어놓든, 콜센터로 전화해 제품 사용법을 물어보든, 온라인 상점 게시판에 긍정적인 리뷰를 남기든, 앱에서 할인쿠폰을 다운받았지만 사용하지 않든, 이 모든 고객과의 소통이 수집되어 기업 안으로 들어와야 한다. 이 과정은 구매와 판매 사이에 존재하는 정보란이 빈틈없이 메꿔질 때까지 되풀이되어야 한다.

제조업체와 대화를 나눌 때는 구입 가격보다 데이터 과학자들이 분석한 내용을 훨씬 중요한 주제로 삼아라. 예를 들어 고객 데이터를 보고 어떤 깨달음을 얻을 수 있는가? 어떤 제품이 어떤 이유로 긍정적인 평가를 받았는가? 어떤 제품이 부정적인 평가를 받았는가? 고객이 해결을 바라는 문제는 무엇인가? 기업이 고객에게 열린 자세로 다가갈수록 기업 구조에 확연한 변화가 나타날 것이다. 이러한 방식으로 한쪽에서는 고객과 기업 간의 의사소통이, 그리고 사업체에 따라 다른 한쪽에서는 소매업체와 공급업체 간의 의사소통이 활발해진다.

전통적인 소매업에 종사하는 기업 3곳 중 1곳은 앞으로 10년 후 사라질 것이라고 우려하는 목소리가 높다. 그렇다면 매장에서 이루어지는 모든 거래가 사라질까? 그렇지 않을 것이다. 서비스 분야에 혼란이 발생하자 셀프서비스가 널리 퍼졌다. 매장 상거래를 지배하며 큰 수익을 담당하는 것은 바로 충동구매다. 온라인 상점이 계속해서 오프라인에 플래그십 매장을 내는 이유가 무엇이겠는가? 사람들이 어째서 인터넷으로 주문할 수 있는데도 먼 곳에 있는 애플 스토어까지 원정을 가겠는가? 그 이유는 소비자들이 온라인과 오프라인을 둘 다 필요로 하기 때문이다.

고객 다시 끌어들이기는 기업이 상거래를 할 때 제조업체가 아니라 고객에서부터 출발하는 것을 의미한다. 익숙함을 탈피하라. 고객에서부터 시작해야 기업이 자신들만의 독특한, 그리고 대체할 수 없는 고객 경험을 만들 수 있다. 그리고 이러한 마음가짐과 태도를 보여야만 글로벌 경쟁과 가격 투명성이 몸집을 불리는 와중에 늦지 않게 고객과의 단단한 결속을 이룰 수 있다.

◆ 원칙 7 ◆

시장에서 시작하라

1990년대 중반에 컴팩Compaq은 PC와 서버 시장을 평정한 강자였다. 기업 고객을 등에 업고 시장점유율 50% 이상을 달성했다. 그 이후 마이클 델Michael Dell이 등장했다. 델 컴퓨터는 기술적인 면에서 보잘것없었다. 테스트에서 대부분 경쟁업체와 비교조차 무색할 정도로 성능이 뒤떨어졌다. 그러나 델 컴퓨터는 소비자 수요로 눈을 돌려 개인 주문 맞춤형 PC를 선보였다. 즉 BTO Build to Order 방식 PC다. 이것이 승자와 패자를 갈랐다. 컴팩은 HP에 인수되었고 델은 새천년을 맞아 시장을 선도하는 기업으로 우뚝 섰다.

내가 이렇게 케케묵은 과거 이야기를 다시 꺼낸 이유는 무엇일까? 여러분이 디지털화를 이루는 길을 '올바른 순서대로' 밟길 바라기 때문이다. 아마도 어떤 회사든 다음과 같은 상황을 겪어보았으리라. 회사 IT 부서에서 일하는 기술 전문가들이 몇 달 동안이나 디지털 혁신을 위한 프로젝트 하나에 매달린다. 엄청난 돈과 시간, 그리고 애정이 프로젝트로 쏟아졌다. 회사 다른 부서 직원들은 이에 대해 잘 알지 못한다. 그저 언젠가 디데이가 되면 결과물이 나올 것이라는 점만 알고 있다. 디데이가 되었다. 모두들 기대를 안고 바라보는 가운데 제품이 빛을 반짝이거나 삑삑거리는 소리를 내거나 끊임없이 데이터를 전송한다. 기술 전문가들은 이 '연결성'을 목격하고 잔뜩 흥분한다. 놀라움으로 인한 침묵이 잠시 흐른 뒤 누군가가 예의상 화를 억누르는 듯한 목소리로 말한다. "그래서 이걸로 뭘 어떡해야 하죠? 고객들은 이걸로 뭘 해야 하는 겁니까? 우리 중에 돈 내고 이걸 살 사람이 있습니까?"

알고리즘 디자이너는 기계와 기계의 논리를 잘 알고 있다. 이들은 오히려 사람을 잘 이해하지 못한다. 그러나 알고리즘 디자이너에게는 사람이 필요하다. IT 프로젝트는 기술적으로 그것이 가능하다는 이유만으로 시작되는 일이 빈번하다. 무언가가 기술적으로 제작 가능하다면 그것이 기술이나 제품 자체에만 신경을 쓴 것이라 하더라도 결국 만들어진다. 그 결과물이 누군가에게 사용되는가는 완전히 다른 문제다. 그래서 IT 인프라는 이미 완벽하게 갖춰졌으나 그것을 어떻게 전문적으로 활용하면 좋을지 알지 못하는 경우도 있다. '기존 프로세스를 디지털화하려면 어떻게 해야 할까?'라는 질문을 던지고 첫 발을 내딛을 수도 있다. IT 인프라의 존재 때문에 원래대로라면 지속 불가능한 자원 사용이 더 오래 이어지는 문제도 발생한다. 2017년 스위스의 한 지주 회사는 7,000만 스위스프랑(약 798억 원)을 감가상각해야 했다. 빨리 실패하는Fail fast 편이 '싸게 먹혔을' 것이다.

그러니 당신도 명심하라. 디지털화를 위한 디지털화는 피해야 한다. 디지털의 횡포 앞에 무릎을 꿇어서는 안 된다. 혁신의 아이콘 클레이턴 크리스텐슨Clayton Christensen은 기업이 혁신 노력을 이어가다 보면 때때로 '기존 고객들의 포로'가 되며, 그러면 바로 이러한 사고의 오류에 빠지고 만다고 말했다. 주변 상황이 급박하고 복잡하게 돌아간다고 해서 무작정 무언가를 시도해서는 안 된다. 창립 당시 약 30세이던 마이클 델을 떠올려라. 디지털화는 소비자와 시장에서부터 시작되어야 한다. 그리고 조직은 그것을 따라야 한다. 그다음 조직 구성원들이 뒤따라야 한다. 그 후에야 비로소 기술적 실현 가능성을 따져야 한다. 즉 어떤 것이 올바른 순서인지 주의하라.

올바른 순서는 시장-조직-조직 구성원-기술로 이어진다. 기술은 문화를 따른다! 아날로그가 우선이고 디지털이 그다음이다. 따라서 구체적인 변화를 꾀하고 싶다면 IT 부서보다 앞서 최고경영진을 가장 먼저 새로운 디지털 프로그램으로 이끌어야 한다. 디지털 변화는 회사 경영진이 주도해야 한다.

가능하다면 방향을 뒤집어라. 롤아웃 대신 롤인을 추구하라.• IT 부서에 속한 디지털 전문가들에게도 해당하는 말이다.

이 순서에 따라 생각해야 스스로의 이미지를 구성할 수 있다. 과거에 디지털 전문가들은 다른 부서를 지원하고 보조하는 역할을 맡았다. 그들은 그림자 속에서 일하다가 무언가가 제대로 작동하지 않을 때에만 모습을 드러냈다. 규모가 작은 기업에서는 여전히 그러하다. 그러나 규모가 큰 기업에서는 상황이 바뀌는 추세다.

기술 전문가들도 소비자의 시각과 사용자의 시각에서 바라보아야 한다. 물론 여태까지 고객의 소리를 귀담아 들었다고 생각하는 전문가들도 많겠지만, 그 결과가 실질적으로 드러난 경우는 적다. 그리고 기업 경영자는 다른 부서 직원들이 기술 전문가에게 디지털 기술을 배우도록 기회를 마련해야 한다. 모든 조직 구성원이 디지털 경쟁에 뛰어들 준비가 되어야 한다. 그래야만 IT가 기업의 순환 기관으로 작동하게 된다. 회사의 최고변화책임자Chief Transformation Officer, CTO는 기술자 출신이 아니어도 된다. 단, CTO는 기업의 운명에 직접적인 책임을 느껴야 한다. 그래야 CTO의 발언이 무게를 갖는다.

● Roll-In, Roll-Out. 기억 용량을 효율적으로 활용하기 위해 내부기억장치에 읽어들이거나 외부기억장치로 내보내 기록하는 기능. 우선순위가 높은 프로그램을 처리하기 위해 현재 작업 중인 프로그램을 외부 디스크에 추출하거나 하는 경우에 쓰인다. 이 경우에는 저자가 IT 부서가 오로지 '기술 전문가'로서만 활동하며 기존의 데이터를 활용해 조급하게 성과를 내기보다는 시장과 고객에 대한 내부의 이해를 먼저 수렴하는 것이 중요하다는 의미로 사용한 것으로 보인다.

◆ 원칙 8 ◆

미래의 어느 날을 미리 상상하라

뮐러는 매트리스 진동 때문에 아침에 평소보다 10분 일찍 일어났다. 뮐러가 사용하는 앱과 연동된 매트리스가 그녀의 바이오리듬에 맞춰 잠을 깨웠기 때문이다. 뮐러의 생체 데이터가 시간과 함께 표시되었다. 손목시계 속 디지털 조수가 아침 인사를 건네고 상하이에 있는 기업과의 회의가 30분 이내에 시작될 것이라고 알려준다. 그리고 디지털 동시통역 기능을 이용할 거냐고 묻는다. 회의를 마친 뮐러는 집 밖으로 나간다. 모든 일에 필요한 기기가 늘 그녀와 함께 한다. 스마트폰, 웨어러블 기기, 그리고 체내 삽입된 마이크로칩까지. 스마트폰은 뮐러의 위치 정보를 실시간으로 저장한다. 하지만 뮐러는 자신이 즐겨 찾는 레스토랑에 갈 때만큼은 위치 추적 기능을 꺼둔다.

레스토랑에 들어서는 순간 생체 인증 시스템이 뮐러를 스캔한다. 이 고객관계관리CRM 도구는 고객의 얼굴 사진, 이름, 방문 이력 등을 가게 주인에게 전달한다. "어서 오십시오, 뮐러씨. 오늘도 저희 가게를 찾아주셔서 감사합니다. 언제나처럼 카푸치노 한 잔과 크로와상 한 개를 준비해드릴까요?" 뮐러는 스크린을 몇 번 터치해 돈을 지불한다. 그녀는 커피를 마시면서 앱으로 차량 공유 서비스에 접속해 미팅 장소까지 타고 갈 차를 예약한다. 요즘은 차량 공유 서비스를 이용하는 빈도가 늘었다. 차량 문은 체내 삽입된 마이크로칩으로 연다. 뮐러는 이 칩으로 집 현관문과 금고 문도 열 수 있다. 그리고 이 칩은 피트니스 스튜디오에서 신분증으로 사용된다.

자동차 운전석은 뮐러가 지난번에 앉았던 위치로 자동 조정된다. 안전벨트에 내장된 건강 센서가 생체 정보를 기록하지만 뮐러는 그것을 무시한다. 좋은 기분을 망치고 싶지 않으므로. 내비게이션 시스템이 오늘은 조금 우회할 것을 제안한다. 자동으로 보행자 움직임과 구급차 사이렌 소리를 감지하는 센서에 따르면 뮐러가 늘 지나다니는 길의 교통 신호가 잘 맞아떨어지지 않는다는 것이다. 목적지에 가까워지자 뮐러는 크라우드 인텔리전스로 주차 구역 배정 시스템을 활성화한다. 그리고 미팅 상대를 만나 손을 내밀자 마이크로칩에 담긴 뮐러의 명함이 상대방의 스마트폰으로 직접 전송된다.

이것이 우리가 꿈꾸던 유토피아인가? 아니면 섬뜩한가? 찬란한 미래로 보이는가? 아니면 데이터 보안이 우려되는가? 언제나처럼 이 모든 연결을 수익으로 바꾸는 기업이 존재할 것이다. 디지털 접점과 관련된 몇 가지 아이디어를 제시하고자 한다. 여러분도 앞으로 어떤 고객 접점이 예상되는지 곰곰이 생각해보라. 예를 들어 차량 공유 서비스 업체에서 뮐러에게 공유 가능한 차량의 수가 얼마 남지 않았다는 소식을 알려주는 앱을 만들 수도 있다. 이전 설정과 현재 날씨 데이터를 통합해 에어컨을 자동으로 켜고 끄는 기능을 만들 수도 있다. 차량에 내장된 칩이 지갑 역할을 해서 주차비를 자동으로 지불하게 될 수도 있다. 주차비 정산기 앞에 길게 늘어서서 기다리거나 동전을 찾아 주머니를 이리저리 뒤지는 수고를 덜 수 있다.

비가 오는 날이면 뮐러는 스마트폰으로 주차장에 설치된 우산 대여소를 이용하는 데 필요한 코드를 받아 우산을 빌린 다음 건물까지 비를 맞지 않고 이동할 수 있다. 이러한 서비스가 흥미롭게 느껴지는가? 이는 기술적으로 구현 가능한가? 상상력을 발휘하라! 앞으로는 직접적인 제품 판매보다 연결성으로 더 큰돈을 벌 수 있다. 이 점을 명심하라. 서비스가 세상을 잡아먹고 있다. 만반의 준비를 갖추지 않은 사람은 잡아먹히고 말 것이다.

◆ 원칙 9 ◆

고객에게 중요한 정신적 가치에 주목하라

넷스케이프Netscape를 공동 창업한 마크 앤드리슨Marc Andreessen은 2011년 〈월스트리트저널Wall Street Journal〉에 기고한 기사에서 소프트웨어가 곧 모든 제품과 서비스에서 일정 부분을 차지하게 될 것이라고 말했다. 몇몇 컴퓨터광을 제외하고는 당시 아무도 앤드리슨의 예측에 관심을 보이지 않았다. 뉴욕 증권거래소에서 높은 가치를 지닌 회사 5곳 중 4곳은 구경제 기업, 그중에서도 정유 회사였다. 현재는 IT 기업이 그 자리를 차지하고 있다. 모든 기업이 소프트웨어 회사가 되리라는 뉴스가 자주 나온다. 그래서 다들 소프트웨어 개발을 기업의 철학으로 삼고 경쟁력을 키우고자 한다.

기업에서 말하는 디지털화란 보통 소프트웨어에 기반을 둔 도구를 뜻하며, 이 도구로 기업 내부 프로세스를 더욱 빠르고 효율적으로 만드는 과정을 포함한다. 기업은 그 결과 소비자들이 기업 쪽으로 더 많은 통신 채널을 열어주기를 기대한다.

스마트폰뿐만 아니라 결합 제품 개발을 위한 물리적인 개입까지 마다하지 않는다. 이러한 시도로 고객 데이터의 감소를 막고 고객이 특정 서비스의 대상만이 아닌, 그 자체로서 목표가 되도록, 그리고 개별화되도록 만든다. 고객으로서는 철저하게 개인화된 서비스를 누릴 수 있으니 스트레스를 받는 일이 줄어드는 셈이다. 고급 분석이란 각기 다른 출처에서 수집된, 그리고 각기 다른 구조를 갖는 엄청난 양의 데이터를 빠른 속도로 정리하고 패턴화해 소비자를 더욱 정확히 이해하는 데 활용할 도구로 만드는 기술이다.

몇 가지 예를 들어보자. 미국 슈퍼마켓 체인인 타겟Target은 고객이 구입한 상품 데이터를 분석해 그 고객이 임신했다는 사실을 알아냈다(암묵적 개인화). 그런 다음 해당 소비자를 겨냥한 상품 광고를 발송했다. 아마존 또한 다양한 제품 카테고리에서 소비자 데이터를 수집한다. 소비자의 비디오, 음악 소비는 가전제품 구매 욕구로 이어진다.

식료품 배달 데이터는 드러그스토어 쇼핑으로 연결된다. 자동차 업계의 라이프스타일 컨피규레이터configurator 서비스도 마찬가지다. 이것은 소비자의 생활 패턴을 묻고 답변에 따라 완벽하게 개인화된 자동차를 추천하는 시스템이다(명시적 개인화). 또 다른 고급 분석 시스템은 풍력 발전소가 단기적으로 바람을 예측하는 데 쓰인다. 신용카드 회사와 온라인 상점은 이 시스템으로 사기 행각을 탐지하고 철도 회사는 같은 시스템으로 고장을 예측한다. 즉 고급 분석 시스템은 다양한 기업에서 손실을 막는 데 쓰인다.

이처럼 연결 가능성의 거대한 소용돌이 속에서 회사 관계자들에게 어떤 조언을 해야 할까? 아마도 소프트웨어 회사 바이러스에 전염되라고 해야 하지 않을까? 어떤 분야에서 일하든 상관없다. 소프트웨어 회사의 기술적인 면을 복제하라는 말이 아니라 그들의 새로운 사고방식을 배우라는 것이다. 소프트웨어 회사들은 자사 제품을 '서비스'로 인식하며 이러한 인식은 고객과 함께, 그리고 고객을 통해 만들어진다. 그리고 계속해서 활성화된다.

평판이 좋은 호텔을 보고 배워도 좋다. 서비스는 모든 회사들이 궁극적으로 경쟁력을 차별화하는 요소가 될 것이다. 프로세스와 제품이 비슷하다면 서비스가 차이를 만든다. 서비스로 고객 접근성과 개인화된 접촉이 결정된다. 역설적이게도 디지털화가 전 세계를 서비스 지상 낙원으로 만든다. 이것이 B2B와 B2C의 가치창조를 위한 새로운 논리다.

앞으로는 제품도 서비스를 위한 하드웨어 기반이 된다. 자동차는 미래에 모터나 차체 때문이 아니라 그 자동차를 구입함으로써 고객이 누릴 수 있는 서비스 때문에 판매될 것이다. 기업들이 올바른 방향으로 향한다면 곧 질적인 변화가 예상된다.

현재까지 이 분야에서 가장 혁신적인 태도를 보인 인물은 페덱스FedEX의 CEO 프레더릭 W. 스미스Frederick W. Smith다. 그는 "우리는 우리가 물건 배달이라는 노동력을 판매한다고 생각했다. 그러나 사실 우리는 고객에게 마음의 평화를 판매하고 있었다."고 말했다. 마음의 평화를 판매한다. 이 얼마나 멋진 아이디어인가.

◆ 원칙 10 ◆

아이스하키 퍽이 향하는 방향을 보라

디지털화를 주제로 다룬 서적들에는 소비자를 신봉한다는 고백이 차고 넘친다. 대부분은 기술의 중요성을 먼저 설명한 다음 소비자 이야기를 덧붙인다. 이는 때로 소비자에 대한 진지한 태도를 전부 배제하는 포기 성명처럼 작용한다. 고객은 한마디로 명확하게 규정될 수 없다. 스스로에게 자문해보자. 우리는 우리의 고객이 누구인지 아는가? 누구를 위해 우리가 제품과 서비스를 준비하는가? 누가 우리의 제품이나 서비스를 구입하는가?

이러한 질문에 대한 답은 절대 명확하지 않다. 가까이에 있다고 해서 모두 정답이 아니다. 일반적으로 가장 가까이에 있는 존재는 시장에서 힘을 발휘하는 외부 고객이다. 즉 선택권을 가진 사람들이다. 하지만 이렇게 포괄적인 정의도 가끔은 불분명하다. 기업의 시각에 따라 외부 고객이 늘 최종사용자end user인 것은 아니기 때문이다. 기업이 속한 분야에 따라 소비자가 속한 범주도 달라진다. 목표 집단? 사회문화적인 기준으로 분류된 집단? B2B 혹은 B2C? 고객의 고객? 사업? 전 세계? 출판업을 예로 들어보자. 고객이란 독자인가? 아니면 서점인가? 각 출판사인가? 어쩌면 작가가 아닐까? 제약업을 예로 들어보자. 환자가 고객인가? 아니면 처방전을 쓰는 의사인가? 병원의 구매 담당 직원인가? 의료보험 회사인가? 정부인가? 어쩌면 우리는 더 이상 고객은 언급하지 않고 사람과는 관계없는 '사용 행태'에 대해서만 토론하고 있지는 않은가?

정답을 찾기가 어려울 것이다. 구체적으로 정의할 수 없는 답이기 때문이다. 소위 '팬'이라고 불리는 단골 고객도 마찬가지다. 과거에 기업은 팬 비율을 과대평가했다. 그런데 소비자 3,500명과 고객 충성도가 가장 높다고 평가받는 기업의 관계자 100명을 대상으로 진행한 조사 결과는 조금 다르다. 가장 높은 자리를 지킨 기업은 아마존으로, 충성 고객 비율은 9.7%였다. 애플은 4.4%, 그 뒤를 도이치텔레콤Deutsche Telekom과 BMW가 이었다. 매우 적은 숫자다. 확실한 점은 고객 기반이 기업의 내부도 외부도 아니었다는 것이다.

기업의 내부와 외부의 경계가 확고한 회사가 존재하는가? 페이스북은 소셜 네트워크인가, 아니면 디지털 미디어 회사인가? 스포티파이Spotify는 음악 회사인가, 기술 회사인가? 독일에서 중요한 축을 담당하는 자동차 제조업체들이 이동 서비스를 중시하며 새로운 무대를 차츰 장악하고 있지는 않은가? 이러한 관점에서 우리가 던져야 하는 질문은 고객이 누구에게 **속해 있고** 기업이 어떻게 하면 고객을 **보유할 수 있는가**이다. 그리고 과연 고객을 보유할 수 있는지, 그래야 하는지도 생각해야 한다. 우리는 좁은 고객 관점에서 탈피해 더 넓은 시장 개념을 확립해야 한다. 고객, 시장, 그리고 경쟁업체만 생각해서는 위험하다.

이러한 관점은 오늘날에도 유효하다. 우리는 기업의 미래를 논할 때 '미래 고객 기대에 관한 예측'의 관점에서 이야기한다. 캐나다의 아이스하키 영웅 웨인 그레츠키Wayne Gretzky는 이렇게 말했다. "퍽이 있는 방향이 아니라 퍽이 이동할 방향으로 움직여라." 고객이 자신의 요구를 인식하지도 못한 사이에 고객이 원하는 바를 충족시켜라. 그러면 미래에 대한 예측으로 현재를 구성할 수 있다.

많은 기업들이 **목표 계획**을 세운다. 이른바 "우리 회사는 2030년까지 이러이러한 목표를 이루겠다."는 계획이다. 하지만 그다지 마음에 와닿지는 않는다. 이러한 목표는 아무런 풍파가 없이 고요한 환경을 염두에 둔 것이기 때문이다. 격동하는 시장 상황에서는 목표가 금방 휴지조각으로 변한다. 반복적인 시장 변화에 순응하고 뚜렷한 목표 비전을 단념해야 현실에 한 발자국 더 가까워진다. 어떤 경우든 나침반으로 삼아야 할 이념은 고객이 '나중에' 원할 일을 '지금' 해야 한다는 것이다. 이 개념이 우리 회사에 시사하는 바는 무엇인가?

그다음으로 중요한 사항은, **현재** 우리가 동료와 대화를 나눌 때 서로 지칭하는 고객이 과연 누구인지를 특정해야 한다는 것이다. 그렇지 않으면 서로 다른 이야기를 하게 된다. 상세한 분석 및 계획 단계에 지나치게 심취하지 말라. 나는 이 과정에서 활발한 역학과 자극이 사라지는 경우를 자주 보았다. 목표 집단이 명확한 핵심성과지표KPI나 계획을 추구하다가 길을 잃는 기업도 적지 않다. 비스마르크와 함께 독일 통일의 일등공신으로 꼽히는 헬무트 폰 몰트케Helmuth von Moltke 장군의 말에 따르면 이 모든 것은 적과 처음 접촉하는 순간 죽는다. 즉 우리가 '계획 세우기'를 완성했을 때 고객은 이미 다른 곳으로 가 있을 것이다.

비즈니스는 축구와 다르다. 충성도 높은 골수팬은 존재하지 않는다. 늘 새로운 것을 선택하고자 하는 사람이 늘어나므로 기업은 고객을 쉽게 잃을 수밖에 없다. 그러나 좋은 소식도 있다. 그렇기 때문에 오히려 손쉽게 고객을 끌어들일 수 있다! 분석 과정은 반드시 필요하다. 계획 세우기는 잠시 나중으로 미뤄도 좋으니 우선 실행하라. 그리고 시시각각 변하는 시장에 걸음을 맞춰 순응하라. 빠른 실행과 피드백을 통한 팀 단위 스크럼 개발 방법론을 채택한 소프트웨어 개발이 경쟁에서 살아남은 이유가 바로 이것이다. 그리고 이 과정은 결코 완성되지 않는다. 우리는 단 한 번도 목표에 도달한 적이 없다. 우리는 동료들과 함께 둘러앉아 '지금 우리가 말하는 고객이란 과연 누구인가'를 끊임없이 새롭게 정의해야 한다.

◆ 원칙 11 ◆

통점을 찾아라

인터넷이 고장 나 수리 기사를 불러야 할 일이 있었다. 나는 인터넷 회사에 전화했고 이틀 뒤 8~12시 사이에 인터넷 수리 기사가 방문한다는 답변을 받았다. 나는 조금 더 정확한 시간을 알 수 없느냐고 물었다. 그럴 수 없다는 대답이 돌아왔다. 그래서 나는 약속 당일 오전 내내 집에 머물러야 했다. 그런데 11시 45분까지 수리 기사가 오지 않아서 인터넷 회사에 다시 전화를 걸었더니 수리 기사가 곧 도착할 테니 걱정 말라고 말했다. 수리 기사는 12시 55분에야 도착했으나 특수 플러그를 가져오지 않아서 문제를 해결하지 못했다. 그리고 다음날 8~12시 사이에 방문하겠다고 말했다. 내가 너무 많은 서비스를 바랐던 것일까?

"고객은 기대감을 갖고 있다. 경쟁사와 우리를 비교해 어느 쪽이 더 좋고 나쁜지 순위를 정한다. 체계적인 방식은 아니지만 형편없다는 평가를 받은 쪽에는 치명적이다." 제너럴일렉

트릭GE의 CEO 잭 웰치Jack Welch가 한 말이다. 우리는 고객 중심을 '고객 기대 충족'이라고 정의한다. 여기서 궁금한 점이 있다. 우리는 고객을 얼마나 잘 알고 있는가?

대부분의 저명한 제조업체가 생각하는 고객 중심은 단순하다. 서비스 부서 확충하기. 이로써 모든 일이 잘 풀릴 것 같지만 꼭 그렇지만은 않다. 그랬다면 무명 제품을 아주 싼값에 판매하는 슈퍼마켓 체인 알디Aldi나 인터넷 전문 은행이 생겨나지 않았으리라. 기업은 고객이 무엇을 기대하는지 알아야 한다. 소비자는 무엇을 원하는가? 그들이 진정으로 바라는 것은 무엇인가? 우리는 그것을 알고 있는가?

우리는 고객이 무엇을 원하는지 상상한다. 때로는 우리 스스로를 기준으로 삼아 타인을 판단하고, 우리가 선호하는 것에 비추어 고객의 선호를 파악한다. 모든 고객을 전부 고려하지는 못하겠지만 대부분 고객의 기대를 생각한다. 이것이 바로 착각이다. 통점痛點, pain point, 즉 고객이 어떤 부분을 불만스럽게 여기는지, 거기에서부터 출발해야 한다.

고객이 가장 불편을 느끼는 부분이 어디인가? 어떤 부분이 제대로 작동하지 않았을 때 가장 견디기 어려운가? 고객이 느끼는 '가려운 부분'은 기업이 속한 분야마다 다르다. 전자제품 구매 고객의 통점은 온라인과 오프라인상의 가격 차이가 크다는 점일 수도 있다. 은행 업무를 보러 온 고객은 계좌 개설에 지나치게 오래 걸리는 시간을 통점이라 느낄 수도 있다. 화물 배송 업체로서는 실시간 정보에 민감해질 수밖에 없다. 고객들이 '내 택배가 지금 어디에 있는지'를 궁금하게 여기기 때문이다. 인기 레스토랑을 찾은 고객의 통점은 길게 늘어선 줄일 것이다. 제조업 분야의 통점은 기계 고장이다.

엘리베이터 생산업체 쉰들러Schindler는 디지털화란 무엇보다도 예측 정비Predictive Maintenance라고 정의했다. 엘리베이터에 설치된 센서가 매일 수백만 가지 데이터를 회사 컴퓨터 플랫폼에 전송한다. 플랫폼은 데이터 더미 속에서 추출한 정보를 토대로 기술자 배치 계획을 세워 기술자의 스마트폰에 설치된 앱에 매일 아침 일찍 정기 점검 제안이 포함된 예측 정비 내용을 전송한다. 이것은 매우 중요한 일이다. 전 세계적으로 엘리베이터가 고장나거나 점검이 필요해 멈춰 있는 시간이 매년 1억 9,000만 시간이나 되기 때문이다.

우리가 할 일은 자신의 선호도에 비추어 고객을 예측하던 시각을 반대로 뒤집는 것이다. 스스로 소비자의 입장이 되어 소비자가 무엇을 기대할지 생각하려면 어떻게 해야 하는가? 광고 대행사 융폰맛Jung von Matt을 보면 알 수 있다. 이 회사는 2004년부터 본사 건물에 평균 거실을 설치했다. 평균 거실이란 연방 정부의 통계 데이터와 소비자 조사 결과에 따라 평균 소득에 맞게 가구를 배치하고 꾸민 거실이다. 직원들은 늘 이 거실을 보면서 독일의 평균 가정이 어떤 생활을 하는지 피부로 체험할 수 있다. 광고 회사 직원들의 생활수준으로 모든 것을 일반화하지 않으려는 노력인 셈이다. 고객들의 불만 사항을 분석하라. 우리 회사 고객들이 겪고 있는 불편은 무엇인가? 통점은 무엇인가? 이것을 어떻게 예방할 수 있는가? 게다가 소비자 불만을 천천히 살피다 보면 시장에서 주류를 이루는 제품이나 서비스의 고질적인 애로 사항을 발견할 수도 있다. 그러니 그 보물을 발굴하라.

◆ 원칙 12 ◆

창밖을 내다보라

새 차를 구입할 경우를 생각해보자. 우선 특정 브랜드를 선택하겠는가? 아니면 자신의 이동 습관에 맞는 자동차 종류부터 고려하겠는가? 자동차 딜러의 사무실 위치도 생각하겠는가? 배우자는 내 생각에 어떤 반응을 보이는가? 자동차를 고르다 보면 브랜드가 매우 중요한 고려 대상이 될 텐데, 그것이 과연 결정적인 요소인가? 머릿속이 아주 복잡해질 것이다.

우리는 자사의 브랜드 경쟁력을 과대평가해서는 안 된다는 점을 잘 알고 있다. 고객 중심을 지배하는 개념은 무엇보다도 안에서 밖으로 생각하라는 것이다. 기업은 브랜드이자 선도자로, 그리고 소비자는 그에 따라가는 존재로 간주한다. 하지만 일이 늘 그렇게 진행될는지는 확신할 수 없다. 구매 결정 과정이 마케팅 전문가들의 생각보다 훨씬 복잡하게 흐른다는 추측에는 그럴듯한 근거가 있다.

어떤 이들은 이렇게 반론할 수도 있다. "고객들이 스스로 원하는지도 깨닫지 못한 제품을 개발할 필요는 없지 않은가?" 그렇더라도 소비자의 마음에 들 법한 물건을 만들 수 있지 않겠는가! 간단하고 당연한 이야기다. 반대로 아무도 관심을 보이지 않는 제품이 얼마나 많이 소비자들에게 제공되어왔는가.

디지털로 추진력을 얻은 오만함이 남긴 잔해를 보고 싶다면 캘리포니아 주 서니베일에 있는 위어드스터프 웨어하우스Weird Stuff Warehouse•를 찾아가 보라. 이곳은 스마트 스타트업에서 사용되었으나 이제는 고철이 된 컴퓨터 부품을 중고로 판매하는 창고형 매장이다. 이곳에 있는 제품을 고객의 요구로 만들어진 제품과 비교해보라. 즉시 위대한 선구자 스티브 잡스Steve Jobs가 남긴 말이 떠오를 것이다. "시장조차 스스로가 무엇을 원하는지 늘 알고 있는 것은 아니다." 하지만 잡스 이외에 그에 버금가는 천리안이 몇이나 되는가?

성공적인 예시는 마치 희귀식물처럼 이곳저곳에 전시되어 사람들의 놀라움을 사고 유행의 선도자가 된다. 실패에 대해 언급하는 사람은 아무도 없다. 적어도 나는《내가 회사를 궁지에 몰아넣은 방법》이나《실패자가 되는 열두 발자국》따위의 책은 본 적이 없다.

그래서 내가 강조하는 바는 창밖으로 시선 돌리기, 그리고

• 위어드스터프 웨어하우스는 2018년 4월 9일 문을 닫았다.

철저하게 밖에서 안으로 들어가려는 태도 취하기다. 다양한 정보 전달 경로에 관해서는 추후 언급하겠다.

◆ 원칙 13 ◆

커다란 귀가 되어라

기업 내에서 이뤄지는 모든 활동은 외부 시장 신호와 연결되어 있어야 한다. 고객은 무엇을 원하는가? 소비자가 과연 이 제품을 사려고 우리에게 돈을 지불하겠는가? 직원들은 이것을 깨닫고 느끼며 소위 '감각'을 개발해야 한다. 그리고 이 감각은 기업의 필수 온도 조절 장치가 된다. 직원들이 이 점을 이해한다면 기업은 혁신적인 이익을 거둘 수 있다. 예를 들어 극소수의 기업만이 수리 기사 등 서비스 기술자를 앞세워서 고객의 집 안으로 들어간다. 이들이 주의를 기울인다면 고객에게 새로운 제품이나 서비스를 선보일 수 있다.

요점만 전달하자면 다음과 같다. 직원들을 전파망원경으로 사용하라. 그리고 회사 전체를 커다란 귀로 만들어라. 이 귀로 고객들이 하는 말에 기울여라. 직원들이 시장에 관해 보고하는 제도를 만들어라. 독일에서 가장 큰 보험 회사인 알리안츠Allianz는 2016년 약 1억 5,500만 유로(약 2,015억 원)를 '커다란 귀'에 투자했다. 이 회사는 최고고객책임자Chief Customer Officer, CCC를 임명했다. 고객의 경험과 체험은 직접, 그리고 빠르게 제품 개발로 연결되어야 한다. 늘 "우리는 고객의 목소리를 귀담아 듣는다." 라고 되뇌어야 한다. 투자는 곧 이익으로 돌아왔다. 알리안츠의 총 판매량이 거의 두 자릿수나 늘어난 것이다. 이 회사가 이룩한 매출 실적 중 가장 높은 결과였다. 여기서 질문이 있다. 고객의 소리에 더욱더 귀를 기울이기 위해 당신은 무엇을 할 수 있는가?

◆ 원칙 14 ◆

만드는 자가 아니라 연결하는 자가 승리한다

독일 남부 프랑켄 지방에 기반을 둔 회사 망겔베르거Mangelberger는 고도로 자동화된 방식으로 개폐장치와 조명 시스템을 제조한다. 전 세계에서 사용되는 약 9,000여 개의 장치가 본사로 연결된다. 이 회사는 모든 고객을 위해 컴퓨터상에 가상 도플갱어를 만들었다. 이것을 이용해 망겔베르거는 시스템 고장을 예측하거나 문제 발생 즉시 대처한다. 그리고 이 가상 도플갱어로 고객의 에너지 수요를 측정하고 에너지 절약 가능성을 찾아낸다.

이와 비슷하게 디지털화를 활용해 잠재적인 고객 수요를 충족시키는 방법을 알고 싶다면 마르크트카우프Marktkauf의 예를 보라. 마르크트카우프는 니더작센 지방 아덴도르프에 위치한 종합 쇼핑센터다. 이 쇼핑몰 내 신선식품 및 냉장조리식품 판매대에는 전자식 가격표가 설치되어 있다. 그래서 변경된 가격이 즉시 적용된다. 이 전자 가격표는 무선 랜 핫스팟으로 제어되며, 이 핫스팟은 고객들이 무료로 사용할 수 있다. 그리고 이를 통해 **마이크로 타기팅**Micro Targeting이 가능해진다. 예를 들어 고객은 자신이 구입한 식품의 조리법을 곧바로 불러오거나 육류에 어울리는 와인을 추천받을 수 있다.

앞서 언급한 두 예시의 공통점은 무엇인가? 두 회사 모두 전통적인 고객 연결성을 디지털 세상으로 옮겨와 더욱 강화하는 데 힘썼다. 물리적인 제품은 디지털 서비스를 위한 매개체가 되었다. 우리도 이러한 과정을 적극적으로 보편화하고 미래에 투사할 수 있다. 제조하는 자가 아니라 '연결된' 자가 승리한다. 자동차가 끊임없는 이동성을 위한 디지털 서비스 제공 플랫폼으로 발전하듯이 말이다. 즉 디지털화란 모든 것을 새로이 고안해내야만 하는 상황이 아니라 여태까지 거둔 모든 성과를 확장하는 일이다.

핵심 질문은 이것이다. 지금까지 우리 회사의 강점은 무엇이었는가? 우리는 어디에 연결될 수 있는가? 이에 대한 연습이 될 만한 내용이 다음 글에 이어진다.

◆ 원칙 15 ◆

회사의 강점에 집중하라

나는 강점 탐구 이론Appreciative Inquiry(줄여서 AI라고도 한다)이라는 조직 개발 과정을 몇몇 미국 기업에 도입한 바 있다. 이것은 여태까지 거둔 성공에만 집중하는 방법이다. 디지털 시대가 왔다고 해서 기존에 입고 있던 옷을 전부 벗어던져야만 하는 것은 아니다. 우선 과거의 긍정적인 경험을 다시 떠올려야 한다. 그리고 성공했던 내용을 되짚어야 정신을 가다듬고 에너지를 올바른 방향에 쏟을 수 있다. 긍정적인 면을 바라보는 사람은 더 많은 것을 얻는다. 실패나 어려움은 주제에서 단호하게 제외하라. 부정적인 주제는 장애물 돌파를 어렵게 만든다. 강점 탐구 이론은 특히 당신이 속한 조직이 변화에 저항할 때 사용하기 좋은 방법이다.

내 경험에 따르면 강점 탐구 이론은 회사의 긍정적인 면을 아주 좁은 범위로 한정해 고객 관계에만 초점을 맞추는 기업에서 매우 효과적으로 작용했다. 기술적인 면에서 보았을 때 늘 고객의 시각을 강조하는 것이 중요하다. 자사가 고객 중심을 강화하기 위해 어떤 태도를 취하는가보다 고객이 어떤 태도를 취하리라 예상되는지에 초점을 맞춰야 한다. 직원들과 함께 강점 탐구 이론을 연습하고 싶다면 숙련된 전문가에게 진행을 요청하라. 그렇지 않으면 몇몇 입김이 센 사람이 분위기를 주도하게 된다. 그리고 리더가 직접 진행하지 않도록 하라. 관리자와 경영자 또한 시스템의 일부다. 시스템의 일부분이 시스템을 객관적으로 판단할 수는 없다. 강점 탐구 이론 연습에 참가한 팀은 보통 '4D' 과정을 거친다.

1. 발견Discover: 우리가 경험한 성공적인 고객 중심 사례들은 어떤 것들인가?
2. 정의Define: 디지털화와 관련하여 이상적인 고객 중심 경영은 어떤 형태를 띨 것인가?
3. 구상Design: 어떤 구체적인 단계를 밟아야 하는가?
4. 전달Deliver: 누가, 무엇을, 언제, 누구와 함께할 것인가?

이 방법이 제대로 작동하려면 한 가지 조건이 갖추어져야 한다. 바로 고객 중심의 경영 데이터가 전제되어야 한다는 것이다. 그렇지 않으면 애초에 디지털화할 대상이 없지 않은가. 한 건설기계 중개 회사는 주요 고객 두 명을 자사의 강점 탐구 워크숍에 참가시키는 데 성공했다. 경험상 다음의 과정도 중요하다. 워크숍이 끝나면 그것이 잘 이루어졌는지 체크업 프로그램을 실시해 확인하라. 점검이 이루어지지 않으면 아무런 변화도 일어나지 않는다.

◆ 원칙 16 ◆

소비자 설문조사를 폐지하라

한 기업은 소비자 설문조사에서 늘 1위에 올랐지만 매출이 서서히 걸음을 멈추더니 하향곡선을 그렸다고 한다. 도대체 어떻게 이런 일이 발생했을까?

이를 설명하려면 조금 깊이 파고들어야 한다. 어떤 행동을 '하게 만드는' 동기와 어떤 행동이 '저절로 우러나게' 만드는 동기에는 차이가 있다. 신경생물학 분야 연구 결과에 따르면 진화론의 관점에서 아직 젊은 뇌 영역이 인간이 좋아함liking을 확실히 인식하는 데 관여한다고 한다. 그리고 이 과정이 강화되면 원함wanting이 된다. 이 과정과는 독립적으로 오래된 뇌 영역에서 전달물질이 생성되는데 우리는 이 사실을 인식하지 못하기 때문에 구체적으로 표현할 방법도 없다. 그러나 이 전달물질이 바로 행동acting을 유발한다. 즉 좋아함, 원함, 그리고 행동은 직선으로 연결되어 있지 않다.

우리는 많은 것을 좋아하고 또 많은 것을 원한다. 하지만 우리가 행동할지 여부는 좋아함이나 원함만으로는 좀처럼 결정되지 않는다.

이것은 마케팅이나 판매에도 적용된다. 마케팅이란 잠재적인 고객에게 합리적인 근거를 제시하고 감정을 자극하는 메시지를 전달해 고객들이 제품이나 서비스를 손에 넣도록 부추기는 행위다. 이때 기업은 고객이 하는 말과 고객 개개인의 경험에 최대한 의존할 수밖에 없다. 하지만 이러한 방식으로 문제에 접근하는 것이 타당한가?

우리는 인식론에 근거해 설문조사가 사실을 묘사하는 것이 아니라 '만들어낸다'는 점을 알고 있다. 이러한 일이 가능한 이유는 우선 설문조사에는 함정이 많기 때문이다. 소비자로서 설문조사에 응한다고 상상해보자. 설문조사를 실시하는 사람은 한눈에 봐도 연구조사처럼 보이는 상황을 조성한다. 대상자는 그 상황 속으로 들어간다. 그리고 상대방이 내게서 쓸모 있는 답을 기대한다는 사실을 깨닫는다. 그러면 나는 심사숙고해서 설문조사 시행자가 유용하게 쓸 수 있는 답변을 내놓게 된다. 혹은 사회적으로 응당 그래야 하는 답변을 한다. 내 답변 데이터가 누군가에게 평가되리라는 것을 알고 있기 때문이다. 게다가 질문 자체도 나를 특정한 방향으로 몰아간다. 어둠 속에서 스포트라이트가 길을 만들 듯이. 이러한 상황 조작하에 내 의사결정 과정이 철저히 점검된다. 설문조사 시행자는 통계 연구와 실험을 거쳐 상황을 통제한다. 이렇게 얻은 답변은 사실과 거리가 멀다. 사람들이 의사결정을 내리는 과정은 훨씬 가변적이다. 의사결정 과정은 아주 짧은 시간 안에, 그것도 스스로는 인식하지 못한 인상과 느낌이 겹겹이 쌓이는 과정이기 때문이다. 그래서 고립된 실험 환경은 도움이 되지 않는다. 일상생활 속에서 우리가 겪는 복잡다단한 상황은 그렇게 쉽게 하나만 뚝 떼어 분리할 수 있는 것이 아니다. 일례로 실험 대상자들은 점심 식사 후 질문을 받았을 때 훨씬 호의적인 답변을 내놓는다.

소비자가 어떤 제품을 좋아하고, 그것이 마음에 든다고 말하는 것은 아무런 조건이나 대가가 선행되지 않은 상황에서 이루어진 행동이어야 의미가 있다. 그러나 소비자 설문조사는 이것을 잘못된 방향으로 이끈다. 토대가 흔들려서는 아무런 판매 전략도 세울 수 없다. 헨리 포드Henry Ford가 한 말을 기억하는가? "내가 만일 고객에게 마차의 어떤 부분을 개선해야 하겠느냐고 물었다면 이런 답이 돌아왔을 것이다. '더 빠른 말이 필요하다.'"

◆ 원칙 17 ◆

소비자를 따라 하라

소비자 설문조사가 별 도움이 되지 않는다면 '더 나은 방법은 무엇이냐'는 당연한 의문을 품게 된다. 소비자는 다른 무엇도 아닌 오직 그들의 행동만으로 자신들이 진정으로 원하는 바가 무엇인지 보여준다. 다시 말해, 고객을 **관찰하라**. 비교적 많은 비용이 소요되더라도 연연하지 말라. 물리적인 세상과 가상의 세상, 양쪽 모두에서 소비자의 행동을 분석하라. 다음과 같은 실험을 진행해도 좋다.

각기 다른 경험이 가능한 공간을 마련하고 소비자들의 반응을 살펴보라. 집중해야 할 부분은 그들이 어떤 말을 하느냐가 아니라 어떤 '행동을 하느냐'다. 고객들의 답변에 신경 쓰지 말라. 기업 내에서는 때때로 고객이 원하는 것이 제품의 질이냐 양이냐 하는 담론이 제기된다. 규칙은 이러하다. 우선 양이고 그다음이 질이다. 처음에는 무조건 많이 시도해서 수많은 제품이 빨리, 그리고 싼값에 실패하도록 하라. 그리고 살아남은 제품을 질적으로 향상시키고 유지하라.

그렇다면 구체적으로 어떻게 해야 하는가? 기업은 소비자 스스로보다 소비자를 더 잘 알아야 한다. 이를 위해서는 다음과 같은 방법을 시도할 수 있다.

1. 소비자 워크숍: 시나리오 기법과 고객 경험 센터Customer Experience Center를 통해 소비자를 적극적으로 참여시킨다.
2. 소비자 관찰 A: 소비자의 일상적인 구매 활동을 관찰한다. 디즈니는 영화 상영 중 관객들의 표정을 분석한다. 이를 FVAEs Factorized Variational Autoencoders라고 한다.
3. 소비자 관찰 B: 대안적인 구매 상황을 조성해 소비자의 행동을 분석한다.
4. 판매자 훈련: 소비자가 보내는 약한 신호에도 민감하게 반응하도록 판매자를 훈련한다. 소비자에게 설문조사가 실시되리라는 점을 판매자가 이미 알고 있다면, 이 판매자는 소비자의 말에 귀를 기울이지 않을 가능성이 높다.
5. 전문가 초빙: 기업과 관련이 없는 전문가를 초빙해 회사 내부의 논의에 추진력을 더한다.
6. 데이터 수집: 데이터를 수집하고 또 수집해서 고급 분석 기술로 정리한다. 판단은 사람이 해야 한다.
7. 디자인 씽킹Design Thinking: 스스로 고객의 입장이 되어 생각하기

보다 고객이 하는 행동을 그대로 따라 하라. 경험을 쌓고 평가하고 소비자와 함께 테스트하라.

고객 행동 분석이 조직의 근간이 되어야 한다. 그래야 마케팅과 판매 사이의 오랜 간극이 메꿔진다. 적어도 B2C에서는 그렇다. 마케팅과 판매 분야 모두 고객 경험을 지켜볼 의무가 있다. 양 분야에, 그리고 소비자에게도 다음 성경 문구가 적용된다. "그 열매로 그들을 알지니." 둘 중 하나를 선택하라. 적은 돈을 투자해 아무 성과도 얻지 못할 것인가, 아니면 많은 돈을 투자해 뭐라도 얻을 것인가? 어떤 실험이 가장 효과적이고 빠르고 간단하고 비용 효율적이고 가장 큰 반응을 이끌어내는가?

◆ 원칙 18 ◆

개인보다 조직을 먼저 바꾸라

"직원들이 자신이 받는 월급이 내가 아니라 고객들로부터 나온다는 사실을 이해해야만 제품의 질이 좋아집니다." 한 경영자가 잇따른 제품 고장 및 품질 저하 문제를 두고 한 말이다. 경영진은 제품의 질뿐만 아니라 소비자의 관점에서도 직원들의 정신적인 지체 현상을 불만스럽게 여긴다. 기업을 이끄는 사람이라면 이 바닥의 섭리를 잘 알고 있으리라. 그런데 이 논리는 사소한 부분에서는 옳지만 중요한 부분에서는 틀렸다.

경영자는 문제에 대한 책임을 직원 개개인에게 전가할 수 있다. 그리고 이것이 경영관리론의 기본 줄기이기도 하다. 이 줄기에 따르면 인간은 **소프트 요인**이다. 인간은 스스로를 바꿀 수 있다. 그러나 **하드 요인**, 즉 조직은 오래된 그대로 머무른다. 인간은 그 안에서 성과를 이루어야 한다.

하지만 이러한 시대는 이제 지나갔다. 디지털 시대에는 경영진이 조직에 대해 보다 깊이 생각해야 한다. 리더가 문제점을 정확히 짚었다면 이제 질문 내용이 달라질 것이다. 우리 회사 직원들이 더 이상 고객 중심 관점에서 '행동하지 않는' 이유는 무엇일까? 우리 회사의 구조가 소비자를 무시하고 자족적이고 기술적인 면을 더욱 강조하도록 유도하는 것은 아닌가? 그리고 무엇보다 이렇게 자문하라. 우리가 경영진으로서 문제 발생에 일조하지는 않았는가?

리더가 가장 먼저 시선을 두어야 할 곳은 따로 있다. 바로 고객 중심 태도를 '방해하는' 요소다.

- 어떤 기업 구조 때문에 시장 신호를 제대로 포착하지 못했는가?
- 어떤 부서가 소비자에 적대적인가?
- 어떤 점을 살펴야 우리가 소비자를 뒷전으로 미루지는 않았는지 알 수 있는가?
- 소비자의 관점에서 가장 불편한 점(통점)은 무엇인가?

위와 같은 내용은 내가 진행한 자문 상담 중 그 유효성이 가장 널리 입증된 것들이다. 조직의 내부부터 정리하라! **오래된 조직 구조로 새로운 기업을 만들 방법은 없다**. 내부 구조부터 정리하고 난 후에야 세부적인 면을 들여다볼 수 있다. 당연히 기업에 도움이 되지 않는 직원이 존재한다. 그러나 그보다는 소비자에 적대적인 조직 구조가 훨씬 흔하다.

◆ 원칙 19 ◆

수평으로 투자하라

아마존의 제프 베조스는 앞서 언급했듯 소비자에 집중하기로 유명하다. '이러한 생각이 계속해서 생생하게 살아있지 않으면 기업은 죽는다.' 이것은 베조스가 2017년 초 주주들에게 보낸 편지에 담긴 내용이다. 자원 할당 문제에 직면하면 이러한 생각이 더욱 구체적으로 변한다. 어디에 자금을 투자해야 하는가? 기존 기업들의 답변은 명확하다. 수직적으로 투자하라! 상위 직급의 사람들이 묻고 하위 직급의 사람들이 대답해야 한다. 하위 직원들은 조사하고 모니터링하고 측량하고 측정한 결과를 내놓는다. 또 다른 KPI가 경영 관리의 허점을 메꾼다. 이러한 방식으로 기업들은 지난 세월 동안 소비자를 기만하는 관료 체제를 수도 없이 많이 구축했다. 다들 스스로에게 헌신하느라 바빴고 오래된 모델인 **지휘통제**Command and Control에 힘입어 조직을 구성했다. 직원들은 계속해서 위를 올려다보느라 목이 마비될 지경이었다.

자가 테스트를 해보자. 지난날을 되돌아보라. 나는 업무시간 중 몇 시간 동안이나 내부자들과 언쟁을 펼치며 수직적 관계의 위, 아래와 접촉했는가? 그리고 몇 시간 동안이나 소비자의 말을 직접 경청했는가? 앞으로는 **내부 시장**과 소통하는 데 집중하라. 즉 조직 및 직원들과 교류하며 관료주의라는 장애물을 없애라. 그래야 모든 것이 올바른 방향으로 나아가고 갈등이 사라진다. 그렇다고 해서 회사의 판매 시점 관리Point of Sale가 향상되지는 않는다. 그러나 외부, 즉 시장의 경쟁에서 승리할 것이다. 그쪽으로 온 에너지를 쏟아라. 손에 쥔 여유 자금이 있다면 그것을 고객과 가까운 곳에 두어라. 수평으로 투자하라!

◆ 원칙 20 ◆

조직 내의 잡동사니를 없애라

앞서 언급한 방법에 따라 스스로와 회사를 조금이나마 제대로 들여다볼 수 있게 되었다면 다음 단계로 나아가야 한다. 어떻게 하면 바깥으로 뻗어, 시장과 소비자에게 소용돌이를 발생시킬 수 있는가? 어떻게 하면 기업 내에서 **수평응력**•을 강화할 수 있는가? 3분만 투자하면 해답을 한 가지 얻게 될 것이다.

아주 조금 과장해서 말하자면 기업 경영은 지난 몇 년 동안 사실상 긴급 출동 서비스로 전락했다. 품질관리든 변경관리든 식스시그마든, 이러한 아이디어는 놀라움이라고는 존재하지 않는 세상에 어울린다. 기업은 고장을 수리하거나 기기를 최적화하고자 한다. 이때 서둘러 내부 구조를 개량하려고 하면 오히려 구조 변화 자체에 지장이 생기는 경우가 많다. 그러므로 디지털화를 공표하려면 리더가 '무엇을 할 수 있는가'에 주의해

• 수평으로 압력이 작용할 때 물체 내의 저항력

야 한다. 누구도 리더가 '무엇을 시켜야 하는지' 말해주지 않는다. 한 기업의 미래지향성은 주로 그 기업이 오랫동안 유지하고 있는 사내 문화에서 비롯된다. 고객 다시 끌어들이기는 다른 무엇보다도 조직 내의 **잡동사니**를 없애는 데서 시작한다. 즉 '하지 않았던 것'이나 '더 이상 하지 않는 것'을 청소하라. 지난 10년 동안 주변부로 떠밀린 경영 관련 잡동사니를 다시 헤집어보라. 그리고 이제 그것을 쓰레기통에 던져라! 우리는 기업 구조를 위태롭게 만드는 일 없이 지금 당장 머릿속에 떠오른 몇몇 부서나 시스템, 정책 등 회사 내의 잡동사니를 없앨 수 있다.

잡동사니 정리는 예전부터 상당히 중요한 개념으로 일찍이 피터 드러커Peter Drucker가 강조했던 내용이다. 오늘날에는 '매직 클리닝'이라고 한다. 매직 클리닝을 실시하면 공간이 생긴다. 이 공간은 사람들이 자신의 능력을 발휘해 불명료함이나 모순을 피해갈 수 있는 곳이다. 사람은 자신만의 특수성을 드러내야 한다. 그리고 그 공간을 지나치게 제한해서는 안 된다. 사람들이 잠재력을 펼칠 수 있도록 두어야 한다. 조직의 형식적인 절차 때문에 개인의 풍부한 아이디어가 꽃피지 못하는 것만큼 아까운 일은 없다. 그리고 창의력을 펼치고 개발하는 일을 전부 소비자에게 위임하는 **단순한 구조**만큼 간단하고 회사로서는 비용이 적게 드는 것도 없다. 외부로 나아가는 복잡성은 높게, 내부로 들어오는 복잡성은 낮게. 그것이 요령이다. 기업 구조를 정리하라! 당신의 회사를 간단한 구조로 정돈하라. 이는 반취약성•을 위한 투자다.

물론 이는 실천하기 어려운 일이다. 사람들이 자신이 몸담은 조직의 현상을 이렇듯 완고하게 유지하고 지키다니 놀랍지 않은가. "이 방침을 없애버린다고? 안 돼. 다른 건 다 돼도, 이것만은 안 되지!" 무언가를 반드시 포기해야 한다는 제안이 어떤 기업에는 청천벽력과 같은 모양이다. 하지만 이 과정을 거쳐야만 한다. 민첩해지고 싶다면 당연히 몸을 가볍게 만들어야 하지 않겠는가. 당신은 고객이 그렇다고 생각하는 만큼만 민첩하다. 그리고 디지털 시대란 늘 다른 무언가가 더해지는 시대다.

그래서 내가 다시금 강조하고자 하는 바는 다음과 같다. 수직응력을 줄여라! 동시에 소비자를 기만하는 규정을 폐기하라. 우리는 고객과 직접적인 연관이 없는 모든 프로젝트를 중단할 수 있다. 또 내부적인 일처리만을 다루는 회의는 하지 말아야 한다. 대신 이런 일에 사용할 에너지를 수평으로 돌려라. 다음 질문을 꾸준히 공론화하라.

우리가 특정 방침, 시스템, 규정을 탈피하더라도 소비자가 무언가 부족하다고 느끼지 않도록 할 방법은 무엇일까? 직원들이 **위** 또는 **아래**를 보도록 두는 것, 내부에 자체 시장을 형성하

• 기존의 견고한 수준을 넘어 충격을 받으면 오히려 더 강해지는 성질

는 것, 관료적이고 융통성 없이 기업을 마비시키는 것, 앞으로는 이 모든 것을 중단하라. 무언가에 개입해야 할 때마다 의심을 품고 질문을 던져라. "이 행동을 함으로써 어떤 차별화가 이뤄질까?" 만약 이에 대한 답을 윗선 또는 아래에서 찾아야 한다면 다시 한 번 심사숙고하고 그 과정이 반드시 필요한지 직접 시험하라. 소비자가 그것을 얻으려고 당신에게 돈을 지불할지 생각하라. 소비자에게 아무런 가치가 없는 모든 것은 사라져야 한다. 성공은 포기할 때 이룩된다.

◆ 원칙 21 ◆

고객이 언제든 연락 가능한 기업이 되어라

우리에게는 아직 더 없애야 할 군더더기가 남아있다. 한 가지 예를 들어보자. 나는 며칠 전부터 고객 서비스 대리인(요상한 단어다)과 통화를 하려고 각고의 노력을 기울였지만 전화를 걸 때마다 허탕이었다. 가까스로 통화 연결이 되었을 때, 그는 지난 며칠 동안 미팅 때문에 정신이 없어 사무실 전화를 휴대폰으로 착신하는 기능을 깜박하고 켜두지 않았다고 말했다. 깜박했다고? 자신의 월급을 지불하는 사람을 잊었다는 말인가? 소비자라면 이와 같은 상황을 여러 번 경험했으리라. 이러한 일이 발생하는 원인 중 개인의 부주의가 차지하는 비중은 아주 작다. 대부분은 기업이 고객을 등한시했기 때문에 벌어진다.

기업에서는 모든 것이 열정에서 시작해 조직에서 끝난다. 기업 내 제도 중 상당수가 고객 중심을 외치며 만들어지고 도입된다. 그러나 이것은 사실 플라세보 효과다. 고객 중심을 외치면서 고객 중심 회사가 된 것처럼 착각한다. 결정적인 변화는 하나도 일어나지 않는다. 착실한 고객 불만 관리는 필수다. 이것이 이루어져야 소비자들의 충성도가 높아진다. 현실에서 기업은 소위 '생산적인 부문에서 활약해야 할' 핵심 요소를 시장 환경에 대응하는 완충제로 소모한다. 즉 서비스센터니 핫라인이니 고객 만족 전담팀을 설치해 회사 주변에 보호막을 두르는 것이다. 이것은 시스템의 구조적 당착을 보여주는 매우 느리고 꽉 막힌, '우리는 이만큼이나 노력했다' 식의 눈 가리고 아웅이나 다름없다.

이러한 대체 조치를 치워버리고 고객 서비스 부서를 없애라! **고객 서비스**란 기업의 특정 부분이 고객을 위한 서비스를 제공한다는 점을 내세우는 이른바 성의 표시다. 그러면서 나머지 직원들은 암묵적으로 이러한 서비스에서 한 발자국 물러나 뒷짐만 지고 있다. 아마 거의 대부분의 직원들이 그럴 것이다. 기업 전체가 고객 서비스라는 점을 잊지 말라! 한걸음 더 나아가라. 고객 서비스는 '제공하는' 것이 아니다. 경영진과 직원들 스스로가 고객을 위해 '봉사하는' 것이다. 제공과 섬김에는 큰 차이가 있다.

물론 대부분의 기업에서 곧바로 이를 시도하기는 어렵다는 걸 나도 잘 알고 있다. 하지만 포기하기 전에 다음과 같은 사항을 고려해보자. '진상' 고객으로부터 기업을 '보호한다'고 생각하지 말라. 고객이 늘 최우선이다. 기업에 속한 모든 구성원이 고객이 겪는 문제와 그들의 요구를 대면해야 한다. 마찬가지로 고객의 전화를 우선시하라! 고객의 전화가 언제 어디서든 연결될 수 있도록 하라. 경쟁에서 빠져나와서 전화에 응답할 직원을 추가로 배치하라. 경영진 또한 직접 나서서 전화를 받고 고객의 소리를 피부로 듣고 느껴라. 기술을 활용해도 좋다. 오늘날 우리는 누구든 휴대용 IT 기기로 고객 질문에 답할 수 있다. 이렇게 함으로써 경영자는 기업에 실존하는 핵심이 된다.

◆ 원칙 22 ◆

콜센터를 없애라

"T-모바일을 운영하기 위해 알아야 할 모든 정보는 트위터에서 얻는다." T-모바일T-Mobile 미국 지사의 유능한 CEO 존 레저John Legere가 2014년 기술학회 긱와이어 서밋GeekWire Summit에 참석해 한 말이다. 그는 전례 없는 경주에서 경쟁자들을 끈질기게 추격하고 제친 다음 차츰 시장점유율을 높여 T-모바일을 미국에서 세 번째로 큰 이동통신사로 성장시켰다.

그의 성공비결은 무엇일까? 레저는 인터뷰를 할 때마다 한결같이 두 가지를 강조했다. 우선 트위터를 '탈통신사Uncarrier• 전략'을 위한 주요 피드백 창구로 삼아 고객 불만을 해결한다. 그리고 콜센터를 없앴다.

콜센터는 기업이 언제든 고객과 소통하기 위해 가장 먼저 설치하는 의사소통 창구다. 콜센터를 설치하는 의도는 칭찬할

• 존 레저가 사용자의 인터넷 사용 실태에 착안해 고안한 것으로 모바일 인터넷 종량제를 거부하고 무제한 요금제에 중점을 둔 판매 전략

만하다. 비록 실상은 다르지만 말이다. 직원들은 고객 서비스 센터의 신성하고 다양한 업무를 숭배한다. 고객 진정시키기, 오류 기록하기, 오류 정보를 통계 데이터에 입력하기, 진상 고객 퇴치하기까지. 고객은 영겁의 시간 동안 대기자 명단에 올라 기다리고 회사는 곧 연결해드리겠다는 말을 여러 번 되풀이하다가 정말 죄송하고 안타깝고 유감이지만 도와드릴 수 없다는 말을 장황하게 늘어놓는다. 물론 이것도 전화가 도중에 끊어지지 않아야 들을 수 있다.

고객으로서는 화가 치미는 일이다. 그러나 이로 인해 발생하는 훨씬 커다란 부수적 피해는 따로 있다. 바로 기업이 이러한 방식으로 '외부로부터 차단당한다'는 것이다. 기업은 체에 걸러진 소비자 요구 사항만 들을 뿐 그들의 불만은 듣지 않는다. 그리고 '방해받을 우려'가 없는 기업 내부 일처리에만 집중한다. 이렇게 우물 안으로 들어간다. 이런 식으로는 기업이 디지털 시대에 살아남지 못한다. 콜센터에 소위 챗봇이라 불리는 사이버 직원을 데려다 앉히는 것도 도움이 되지 않는다. 사람들은 챗봇이 잔뜩 화가 난 고객에게는 특별히 부드럽고 공손한 말투로 대답하는 모습을 보고 감탄한다.

그러나 내 조언은 이것이다. 콜센터를 없애라! 아니, 더 좋은 방법이 있다. 경영자가 가장 높은 곳에서 유일한 콜센터가 되어라! 언제든 고객이 닿을 수 있는 존재가 되어라. 그러면 조직이 단결한다. 소셜월Social Wall•과 대시보드 너머로 SNS를 살펴보고 정제되지 않은 정보를 빠른 속도로 직접 수집하라. 당신은 고객들이 어떤 생각을 하는지 한눈에 알게 될 것이다.

도이치텔레콤 마케팅 이사인 크리스티안 일렉Christian Illek은 독일 본에 있는 자신의 사무실에 텔레콤 소셜월을 설치했다. 고객의 소리에 실시간으로 귀를 기울이기 위해서였다. 브로드밴드 기술과 음성 인터넷 프로토콜Voice-over IP, VoIP로 모든 고객 전화를 경영자의 휴대용 컴퓨터로 연결할 수 있다. 당장 헤드셋을 착용하고 고객 문의에 응답하라. 그렇게 하고 싶지 않은가? 좋다. 대신 다른 기업은 그렇게 할 것이다. 아니면 트위터를 활용하라.

• 이벤트 현장 등에 설치하는 실시간 반응형 소셜 부스

◆ 원칙 23 ◆

부정적인 의견에 공개적으로 대응하라

소비자의 관점에서 생각하는 기업은 디지털화 시대에 다양한 결과를 얻을 것이다. 예를 들어 고객과의 대화 같은 것이 있다. 아날로그 시대에는 고객의 의견이 서면으로 기업에 도달했고 다시 서면으로 답변이 전해졌다. 이것은 너무 오랜 시간을 요하는 과정이었기 때문에 지나치게 지연되면 전화로 해결되었다. 전화는 비교적 짧은 시간이 걸리는 과정이어서 많은 기업이 콜센터 뒤에 몸을 숨겼다.

오늘날에도 전화를 통한 고객과의 접촉이 이어진다. 그러나 기업은 소비자와 거리를 두고자 한다. 그래서 일부 기업의 핫라인 번호를 찾아내기란 때로 모래사장에서 바늘 찾기다. 서면으로 의견을 제시하고픈 사람은 이메일이나 문의 사항 작성 폼을 이용할 수 있다. 이메일 교환에는 장점이 있다. 의사소통이 공개적으로 이루어지지 않기 때문에 그 내용이 논란을 불러일으킬 가능성이 적다. 어떤 소비자가 불쾌한 경험을 했다고 치

자. 이 소비자는 기업에 이메일을 보내고 그래도 기분이 풀리지 않으면 친구나 주변인들에게 불만을 털어놓는다. 그것이 전부였다.

하지만 오늘날에는 그렇지 않다. 이메일은 이제 독백 형식의 고객 커뮤니케이션으로 대체되었다. 바로 공개적인 **별점 매기기**다. '좋아요'나 '별로예요' 버튼이 등장했다. 분노가 뿜어져 나오는 블로그 포스트도 적지 않다. 이러한 의견 표출 방식은 페이스북이나 트위터, 인스타그램 등 소셜미디어 채널을 통해 널리 퍼졌다. 한편으로는 쿠누누Kununu(회사 평점 사이트)나 글래스도어Glassdoor(구인구직 사이트), 트립 어드바이저TripAdvisor(호텔, 레스토랑, 관광지 검색 사이트), 야메다jameda(병원 검색 사이트), 아마존 포털 등 기업이나 서비스를 평가하거나 평점을 매길 수 있는 사이트가 생겨났다. 이것은 의견 산업의 몇 가지 예시일 뿐이다. 즉 현대에 새로워진 점은 고객이 더 이상 피상적인 답변을 기대하지 않는다는 것이다. 그들은 **공개성**을 원한다.

소비자들은 이제 자신의 경험을 친구나 주변인들과만 공유하지 않는다. 전 세계와 공유한다. 그들은 최대한 많은 이들로부터 주목받길 원한다. 기업에 손해를 입히길 원한다. 어떤 때는 이렇게 공개적으로 알리는 것이 기업으로부터 작은 반응이라도 이끌어낼 유일한 방법이자 기회다. 이때 고객은 기업으로부터 답변을 받길 절실하게 바란다. 구글에서 '유나이티드는 기타를 부순다네United Breaks Guitars●'를 검색해 화가 난 고객 한 명이 유튜브YouTube 비디오 하나로 어떻게 모든 일을 해결했는지 살펴보라.

평점 매기기는 해가 되지 않는 의견 전달이다. 또한 온라인에서 클릭 한 번으로 바지를 구입하려는 소비자는 다른 고객의 평가 글을 보고 큰 도움을 얻는다. 즉 평점과 후기는 실질적으로 쇼핑의 위험 부담을 줄인다. 긍정적인 평가를 받은 기업은 기뻐한다. 불쾌한 경험을 한 고객들이 내세우는 무기는 이제 더 이상 불매운동이 아니다. 고객들의 칼날은 더욱 예리해졌다. 그들의 무기는 투명성이다.

디지털 투명성이 생겨나면서 사람들은 기업에 망신을 주고 손해를 입힐 기회를 노린다. 최악의 경우 실질적인 근거가 존재하는지, 아니면 경쟁 때문에 발생한 것인지조차 모를 똥폭풍Shitstorm이 불어 닥칠 수도 있다. 이에 대응해 또다시 기생충 같은 방위 산업이 활동을 시작한다. 여기서 말하는 방위 산업이란 자동으로 소셜미디어를 감시하거나(예방적 스크리닝) 평점 테러를 가하거나 영향력을 행사할 만한 인물을 고용하는 것을 말

● '선스 오브 맥스웰(Sons of Maxwell)'이라는 캐나다 밴드가 유나이티드 항공을 이용해 이동하던 중 항공사의 부주의로 기타의 목이 부러지는 사건이 발생했다. 이들은 보상과 사과를 요구했으나 항공사는 이를 거부했고, 선스 오브 맥스웰은 이 내용을 노래로 만들어 배포하겠다는 최후통첩을 한 뒤 실제로 노래를 제작해 유튜브에 업로드했다.

한다.

디지털 환경 속에서 고객 중심이란 기업이 '투명성부터' 생각하는 것이다. 이를 위해 해줄 조언이 있느냐고? 솔직히 말하자면 없다. 이것은 비교적 새로운 상황이기 때문이다. 그럼에도 몇 가지 힌트는 있다. 고객들의 디지털 활동이 어떤 영향을 발휘할 수 있는지에 주목하라. 그렇다고 온라인에 게재된 모든 것을 맹신해서는 안 된다. 그리고 부정적인 의견을 은폐하려 하지 말라. 그 의견이 중요한 점을 꼬집지는 않았는지 살펴보라.

바이럴 마케팅 업체를 고용해 부정적인 의견을 돈으로 입막음해야겠다는 유혹에 저항하라. 얼굴을 잔뜩 찌푸리고 입을 꾹 다문 채 옆에 서 있지 말고 직접 나서라. 심사숙고해서 반응하라. 비판적인 충고에 감사를 표하는 것은 그것을 무시하거나 정당화하는 것보다 현명한 행동이다.

무엇보다 먼저 공개성을 위한 작업에 투자하라. 아날로그 시대에는 공개성이 그저 있으면 유익한 부수적인 것이었다. 디지털 시대에 공개성은 살아남는 데 필수인 '생존 아이템'이다.

◆ 원칙 24 ◆

고객과 직접 접촉하라

이스라엘인 의사 예호나탄 터너Yehonatan Turner의 실험에 따르면 영상의학과 전문의들이 환자의 얼굴 사진을 같이 보았을 때 29% 더 긴 보고서를 작성했으며 49% 더 나은 진단 결과를 내놓았다고 한다. 즉 의사들이 공개성에 영향을 받아 환자를 더욱 구체적으로 상상할 수 있었던 것이다.

이 결과는 데이비드 호프만David Hofmann과 애덤 M. 그랜트Adam M. Grant가 한 병원에서 실시한 실험 결과와도 일치한다. 두 사람은 병원 관계자들이 손을 더 자주 소독하도록 경각심을 일깨우고자 했다. 그래서 어떤 손소독제 옆에는 '손 위생은 당신의 건강을 지킵니다'라는 안내판을, 다른 곳에 놓인 손소독제 옆에는 '당신'이라는 단어를 '환자'로 바꾸어 '손 위생은 환자의 건강을 지킵니다'라는 안내판을 세웠다. 결과는 놀라웠다. 두 번째 안내판 옆에 있는 손소독제를 사용한 의사나 병원 관계자들이 약 30%나 늘었다. 첫 번째 안내판 옆에 놓인 손소독제의 사용량에는 변화가 없었다. 즉 최종 고객을 언급하자 서비스 제공자들은 자신의 행동에 더 막중한 책임감을 느꼈다. 의료진은 자신을 보호하기보다 환자를 보호하는 일이 훨씬 중요하다고 생각한 것이다.

그렇다면 우리 회사는 어떻게 해야 '진정한' 고객 중심 회사가 될 수 있을까? 답은 명백하다. 회사에 소속된 사람들이 고객의 입장에서 생각할 수 있다면, 고객을 볼 수 있다면, 고객까지 가는 길이 짧다면, 자사의 서비스와 물품이 전달하는 효과를 임직원이 직접 체험할 수 있다면 진정한 고객 중심이 이루어졌다고 볼 수 있다.

디지털 세상에서는 고객 또한 점점 더 '가상의 존재'가 되기 때문에 고객을 구체화하기 어려워진다. 직원들 대부분은 자신이 하는 일이 소비자의 일상생활에 어떤 영향을 미치는지 전혀 또는 거의 알지 못한다. 경영자가 이미 오랜 시간 동안 고객의 모습을 직접 본 적이 없거나 고객을 무시하는 행동으로 빚어진 결과를 직접 수습하지 못했다면 결국 경영자에게 고객은 전혀 중요하지 않은 존재가 되어버리고 만다.

회사의 덩치를 점점 더 부풀리려는 시도는 고객 경시를 재촉할 뿐이다. 사람은 가까운 이웃을 사랑해야 한다. 멀리 있는 존재를 사랑하는 것은 사람의 능력 밖이다.

동료 직원들에게 고객 중심이란 어떤 것인지 자세히 설명하거나 이와 관련된 엄격한 규칙을 도입하려거든 다음을 명심하라. 공허하게 울리는 상투적인 말로 고착화하지 않은 진정한 고객 중심이란, 한 기업의 상업 활동이 '구조적으로' 고객 중심을 지향할 때만 이루어진다. 그래야 개별 직원들이 고객에게 애정을 쏟는 일을 '의미 있는' 작업이라고 생각하게 된다. 그리고 고객을 위해 온몸으로 뛰어든다는 것이 어떤 일인지 '진심으로 이해하게' 된다. 고객이 자신을 필요로 한다는 사실을 생생하게 깨달은 직원은 어떤 행동을 취해야 하는지 스스로 배운다. 직접 몸 바쳐 기여한 경험이 결과적으로 동기를 생성한다. 구체적인 고객이 사업의 방향을 결정하고 사업에 이름과 얼굴을 부여한다.

전자상거래 친화적인 고객들이 오프라인에서 직접 구매하는 경험을 선호하는 트렌드가 나타나면서 새로운 기회의 문이 열렸다. 애플 또한 사람들이 자사 제품을 인터넷으로 편리하게 구입할 수 있다는 점을 알고 있지만 중국에서 대형 오프라인 매장을 중심으로 공세를 펼치기 시작했다. 애플은 오프라인 매장을 만남의 장소로 연출하고 '마을 광장'이라 이름 붙였다.

다음 질문에 답해보자.

- 회사에서 몇 명이나 되는 직원이 고객과 직접 접촉하는가? 오프라인에서든 온라인에서든 관계없다. 정확한 숫자가 아니라 대략

적인 비율을 알면 된다.

• 그렇다면 5년 전에는 어땠는가?

이제 스스로 외부 감각을 잃었는지, '내부'적으로 정의한 현실에만 집중하는지, 회사에 경제윤리적인 질문을 던지고 기업의 폐쇄성이 커졌는지 여부를 추론할 수 있다.

하지만 그보다는 이렇게 행동에 나설 수도 있다.

1. 회사 직원 중 적어도 50%가 외부 고객과 접촉하도록 조율한다.
2. 외부 고객과 접촉하지 않는 직원의 수를 더 이상 줄일 수 없을 때까지 줄여라.
3. 직원들이 그룹을 이루어 적어도 1년에 두 번 정도는 외부 고객과 접촉하도록 조정하라. 그리고 이 과정에 직접 참가하거나 이 과정을 관찰하라.
4. 모든 직원이 고객 한 명에게 특별한 도움을 주었던 경험을 보고한 내용을 모아 연감을 작성하라. 그리고 연감 출간 기념회를 주최하고 거기에 고객을 초청하라.

고객과의 접촉이 디지털화할수록 이러한 과정 또한 중요해진다. 사람에서 사람으로 거래가 이루어지는 기업 구조를 구축하라. 소비자의 구체적인 요구를 충족시키는 행동이 개별적인 책임하에 이루어지도록 하라. 많은 사람들이 협력함으로써 커다란 완전체가 형성된다. 직원들이 고객에게 늘 새로움과 놀라움을 선사하도록 만들어라. 그리고 직원들 자체가 그 놀라움의 일부가 되도록 하라.

◆ 원칙 25 ◆

분산에 집중하라

싱가포르 회사 그랩 택시Grab Taxi는 동남아시아에서 디지털 기반 차량 호출 서비스 분야를 선도하는 기업이다. 이 회사가 동남아시아 지역 국가에서 우버Uber보다 빠르고 스마트한 기업이 될 수 있었던 이유는 무엇일까? 우버와 똑같은 일을 하는 이 회사는 자사를 택시 회사가 아니라 운송 서비스 업체라고 생각한다. 그랩 택시는 매우 엄격하고 정확하게 해당 지역의 상황을 파악했다. 이쪽에서 협업하고 저쪽에서 합병하며 영향력이 큰 인물을 지역 관리자로 앉혔다. 무엇보다도 문화와 언어 감수성을 높였다. 아시아의 문화와 언어 감수성은 유럽인들의 눈에 비치는 것보다 훨씬 다양하기 때문이다. 천편일률One size fits all은 적용되지 않는다.

여러분 회사의 중심부가 한 곳이라면 내 말에 동의할 것이다. 중심부를 만들면 합리적인 면이 두 가지 있다. 바로 권력 행사의 용이성과 비용 합리화이다. 디지털 시대에는 이러한 경향이 더욱 강화된다. 디지털화 시대에는 중앙 집중을 하면 더욱 편리하게 '무선 조종'을 할 수 있는 것처럼 보이기 때문이다. 그러나 중앙 집중화된 환경에서는 성장이 이루어지지 않는다. 성장은 분산된 상황에서 이루어진다. 즉 성장은 소비자로부터 이루어진다. 이를 위해서는 중앙에 집중된 권력을 분산시켜야 한다. 물론 이것은 시행하기 어려운 일이다. 고삐를 조금이라도 느슨하게 잡으면 제어력을 완전히 잃어버릴 것이라는 생각이 든다. 하지만 자유가 곧 혼돈을 뜻하지는 않는다. 오히려 그 반대다. 지난 몇 년 동안 발표된 조직 연구 결과도 그렇게 말하지 않았는가.

분권화와 자유가 전제되어야 기업이 견고해질 수 있다. 이와 동시에 예측 불가능한 시장에 동화되기에 충분한 유연성을 습득할 수 있다. 즉 비즈니스 분야가 더욱 세계화될수록 시장은 더욱 지역화된다. 진자는 늘 양방향으로 움직인다. 위험이 있는 곳에서 구원의 힘 또한 자라는 것과 마찬가지다. 여정이 어디로 향할지는 아무도 모른다. 그래서 우리는 어떤 상황에서든 앞서 나아갈 수 있는 가능성을 최대한 많이 만들어야 한다.

분산화는 가능성의 지평선을 널리 펼친다. 자율성이 높고 분권화와 현지화가 조합된 개발 프로젝트만이 고객 곁으로 가까이 다가갈 수 있다. 또한 그럼으로써 미래지향적인 프로젝트가 전개된다. 통일성 있는 분산화를 이룩하려면 훨씬 더 넓은

'자유 공간'을 손에 넣어야 한다. 이를 위한 내 조언은 그리 새롭지 않을 것이다. 방침과 사전 원칙, 제어 등으로 이루어진 그물을 너무 꽉 조이지 말라. 운영을 느슨하게 하라. 한 기업의 규율 양식에 자기조직화를 위한 '자유 공간'이 충분하다면 기업은 그 안에서 복잡성을 갖추게 된다. 핵심 기능이 기업의 기본 서비스를 확고히 해야 한다. 혈액 순환이 사람의 신체를 움직이듯이 말이다. 그러나 손이나 머리는 움직이지 않도록 한다. 중심부는 경영 측면에서 안전을 담당한다. 분산된 부분은 시장 측면에서 자유를 담당한다. 이것이 현명한 역할 분담이다.

독일에서는 이러한 방식으로 기업을 이끄는 성공적인 예를 다수 찾아볼 수 있다. 중소기업 분야에서는 하인리히 슈미트Heinrich Schmid를 예로 들 수 있다. 이 회사가 뭐가 다르냐고? 회사 방침을 현지 사정에 맞게 바꿔서 적용할 때 본사에 왜 그렇게 해야 하는지 확실한 근거를 제시해야 한다면 그 압박감 때문에 분권화하기가 힘들어진다. 이 회사는 반대로 입증 책임을 전환해서 현지에 맞게 변경할 부분을 현지와 가장 가까운 지사가 알아서 처리하고, 방침을 그대로 고수해야 하는 근거는 본사에서 증명한다.

중앙에 집중하는 방식은 비용 면에서 효율적이다. 그러나 이러한 이점을 상쇄할 기회를 잡는 것이 더욱 중요하다. 기업 전체가 최대한 절약해서 얻는 이득보다 분산된 체제가 부여하는 소비자의 만족감에 더욱 가중치를 두어야 한다. 때로 권력이 분산된 현장에서 이루어지는 전문가답지 못한 행동이 중앙에서 하달한 완벽한 결정보다 나은 경우가 있다.

회사의 중심 기능 또한 반드시 중앙에 있을 필요는 없다. 이러한 기능들이 이곳저곳으로 분산되어 직접 관여하고 신경써야 할 작업 과정 가까이로 다가가야 한다. 만약 이렇게 분산된 사업체들을 다른 모회사와 연결해야 한다면 그 회사가 제대로 기능하는 회사인지 반드시 살펴야 한다. 외부 사업체들의 내부 운영에 간섭하며 여기저기에 손을 뻗는 이른바 '문어발 기업'이어서는 안 된다. 이러한 기업은 성공은 내 탓, 실패는 남 탓이라는 태도를 보이기 쉽다.

그러므로 회사의 모든 구조 단위structural unit에 가능한 한 높은 자율성을 부여하는 편이 현명하다. 그래야만 기업이 주변 환경의 역학과 비용 효율적이고 효과적으로 연결될 수 있다. 개인, 그리고 상호작용이 작업 과정이나 도구보다 더 중요하다. 딜리버리 히어로Delivery Hero●의 공동 설립자인 니클라스 외스트베르크Niklas Östberg는 다음과 같이 강조했다. "우리는 지사의 경영진에게 최대한 광범위한 자치권을 준다. 그들의 기업가 정신을 일깨우기 위해서다." 외스트베르크는 장기적으로 보았을 때

● 국내 배달 앱 요기요, 배달통, 푸드플라이를 계열사로 둔 글로벌 회사

중앙집권적 권력 구조는 시장 상황을 타개하는 데 도움이 되지 않는다는 사실을 잘 알고 있었다.

그렇다면 이제 요약해보자. 민첩한 기업 구조의 근본 원리를 알고 싶다면? 바로 이것이다. '단순하게 만들고, 분산하고, 고객 중심을 실천하라.' 가전제품 제조사인 베에스하 하우스게레테BSH Hausgeräte GmbH의 예를 살펴보자. 이 회사는 과거에 전 세계에 있는 지사들의 핵심 의사결정을 모두 본사 단 한군데에서 내렸다. 그러나 오늘날 이 회사는 중국 시장에서 판매될 식기세척기가 어떤 기능을 포함해야 하는지 중국 지사 직원들이 결정하도록 한다. 글로컬glocal이라는 단어를 기억하는가? 글로벌하게 생각하고, 로컬에서 행동하라. 나는 이것이 여전히 통용되는 현명한 조언이라고 생각한다. 각 지역에 분산된 경영진의 자치권을 강화하라!

◆ 원칙 26 ◆

고객이 겪고 있는 문제에 집중하라

보쉬Bosch의 고객경험전략책임자인 로렌츠 하겐마이어Lorenz Hagenmeyer는 이렇게 말했다. "우리가 택시 산업을 새롭게 만들어냈어야 한다면 어떻게 했을까? 가장 뛰어나고 아름다우며 편리한 택시를 만들었을 것이다." 자동차 부품 제조사인 보쉬가 우버처럼 택시 없는 택시 서비스를 만들어낼 수 있을까?

이것이 핵심 문제다. 대부분의 회사는 자사 제품과 서비스를 통해 **공급 중심** 수요를 창출한다. 이동성에 무언가를 하나 더 하는 것, 그것이 보쉬가 생각할 수 있었던 방법이리라. 혁신은 기본적으로 이전에 제작했던 제품, 여태까지 쌓아온 경험, 그 회사만의 역사에서 출발한다. 틀을 깨부수는 기술은 대답이 아니라 질문에 있다. 바로 "고객이 해결하고 싶어 하는 문제는 무엇인가?"라는 질문이다.

은행 또한 상품을 중요하게 여긴다. 그러나 기업 고객은 상품보다는 문제 해결에 관심을 보인다. 예를 들어 '직원들 월급을 어떻게 주지?'라든가 '휴가비 지급 기한이 언제지?'라는 문제에 대한 해결책 말이다. 은행은 이러한 기업들의 담당자 스마트폰에 푸시 알림 메시지를 보내 2주 내로 직원들에게 크리스마스 보너스를 지급해야 하는데 현재 유동 자산이 부족하다는 소식을 알릴 수 있다. 전통적인 은행 상품은 이러한 문제를 해결하지 못한다.

분발해서 새로운 분야로 한 발자국 내딛어보자. 제품에 대한 생각은 일단 접어놓자. 손만 뻗으면 잡히는 문제라고 해서 그것부터 집어 들지 말라는 소리다. 해답의 관점에서 생각하지 말고 질문의 관점에서 생각하라. 현존하는 문제만 개선하지 말고 근본까지 파고들어야 한다. 내가 전 세계에서 만나는 디지털 기업 경영자들은 모두 이 점을 잘 파악하고 있었다. 그리고 근본은 결국 '고객들이 애초에 겪는 문제'다. 바로 그것이 누군가가 답을 찾기 전부터 고객들이 품었던 의문이다.

앞서 언급한 예시로 돌아가 보자. 당신에게 필요한 것은 택시인가, 아니면 A 지점에서 B 지점으로 빨리 이동하는 방법인가? 다음의 예들도 마찬가지다. 당신이 원하는 것은 신문 구입인가, 아니면 양질의 정보를 빠르게 접하는 것인가? 당신이 원하는 것은 보험 상품인가, 아니면 안정된 미래인가? 여행을 원하는가, 아니면 변화의 계기가 되어줄 경험을 원하는가? 드릴을 구입하겠는가, 아니면 처음부터 구멍을 원하는가? 아니면 아예 집을 수리하거나 보강하는 일을 하지 않기를 바라는가?
이러한 생각과 고민이 구멍의 대안을 찾을 길을 열어준다.

◆ 원칙 27 ◆

고객 중심의 언어를 정착시켜라

언어는 우리가 자유롭게 드나들 수 없었던 세상으로 가는 통로다. 언어가 없으면 우리는 그 세상으로 가지 못한다. 각 언어는 세상을 조금씩 다르게 묘사한다. 대부분의 경우 언어에는 시간, 장소, 그리고 사실에 관한 서로 다른 이해가 아주 은밀하게 드러나 있다. 그래서 마르틴 하이데거Martin Heidegger는 언어란 '존재의 집'이라고 말했다. 묘한 역설이다. 우리는 언어를 소유하고 있으면서 동시에 그 안에서 살고 있다. 언어가 없으면 명료한 생각도 불가능하다. 또한 정확한 말은 명료한 생각과 확고한 행동의 틀을 다진다.

그래서 우리는 우리의 언어와 의사소통을 소비자라는 주제로 검토해보아야 한다. 소비자가 '수요자'여서는 안 된다. 신용이 '보증되어서'는 안 된다. 승객이 '교통 상황'이어서는 안 되며, 창구에서 일을 '처리해서'는 안 된다. '판매'를 언급하는 일도 줄여라. 물론 당신이 하려는 일은 제품 판매이지 제품 선물이 아니다. 그러나 '판매'라는 단어를 쓰면 소비자는 무언가를 '사야만 하는' 존재로 생각된다. 주체적인 사람, 어떤 물건을 '사고자 하는 의지'가 있어 직접 그 과정에 참여하는 사람으로는 묘사되지 않는다.

'외근'이라는 단어 또한 잘못된 방향을 가리킨다. 우리는 사람들이 하는 일을 내근과 외근으로 나누고 과거부터 후자에는 특수한 임무를 할당했다. 회사에서 근무하는 직원 중 극소수만이 '밖에서' 세상과 접촉할 수 있다. 이러한 구조가 계속해서 유지되어야 하는지 의문이다. 우리는 기업이 '통째로' 고객을 향하도록 해야 한다. 모든 벡터•와 모든 에너지는 외부로 뻗어나가야 한다. 그래야 모든 직원들이 영업사원이 된다. 그리고 그래야만 모든 일이 외근이 된다.

오랜 경험에서 우러난 의견이 하나 더 있다. 모든 직원이 고객과 직접 소통하지는 못하더라도 각 외근 담당자들은 회사 전체의 지원을 받아 업무를 수행할 수 있어야 한다. 즉 외근 담당자가 홀로 특수한 임무를 짊어져서는 안 된다. 이를 심사숙고해서 급여 구조에 반영하는 것이 좋다. 슬로건은 다음과 같다. 우리가 좋은 성과를 냈다는 것은 '모두가' 열심히 일했기 때문이다. 그러므로 누구나 성공의 한 축이 될 수 있다. 스스로

• 크기와 방향을 동시에 지니는 양을 뜻하는 수학적 개념

에게도 자부심을 갖고 이렇게 말하라. 여러 번 반복할수록 더 욱 효과적이다.

◆ 원칙 28 ◆

내부 고객은 고객이 아니다

기업 **내부**가 소비자-공급자 관계망처럼 작용하는 조직도 있다. 회사 내부에서 임직원들이 스스로를 고객이라고 여기는 것처럼 보일 때가 있다. 때때로 나는 외부 고객과 연락을 담당하는 부서가 반대 방향으로도 같은 업무를 하고 있다는 인상을 받는다. 즉 내부에 존재하는 임원들이나 서비스 부서를 지원하는 것이다. 다시 말해 판매 부서에 있어 판매란 제품을 밖과 안으로 두 번 판매하는 일이다. 그리고 내부에 판매하기가 훨씬 어렵다. 내부에 물건을 판매할 때는 신경조직이 꼬여버리고 말 것이다!

동료 직원이나 부서 전체가 외부 고객과 아무런 접촉도 하지 않는 것보다 그들이 '내부 고객'을 잘 안다고 확신하는 것이 상황을 더욱 복잡하게 만든다. 외부 고객에 무지한 것보다도 내부 고객에게 맞추려는 태도가 더 나쁜 결과를 낳는다. 안타깝게도 언어로 표현하기에는 불명료한 이런 상황은 암묵적으로 고객 중심 실천과 경영 실적에 대한 책임을 지지 않으려는 연막으로 사용된다.

'내부' 고객과 '외부' 고객의 뚜렷한 차이점으로는 최소한 다음과 같은 두 가지를 들 수 있다.

1. 외부 고객은 일반적으로 선택권을 지닌다. 외부 고객은 다른 대안 상품을 고를 수 있다.
2. 오직 외부 고객만이 돈을 지불한다.

이 두 가지 기준만으로도 '소비자'라는 개념을 외부 고객으로 한정하기에 충분하다. 디지털 시대에 철저한 시장 중심 전략을 펼쳐야 한다면 핵심은 단 하나다. '고객이란 오로지 외부 고객뿐이다!' 모든 것이 말 그대로 최종소비자를 지향해야 한다. 모든 직원들은 작업 과정에서 돌아가는 체인의 일부분이며, 이 체인의 끝은 부디 만족스러워하는 소비자에게 연결되어야 한다.

서비스 부서가 권력 욕구를 갈고 닦아서는 안 된다. 인사과나 법무과처럼 고객과 별로 접촉하지 않는 부서들 또한 여러 업무 방식이나 지침들을 외부 고객에 맞추어 섬세하게 해석해야 한다. 법무과의 업무는 내부에서 원칙만 따지는 것이 아니라 본질적으로 고객 중심을 실천할 때 유용한 업무가 된다. '1등은 고객이다', '2등도 고객이다'라고 생각하고 있는지 스스로를 점검해보라. 충돌이 발생한 경우에는 무조건 외부 소비자가 우선이다.

◆ 원칙 29 ◆

고객 입장에서 결정하라

어떤 이는 테슬라Tesla의 일론 머스크Elon Musk를 미심쩍게 여기거나 그에게 반대할지도 모른다. 어쨌든 그는 이상하리만치 고객 중심을 심각하게 받아들인 사람이다. 머스크는 USC 마셜 경영대학원 졸업반을 대상으로 강연을 하던 중 마이크에 대고 느릿한 말투로 자신은 어떤 결정을 내려야 할 때마다 그것이 '정말로 정말로' 고객을 위한 것인지 생각한다고 이야기했다. 이 정도로 엄격하게 자신을 채찍질하지 않더라도 머스크를 지침으로 삼을 수는 있을 것이다. 즉 결정을 내릴 때 다음과 같은 일을 '하지 않으면' 된다. 다른 회사의 **최저 가격**에 연연하지 말라! 이것이야말로 끝까지 살아남을 수 있는 확실한 방법이다. 철저하게 소비자의 입장에서 생각한다면 당신은 '정말로 정말로' 챔피언이 될 수 있다. 이것은 결정을 내리기 전 시행하는 리트머스 검사다. 어떤 대안이 고객에게 더 나은 것인가?

회사에서 의사결정을 내릴 때 중요한 점은 "무엇을 위해

결정이 내려졌는가?"이다. 회사 내에서 이루어지는 결정은 상징적인 의미에서 밖으로 향하는 것이기도 하다. 에너지가 어느 방향으로 움직이는가? 어느 쪽으로 관심이 집중되는가? 기준은 이렇다. 어떤 결정을 내릴 때 그 결과가 소비자에게 유리할지 불리할지 따져야 한다. 그리고 그 결정이 고객 관계에 지나친 부담을 주는지 아니면 관계 구축을 돕는지 심사숙고하라. 또한 소비자와 직접 닿지 않는 결정이나 소비자가 지연이나 부작용을 경험하게 만드는 결정을 경계하라. 회사가 점차 고객과 멀어지는 모습을 두고 보아서는 안 된다.

음악가들은 녹음을 하다가 진척이 없으면 '밥 딜런Bob Dylan이라면 어떻게 할까?'라는 '러닝 개그running gag'●를 떠올린다고 한다. 기업을 이끄는 리더는 이렇게 생각해야 한다. "소비자라면 이 상황에서 어떻게 할까?"

● 소설이나 드라마 등에서 반복적으로 사용되는 희극적 요소로 이를 사용하면 관객들이 웃을 타이밍을 쉽게 알 수 있다는 장점이 있다.

◆ 원칙 30 ◆

프로젝트 조직을 활용하라

모든 기업 규모와 모든 시장 상황에 꼭 들어맞는 조직 구조란 존재하지 않는다. 고객이 조직의 중심이라면 거기서부터 조직 구조에 대한 대안을 마련해야 한다.

프로젝트 조직이 이 대안에 속한다. 프로젝트야 늘 여러 개가 진행되지만 우선순위에서는 제외되는 경우가 많다. 게다가 이러한 프로젝트들이 제대로 작동하는 경우는 드물다. 프로젝트 책임자로 지목되는 직원은 대개 원래 있던 자리에서 밀려난 사람들이다. 그리고 프로젝트에는 원칙적으로 전문가가 반드시 포함된다. 그러나 성공하는 조직들은 다른 길을 선택한다. 이들은 전문 지식 중심에서 서비스 중심으로, 제품 중심에서 고객 중심으로, 결국에는 직계 조직에서 프로젝트 조직으로 스스로를 발전시킨다.

특기할 점은 프로젝트가 기업 내에서 공개적으로 정해지고 직원들은 자발적으로 선택한다는 것이다. 이때 경영진은 프로젝트가 잘 진행되도록 외적인 틀을 제공하는 역할만 한다.

이를 위한 청사진이 '3단계 지평 방법론Three Horizon Methodology'이다. 이것은 이미 1990년대 말부터 개발되어 지난 몇 년 동안 실리콘밸리에서 진가를 발휘하며 상승기류를 탄 프로젝트 진행 방법이다. 1단계 프로젝트는 핵심 사업에 대한 것이다. 이 프로젝트에서는 기능의 우수성을 추구한다. 즉 반드시 현재의 경쟁에서 앞서 나가는 것이 중요하다. 자유를 누릴 수 있는 공간은 협소하며 그러므로 당신은 어떤 것도 놓쳐서는 안 된다.

2단계 프로젝트는 '여기와 지금'에서 벗어나는 것이다. 이 프로젝트팀은 미래지향적이면서 현실적인 비즈니스 모델을 연구한다. 이 팀에서 일하는 직원들에게는 더 넓은 자유 공간이 주어진다. 때때로 1단계 프로젝트에서 미래의 확장이나 변화와 관련된 '미약한 신호'가 감지되기도 한다.

3단계 프로젝트에서는 설명할 수 있어야 하나 실현 가능성은 아직 희박한 아이디어를 따라야 한다. 이것은 스타트업과 흡사한 프로젝트다. 스타트업의 규칙은 규칙을 깨는 것이다. 그중 대부분은 어떤 방향으로도 나아가지 않는다. 이에 상응해 직원들의 좌절을 감내해야 한다는 부담을 떠안는다. 그러나 3단계 프로젝트는 조직이 틀림없이 획기적인 새로움을 만들어낼 가능성을 구축한다. 3단계 프로젝트는 대부분 2단계 프로젝트의 발전형이다. 하지만 3단계 프로젝트가 2단계 프로젝트의 과정을 계속해서 따라가지는 않는다. 이 방법론을 시험해보길 권한다. 특히 회사의 미래가 원래 출발점과는 달라야 한다고 생각한다면 말이다.

◆ 원칙 31 ◆

인사 업무를 혁신하라

나는 경영에서 가장 중요한 과제가 인사라고 생각한다. 인사 업무는 앞으로 그 중요성이 더욱 커질 것이다. 디지털 시대의 숨가쁜 변화 속에서 인사 업무는 우리를 목적지까지 무사히 데려다주는 운전사가 되어줄 것이기 때문이다. 뛰어난 기술은 빠르게 복제되지만 뛰어난 인적 자원이나 조직은 그렇지 않다.

그런데 인사 업무는 지난 수십 년 동안 지나치게 세분화되었다. 오랜 세월 동안 인사 부서는 최고경영진의 '전략적 파트너'가 되기를 꿈꿨다. 그들은 권력과 영향력을 원했고 경영진의 결정에 참여하기를 원했으며 이제 그만 누군가를 지원하는 역할에서 벗어나고자 했다.

오늘날 인사 부서는 도구가 들어있는 상자를 관리한다. 여기서 도구란 노동자들이며 인사 부서는 노동자들에게 기업에 복종하라고 강요한다. 문제를 제대로 인지하지도 못하면서 해결책을 제시하기도 한다. 인사 부서가 권력 중심적으로 변모하면 이러한 경향이 더욱 강해진다. 그러면 인사 부서는 더 이상 '직원들이 무엇을 필요로 할까?'라는 의문을 품지 않는다. 이미 그 답을 알고 있기 때문이다. 그래서 '다른 사람들이 필요로 하는 것은 바로 이것이지!'라고 결론을 내려버린다. 직원들이 그것을 바라는지 여부는 관계없다. 그리고 압력을 행사한다.

'나는 너희들에게 이익이 될 것을 알고 있다!'라는 태도가 인사 부서에 만연하기도 한다. 누군가를 섬기지 못하는 사람은 자신이 지배자의 위치에 서려 한다. 만고의 진리다. 누군가에게 무언가를 강요하는 사람은 스스로 누군가에게 봉사하지 않는다.

그 결과는 이렇다. 인사 부서가 타인의 호감을 사는 일은 거의 없다. 문제를 해결하기는커녕 더 만들어내기 때문이다. 게다가 인사 부서는 관료주의가 비대해짐에 따라 거래 비용이 증가하는 것에 무관심하기 쉽다.

인사 부서를 지지하는 소수의 조직에는 경영 참여 근로자 대표 협의회가 포함된다. 이들은 선의와 사리사욕의 혼합체로, 과거에 머물러 있다. 이들이 그린 세계상은 19세기에서 비롯되었는데, 이것은 일견 노동자 친화적이라고는 하나 실제로는 그들의 권리를 침해하고 그들을 감시하는 제도가 폐지되는 것을 막았다. 경영 참여 근로자 대표 협의회는 때때로 우리 모두가 산업혁명 시절처럼 하루에 12시간씩 어두컴컴한 지하에 쭈그리고 앉아 일하며 단 5분 동안만이라도 햇빛을 보길 바라는 노동자라고 생각하는 것처럼 보이기도 한다.

우리는 양측 모두에게 주의하라고 소리쳐야 한다. 거추장스러운 존재가 되고 싶지 않다면 스스로를 새롭게 정비하고 밖에 있는 고객에게 헌신해야 비로소 스스로에게 헌신할 수 있음을 알려야 한다.

그런데 인사 부서에 있어 고객 중심이란 구체적으로 무엇일까? 동업자가 되는 것이다. 가장 먼저 서비스를 받는 사람의 입장에서 생각해야지 직원들만의 논리로 생각해서는 안 된다. 인사 부서의 성배를 수호하지 말라. 태도를 바꾸어야 한다. "고객에게 효과적인 서비스를 제공하려면 직원들에게는 무엇이 필요할까?" 인사 업무는 직원들에게 서비스를 제공한다. 계속해서 권력을 주장해서는 안 된다. 그러기 위해 인사 부서가 무엇보다도 해서는 안 되는 일이 있다. 바로 복종을 강요하는 것이다.

인사 부서는 회사의 권력 구조가 공식적으로 요청하는 경우를 제외하고는 자신이 지닌 도구를 강제로 휘둘러서는 안 된다. 인사 부서는 다시 자의식을 가다듬고 서비스를 제공하는 방법을 배워야 한다.

◆ 원칙 32 ◆

인사고과의 함정에서 벗어나라

회사의 직원들은 고객을 대할 때 누구를 떠올릴까? 눈앞에 앉은 고객을 생각할까, 아니면 사장을 생각할까?

이 질문은 회사 내부의 작동 원리, 예를 들면 관리 도구를 두고 하는 말이다. 인사고과를 떠올려보라. 벌써 스트레스가 쌓이기 시작하는가? 인사 부서를 제외하고는 아무도 원하지 않는 잘못된 허례허식이라 생각하는가? 어쨌든 거의 모든 대기업에는 인사고과와 피드백 과정이 존재한다. 이것은 상여금, 승진 등으로 구체화된다. 사람들은 제각기 다른 근거를 들며 이러한 제도를 정당화하거나 비판한다. 중요한 점은, 인사고과와 피드백 과정은 기업 내부와 사장과 조직 그 자체를 향하고 있다는 것이다. "사장을 만족시켜라!"가 바로 인사고과 및 피드백이 주는 권고다. 그래서 직원들은 여전히 기능하고 있는 사일로• 속

• 원래 곡물 따위를 저장하는 거대한 원통 모양의 탑을 뜻하는 말로, 여기서는 기업 내에 성이나 담을 쌓고 외부와 소통하지 않는 부서를 가리킨다.

에 자리잡고 앉아 누군가가 자신보다 앞서서 기민하게 움직이지는 않는지 살펴본다. 누군가가 잽싸게 움직인다면 사람들은 그를 저지하기라도 하듯 앞다퉈 뛰어나간다.

시간이 지날수록 나는 인사고과가 정말로 기업을 앞서 나아가도록 만드는 기능인지 의문을 품게 되었다. 매년 되풀이되는 인사고과 의식의 굴레에서 경영자는 진정으로 중대한 관심사를 실현할 수 있는가? 여기서 말하는 관심사란 직원들이 책임감을 갖고 스스로 동기를 부여받고 경영자처럼 생각하는 것, 그리고 외부의 고객을 위해 경쟁력을 높이는 것이다.

일찍이 큰 포부를 품고 신념이 있었던 사람들이 조직에 적응하고 복종할 준비를 마치거나 때때로 확신과 기개가 없는 '예스맨 기질'을 갖추게 된 배경에는 끊임없이 작동하며 맹위를 떨치는 인사고과라는 정복 기계가 떡 하니 버티고 있지 않은가? 내 주장은 특히 360도 피드백을 염두에 둔 것이다. 360도 피드백•은 기업이 조직 자체에 집중하는 전형적인 본보기다. 그런 의미에서 이것은 어찌 구해낼 가망이 없는 전근대적인 시스템이다.

우리에게 필요한 것은 고객을 만족시키는 일이다. 우리는

• 조직 구성원을 평가할 때 직속상사 한 사람이 평가하는 것이 아니라 상사, 부하, 동료, 본인, 고객 등 다양한 평가자가 참여하는 평가이다. 성과보다는 처세를 잘하는 사람이 높은 평가를 받는 단점이 있다.

밖을, 업무가 실행되는 곳을 내다보아야 한다. 그리고 그곳에서 승리해야 한다. 그러기 위해서는 과감해져야 한다. 인사고과는 시장에서 승리하기 위해, 고객에게 더 나은 서비스를 하기 위해 보여야 할 단호한 태도를 약화시킨다. 인사고과를 없애라!

더 구체적으로 말하면 우리는 아래의 두 가지를 구분해야 한다.

1. 강요되고, 규격화되고, 허례허식으로 변모한 연간 인사고과
2. 상황에 따라 필요한 피드백

상황에 따라 필요한 피드백은 해도 된다. 경영진이나 상사는 직원들의 업무 성과를 평가한 내용을 그들에게 알릴 수 있다. 또한 직원들은 자신이 사내에서 어떤 평가를 받고 어느 정도의 기회를 갖게 될지 알 권리가 있다. 다만 일반화된 지속적 평가가 칭찬이나 비판 등 제도화된 형식으로 이루어져서는 안 된다. 그보다 훨씬 중요한 것은 끊임없는 대화다. 특히 제약 없이 자유로운 대화가 진행되어야 한다. 그리고 이러한 대화는 제품과 서비스의 질을 높여야 한다는 공통된 목표하에서 이루어져야 한다.

이 점을 잊지 말라. 단 하나의 유효한 피드백은 소비자의 구매행동이다.

◆ 원칙 33 ◆

직원들의 마음을 사로잡아라

디지털화는 여태까지 우리가 경험하지 못한 차원의 개인화가 가능해지도록 만들었다. 소비자 개개인의 바람이나 수요를 특정해서 그에 정확히 들어맞지 않는 제품이나 서비스는 오늘날 거의 없다. 그러다 보니 기업은 역사상 처음으로 특별함의 논리를 따르며 오직 하나뿐인 존재들을 위한 제조업체가 되었다.

검색엔진의 '데이터 트래킹'을 예로 들어보자. 이 기술 표준의 '배경'에서는 이름 없는 알고리즘이 효율성 있게 작동하며 정보를 분류한다. 알고리즘은 단 하나의 특별하고 중요한 작업을 위해 움직인다. 바로 고객에게 그의 구체적인 선호도에 따른 결과물을 전송하는 것이다. 수십 년 동안 표준 생산이 이루어지고 나서 우리는 다시 유일한 것으로 회귀한 셈이다. 그렇다면 이러한 관점에서 경영 업무를 생각해볼 수 있지 않을까? 이를 통해 고객 중심과 동시에 직원 중심 또한 가능하지 않을까?

우선 본보기로 **경영 방식**에 관한 의견을 보도록 하자. 이것은 기업 문화를 주도한 지도자가 탐탁하게 여겼던, 누군가에 의해 규정된 경영 방식일 것이다. 이것은 어쩌면 지도자가 "스스로가 인도되고 싶은 방식으로 남을 이끌어라!"라는 모토에 따라 생각해낸 경영 방식일 수도 있다. 이 방식은 모든 직원들을 차별 없이 똑같이 다룬다. '직원', '종업원', '노동자'라는 개념으로 묶어 하나의 집단으로 취급하기도 한다.

이러한 생각이 각 개인에게 공정하지 않다는 점은 명백하다. 모든 사람들이 제각기 다르듯, 회사의 직원들도 제각기 다르다. 만약 경영자가 직원들의 손, 뇌, 심장을 조직을 위해 활용하고 싶다면, 모든 직원이 그들 개개인의 진가를 인정받았다고 느끼기를 원한다면, 경영자는 자신의 선호도가 아니라 직원들의 선호도를 우선 고려해야 한다. 물론 쉽지 않은 일이다. 하지만 경영자는 직원의 '특별함'에 경의를 표하고 직원과 대화를 나누며 관계를 돈독히 할 수 있다. 그렇지 않으면 직원들의 특별함은 퇴근 후에 발휘되기 십상이다.

경영 방식은 잊어라. 더 이상 스스로를 기준으로 삼지 말라. 직원들의 특별함을 인정하라. 다른 이들이 무엇을 필요로 하는지 물어보라. "당신이 성공을 거두는 데 한몫 거들고 싶은데, 제가 뭘 할 수 있을까요?"라고 말이다. 어떤 직원은 더 잦은 접촉을 원할 수도 있고, 어떤 직원은 무관심을 원할 수도 있다. 어떤 직원은 변화를 원할 수도 있고 어떤 직원은 루틴을 원할 수도 있다. 어떤 이는 자주 답변과 피드백을 해주길 원하고 또 어떤 이는 그것을 전혀 원하지 않을지도 모른다. 직원들에게 '스스로 어떻게 대우받기를 원하는지' 물어보라. 만약 '충돌 없는 협업'이 목적이라면 각 직원의 '최고의 능력'이 무엇인지 찾아내 인증하라. 그렇지 않으면 직원들은 자신의 가치 증명을 위해 싸움을 벌인다. 물 밑에서든 수면 위에서든 말이다. 상황이 이렇게 되면 직원들은 점차 회사 일이 아니라 자신들에 관한 일로 토론을 벌일 것이다. 그리고 논쟁은 다음 미팅까지 이어진다.

직원들의 마음을 사로잡아라. 직원들이 자신의 감정에 충실하도록 만들어라. 경영자의 경영 관리 능력과 서비스를 표준 상품으로 직원들에게 강매하지 말라. 디지털화의 장점은 개별화이자 개인화다. 직원들로부터 그것을 빼앗지 말라. 가치 있다는 것은 유일무이하다는 뜻이다. 직원들이 이러한 생각을 품고 있다면 혼자서도 밖으로 나아갈 수 있다. 만약 직원들이 고객을 위한 일을 하면서 자신의 강점을 마음껏 발휘할 수 있다면 고객 중심적인 업무 자체가 자신의 발전에 중요하다고 여기게 된다. 안이 반짝여야 바깥으로 빛을 비출 수 있다.

◆ 원칙 34 ◆

직원 스스로 결정하게 하라

"스스로 결정하라!" 2017년 아마존이 인수한 식품유통업체 홀푸드Whole Foods Market가 고수한 원칙이다. 매상 데이터로 보나 평가로 보나 모든 면에서 홀푸드는 무패 행진 중인 회사였다. 패스트푸드 체인점인 팰스서든서비스Pal's Sudden Service 또한 홀푸드와 같은 원칙을 고수한다. 이 패스트푸드 레스토랑이 주문 3,600건을 처리하면서 저지른 실수는 단 1건이었다. 이 분야의 평균 실수 건수는 15건이다. 스스로 판단하기를 집중적으로 훈련한 결과 이러한 가치가 성공적으로 실현될 수 있었던 것이다.

이러한 성공의 배경에는 모든 조직에서 충돌을 겪는 문제, 바로 '자유 대 규칙'이라는 딜레마가 있다. 이는 동전의 양면과 같다. 아날로그 시대에는 이러한 갈등이 대체로 규칙 쪽으로 크게 기울어져 있었다. 이러한 경영 방식은 대개 효율성 및 통제 패러다임에 기반하고 있다. 그러나 오늘날 그로 인한 부작용이 심각하다. 기업은 융통성이 없는 존재가 되었다. 많은 기업이 소비자를 바라보는 시선은 경직되어 있다. 기업의 관점에서 정한 규칙이 과연 올바른 것일까?

완벽주의 행정 자체가 반드시 나쁜 것은 아니다. 완벽주의 행정은 진행 과정을 표준화하고 비용을 낮추고 복잡함을 줄인다. 이 모든 것이 중요한 일이다. 그러나 여기서 선택을 해야 한다. 완벽주의 행정을 추구하면 소비자에게서 멀어지는 것을 감내해야 한다. 소비자에게 가까워질수록 정해진 규칙으로 처리할 수 없는 개별적 사안들이 발생하기 때문이다. 이것이 시사하는 바는 뭔가를 강제로 규제할 필요가 없을 때는 규정되지 않은 상태를 그냥 받아들이라는 것이다.

가능성이 있는 모든 우연한 사건들의 세부 내용까지 미리 규정할 필요는 없다. 직원들이 신속하게 결정을 내리기보다 계속해서 안전장치를 마련해야 한다면 그들은 현장에서 무력해질 수밖에 없다. 그 결과 지나치게 많은 에너지가 중앙으로 연결된다. 이것은 무엇보다도 특별함, 유일함, 독특함이 중시되어야 하는 디지털 시대에 큰 약점이 된다. 소비자들은 자신의 특성과 개인적인 선호도가 진지하게 받아들여지길 원한다. 일반화를 추구하는 리더는 더 이상 경쟁력이 없다.

고객의 우선권이 규칙보다 중요하다! 고객과 접촉하는 직원들에게 광범위한 결정권을 부여하라. 직원들을 신뢰하라. 소비자들이 보기에 직원들은 당신의 회사를 위해 일하는 존재가 아니라 회사 '그 자체'다. 고객 서비스 안내서나 판매 매뉴얼 등을 우선순위의 아래쪽에 두어라. 직원들은 어떤 상황에 처했을 때 자율적으로 결정해 대응해야 한다. 직원들은 상사의 허락을 구하는 것이 아니라 합리적인 선에서 자신만의 방식으로 고객의 문제를 해결해야 한다. 또한 회사는 직원이 고객을 우선적으로 고려하느라 관행에서 벗어난 결정을 내렸을 경우 그것을 지지할 수 있어야 한다.

물론 이를 실천하기 어려울 때도 있다. 그러나 우리는 이미 중요한 순간moments that matter을 목격했다. 중요한 순간이란 새롭고 바람직한 행동이 구체적이고 믿음직한 것이 되는 특정한 결정 상황이다.

직원 한 명이 밤늦게 어떤 고객을 찾아간다고 상상해보자. 고객의 문제를 해결하기 위해 직원은 고객에게 확실하게 약속해야 했다. 그리고 이 약속을 이행하려면 비용이 든다. 중요한 점은 직원이 고객을 위해 옳은 일을 했느냐는 것이다. 사전 결재 없이 고객에게 비용이 드는 확답을 했다고 직원을 책망해서는 안 된다. 직원이 제시한 해법이 특수한 상황에서 고객에게 도움이 되었다면 바르게 처신한 것이다. 이는 회사에도 긍정적인 영향을 미친다. 경주용 자동차 경기 F1의 메르세데스팀 대표인 토토 울프Toto Wolff는 이렇게 말했다. "많은 매니저들이 무조건 자신의 의견을 관철시켜야 한다고 생각한다. 잘못된 생각이다. 우리는 오로지 팀의 성공으로 판단된다. 우리가 어떻게 목표를 달성했는지는 중요하지 않다. 내가 가장 먼저 뒷전으로 미루어야 할 것은 내 자존심이다."

나는 일반적이지 않은 해결법이 필요하다고 생각하지만 그렇다고 고객 지향이 지속적인 규칙 위반을 뜻하지는 않는다. 개별적인 고객 요구 사항에 대한 판단력과 유연한 행동을 원한다면 우리는 더욱더 원칙주의자가 되어야 한다. 즉 내부에서는 다시 규칙을 정해야 한다.

의도적으로 과장해서 '규율 폐지'를 외치는 것만으로는 부족하다. 당신은 자리에 앉아 직원들과 함께 구체적인 방안을 강구해야 한다. 어떤 방침을 없앨 것인가? 어떤 규정을 폐지할 것인가? 의견이 점점 구체화될수록 상대방의 반응이 점차 동일하게 바뀌는 모습을 볼 수 있으리라. "이런, 이 규범은 필수불가결한데요?" 혹은 "이 규정은 우리가 도입한 지 얼마 되지 않았는데요?" 인내심을 발휘하라. 그리고 '규율 없애기 운동'이 흐지부지되지 않도록 하라. 표준, 지엽적인 관점, 그리고 대안을 생각하지 않는 사고방식에서 벗어나라! 직원들이 마음을 열고 "스스로 결정하라!"는 지침을 받아들이도록 만들어라.

◆ 원칙 35 ◆

규칙에 얽매이지 말라

많은 사람들이 한 축구 경기에서 드라마 같은 장면을 목격했다. 1973년 DFB포칼Pokal• 결승전에서 보루시아 묀헨글라드바흐와 1. FC 쾰른••이 우승컵을 두고 다투었다. 당시 독일 최고의 패스 마스터 귄터 네처Günter Netzer는 몇 달 동안 트레이너이자 감독인 헤네스 바이스바일러Hennes Weisweiler와 냉전 상태였고 그래서 그날도 벤치를 지키고 있었다.

스코어 1 대 1 상황에서 네처는 감독으로부터 경기를 뛰라는 지시를 받았다. 네처는 그 말을 무시하고 그대로 벤치에 앉아 있었다. 그러나 몇 분 후 그는 독단으로 교체 선수가 되어 경기장으로 달려나갔다. 바이스바일러는 네처를 제지하지 않고 내버려 두었다. 네처는 샛노란 장발을 깃발처럼 나부끼며 앞으로 치고 나가 처음 잡은 공을 그대로 슛으로 연결했고, 공은 그

• DFB컵 혹은 DFB포칼은 독일 축구 리그인 분데스리가의 FA컵 대회다.

•• 쾰른의 첫 번째 축구 클럽이라는 뜻으로 숫자 1이 앞에 들어간다.

의 발에 제대로 맞지 않았음에도 골이 되었다. 그리고 보루시아 묀헨글라드바흐는 우승했다.

시장은 전에 없이 혼란스럽다. 혼자서는 더 이상 복잡성을 극복할 수 없기에 우리는 서로 도와야 한다. 경영자가 전체 상황을 두루 통제할 수 있는가? 아니면 위에서 내려다볼 뿐인가? 애초에 복잡성을 '통제'하는 것이 가능한 일일까?

특정 대상과 주제에 따라 제한된다 하더라도 직원을 믿고 일을 맡기는 것이 매우 중요하다. 따라서 수많은 규칙은 확증된 예외를 허용하는 방침이 되어야 한다. 경영자 스스로 규칙을 깨야만 하는 상황도 존재한다. 우리는 조직 내에서 규칙에 어긋난 행동을 할 수 있어야 한다. 자유롭게 해석할 여지가 없는 조직은 완전히 마비되고 만다. 즉 규칙을 '슬기롭게' 활용하는 것이 중요하다. 규정 준수를 지나칠 정도로 엄격하게 고집하는 기업은 시장에서 살아남지 못한다. '준법투쟁을 벌인다we work to rule'는 말이 파업과 동일시되는 현상은 우연이 아니다.

오늘날 인사배치는 더 이상 하향식 결정이 아니다. 직원들은 주체적인 결단력을 발휘해 스스로를 '교체 선수로 투입해야 한다.' 그런 의미에서 네처와 바이스바일러는 시대를 앞선 사람들이었다. 현대 기업은 직원들이 규칙을 이성적으로 판단하고 현명하게 해석할 것이라고 믿어야 한다. 고객의 이익과 선호가 원칙이다. 융통성 있고 유연한 존재가 되고 싶다면 10%의 불명료함을 안고 생활해야 한다. 제각기 흩어진 직원들을 불러 모아 그들이 연대책임을 지도록 하고 규정이라는 한 이불을 덮도록 해보라. 더 느리고 융통성 없는 기업을 만들고 싶다면 말이다. 규칙이 많아질수록 우리는 규칙을 어기는 사람들을 더 많이 양산하게 된다. 이것이 바로 자기충족적인 예언이다.

규칙 위반 자체는 금기가 아니다. 조직은 부분적인 조절이나 상황에 따른 개선을 통해 더욱 유연해진다. 경영자가 규칙 엄수를 끝까지 고집하지 않는 것은 일을 제대로 수행하고 있다는 뜻이다. 중요한 것은 형식과 격식 없는 것 사이의 황금 밸런스를 찾아내는 일이다. 불명료함을 최상의 방법으로 활용하려면 **판단력**과 **용기**가 필요하다. 판단력은 상황의 특수성을 판별하는 힘이다. 용기는 불확실한 상황에서 행동할 때 필요한 자질이다. 네처는 이미 알고 있었다. 분리와 규칙 위반, 선례 없애기, 감독으로부터 독립하기가 언제나 성공의 조건이었다는 사실을. 바이스바일러는 알고 있었다. 지도자는 조직의 생존을 위해 도저히 외면할 수 없을 때에만 나서야 한다는 사실을.

이러한 원칙을 정리하면 다음과 같다.

1. 규칙을 되도록 적게 만들기
2. 규칙을 검토하고 대부분 폐지한 다음 남은 것만 유지하기
3. 규칙에서 벗어나도 좋다고 생각하기

◆ 원칙 36 ◆

고객에게 호감을 주는 직원을 고용하라

외근직 직원을 뽑을 때의 일이다. 우리는 지원자 이력서를 두고 격렬한 토론을 벌였다. 오랜 시간 동안 대화를 나눈 끝에 나는 지원자를 판단하는 가장 좋은 방법은 그들과 얼굴을 마주하는 것일 거라고 말했다. 대화를 나누면서 타인에게 좋은 인상을 주는 사람을 찾아야 한다는 취지였다. 나머지 조건은 그다음에 생각하면 된다.

우리는 곧바로 회사 직원 중 다섯 명을 추렸다. 요리사부터 판매부장까지 직급이 다양했다. 지원자들은 이 면접관들과 각각 40분 동안 대화를 나누었다. 인터뷰 지침이나 면접 기준은 미리 안내하지 않았다. 대화 주제 또한 상당히 개방적이어서 로큰롤에 관한 이야기도 나왔다. 단 면접관은 예 또는 아니오로만 대답했다. 우리는 이러한 방식으로 외근 직원 10명을 채용했다. 수습 기간 중 회사를 그만둔 한 사람을 제외하고 나머지 사람들은 모두 매우 좋은 성과를 거뒀다.

디지털 시대에 직원을 채용할 때 알아두어야 할 것이 하나 있다. 디지털화가 근본적으로 고객 중심을 뜻한다면, 가장 뛰어난 지원자를 뽑을 필요는 없다는 점이다. 고객에게 가장 호평 받는 지원자를 더 많이 고용하라. 대화를 함께 해나갈 수 있는 사람, 타인의 이야기를 잘 듣는 사람, 그리고 세심하고 사려 깊은 사람을 고용하라. 고객과 접촉할 때 가장 중요한 능력인 바로 대인관계 능력에만 집중하라. 타인의 마음을 끄는 힘을 지닌 사람을 고용하라. 타인의 머리가 아니라 가슴속에 도달할 수 있는 사람 말이다. 그리고 그런 능력이 없는 사람은 다른 자리에 앉혀라.

고객 또는 자신이 고용된 회사의 동료 직원들로부터 긍정적인 평가를 받는 지원자들을 보고 나는 많은 것을 배웠다. 만약 기술자를 고용해야 한다면 그 지원자가 인터페이스 환경에서 얻은 경험을 현실 세계의 회사 생활과 고객에 적용할 수 있는지 반드시 살펴야 한다. 소위 '디지털 공돌이'들은 괴짜들만의 평행우주에 살고 있는 경우가 많기 때문이다.

◆ 원칙 37 ◆

사내에서 소비자 역할극을 시도하라

사회적 의례는 쓸데없다거나 지나치게 형식적인 것으로 여겨진다. 하지만 이것은 꼭 필요하다. 그리고 생각보다 합리적이다. 이것이 존재함으로써 우리의 삶이 간편해진다. 사회적 의례가 길을 잘 갈고 닦아 지탱하고 있으므로 우리는 늘 새로운 결정을 내리지 않아도 된다. 이러한 의례가 모이고 모여 형성된 총체가 **문화**다. 사회적 의례를 비웃으면 '시크한' 사람이 된다. 언제나 그렇듯 그 기원과 해석 사이에 분열이 일어났을 때는 말이다. 하지만 그런 행동은 아무런 도움이 되지 않는다. 사람은 사회적 의례 없이는 살아갈 수 없다.

내가 인사 업무 집행위원회 일을 할 때 새로 도입했던 의례를 한 가지 소개하겠다. 나는 회의를 할 때마다 시작 전에 각기 다른 동료 직원들에게 고객 역할을 해달라고 부탁했다. 고객 역할을 맡은 동료는 '외부인의' 시각으로 그가 고객으로서 이 회사가 내놓은 다양한 결과물로부터 어떤 이익을 얻을 수 있는지 끈질기게 질문해야 했다. 즉 이 동료는 고객의 대변인이 되어야 했다. 처음에는 어색했다. 하지만 얼마 지나지 않아 이 상황극은 다방면에서 매우 유용했다. 이 방법은 직원들을 훈련시키고 질서를 강조하고 중요한 일을 중요하지 않은 일에서 분리해냈다. 놀라운 점은 이 의례가 곧 '연극'이라는 정체성을 잃었다는 것이다. 고객의 관점은 점차 '표준'이 되어 회사 경영진의 의식 속으로 침투했다. 이 의례는 곧바로 문제를 예방하는 힘을 갖게 되었다. 그러다 보니 특정 주제는 등한시되었다. 고객을 외면하는 주제는 애초에 회의 석상에 오르는 일이 없었기 때문이다.

형식을 비웃어서는 안 된다. 이것은 우리 삶에서 많은 짐을 덜어준다. '소비자의 대변인' 역할극을 시도해보라. **모든** 회의 자리에서 말이다. 경영자 스스로 스타트를 끊어라. 소비자 대변인이 참석하지 않는 회의는 회의가 아니다!

◆ 원칙 38 ◆

사업 목표보다 고객이 먼저다

솔직히 고백하겠다. 나는 직원에게 업무 목표만을 제시하고 그 달성 방법은 직원에게 맡기는 관리방법인 목표관리MBO의 개념을 아직도 정확히 이해하지 못했다. 도대체 어떻게 목표를 가지고 사람의 의지를 의무로 만드는지 이해할 수 없기 때문이다. 이때 의지란 유일하게 하중을 견딜 수 있는 동력이다. 그래서 동기를 탐구하고 '무엇을 위한 것인가?'라는 질문을 던지는 일이 무엇보다 중요하다.

그 이면에 숨은 문제를 다시 한 번 간단히 언급해야겠다. 애당초 기업은 소비자의 불만을 해소하기 위해 존재한다. 기업은 소비자가 지적한 문제를 해결해야 성공을 거둔다. 그런데 현재 기업이 손에 쥐고 있는 해답 세트는 고객의 문제를 망각하기 시작했다. 그 결과 기업은 문제를 대체할 대상을 탐색하고, 거기에 '목표'라는 이름을 붙였다. 회사 구성원들은 점점 더 내부에 고정된 재정적 기준에 집중하고 더 이상 외부 시장에 펼쳐진 현실을 보지 않는다. 직원 개개인은 자신의 상업 활동 방향을 소비자가 필요로 하는 것이 아닌 목표 시스템이 지시하는 쪽으로 맞춘다. 고객이 오로지 목표를 위한 수단으로만, 그리고 끝없이 이어지는 이익이라는 숫자 뒤에 가려진 '부속물'로만 존재하는 경우를 나는 정말 많이 봤다. 많은 기업들의 목표는 고객들의 삶에 보탬이 되는 제품이나 서비스를 제공해야 한다는 점을 간과하고 있다.

이러한 현상은 우리가 원하는 목표를 향한 기업 운영에 커다란 악영향을 미친다. 이것은 '구조적인 고객 적대 행위'다. 기업은 입으로만 고객의 삶의 질을 향상시키고 싶다고 말한다. 그리고 직원들은 X라는 제품을 이러이러한 수만큼 팔아야 한다는 목표와 함께 현장으로 파견된다. 이 직원들은 무엇을 할까? 고객을 생각할까? 아니, 이들은 자신의 할당량을 생각한다. 그래야 월급이 나오니까. 진실은 이러하다. 고객 중심은 허수아비에 불과하다. 현실에서 소비자는 기업의 가치 상승이라는 목적을 위한 수단으로만 활용된다. 목적과 수단이 주객전도되는 것이다. 입만 움직이지 말고 제도가 뒷받침된 말을 해야 한다. 그래야 사람들이 모인다.

내 말을 반박하고 싶은 독자들도 있을 것이다. 그럼에도 내 생각은 확고부동하다. 목표를 설정하는 경영은 그만두라. 목표는 소비자 적대적이다.

2

함께 협력하는 법을 배우기

◆ 원칙 1 ◆

협력하기로 결정하라

기업은 왜 존재할까? 아마도 자주 이렇게 자문하지는 않으리라. 하지만 이 질문에 대한 답변은 매우 중요하며 특히 디지털 시대의 경영에서 더 큰 의미를 지닌다. 기업이 존재하는 이유는 사람들이 **함께** 해야만 성취할 수 있는 과제가 있기 때문이다. 기업은 협력의 장이다. 그렇더라도 사람들이 자동으로 회사에서 함께 일하는 것은 아니다. 인간은 자기를 위해 사는 데 최적화된 동물이기 때문이다. 우리의 생물학적 뿌리가 '남 일보다 내 일이 더 소중하다'는 명제를 뒷받침한다.

협력이 기업의 핵심이라면 중요한 것은 사람이 일을 할 때 지니는 의식 수준이다. 어떤 사람이 기업의 일원이 되는 순간 이 사람은 스스로의 신념을 송두리째 바꾸어야 한다. '나'에서 '우리'로. 그러나 대부분의 직원들은 이 점을 간과하고 있다. 그들은 자신과 가족을 벌어 먹이길 원하고 자기계발을 추구하고 가능하면 방해받지 않고 업무를 마치고자 한다. 이것은 좋은 현상이며 옳은 일이다. 하지만 그럼에도 이들은 상호 의존해야 하는 환경에서 살고 있다.

디지털 시대의 경제는 모든 연결의 총체이지 모든 물건의 총체가 아니다. 디지털 시대에 가치 있는 것은 모든 연결과 연결성이다. 그러므로 디지털 시대에는 특히 마주보고 있던 사람들이 같은 방향을 바라보는 것을 넘어 서로를 위하는 방향으로 발전해야 한다.

사실 나는 타인과 협력하기 위해 가장 먼저 기업의 구조 변화를 촉구하는 편이지만 지금 여기 2장의 시작 부분에서는 '내면 설정'을 강조하겠다. 우선 사고방식을 통째로 바꾸어야 한다. 분리가 아니라 연결이다. 연결을 위해서는 아무것도 묻지도 따지지도 말고 협력에 고개를 끄덕여야 한다. 그것도 진심을 다해서. 혼자서 모든 결정을 내리고 일을 관철시키기보다 타인을 관여시키고 계획에 포괄하고 지원하는 일에 전념해야 한다.

타인이 당신과 함께 이득을 보도록 하라. 협력의 장에서 타인을 패자로 만드는 사람은 시스템 전체를 약화시킨다. 그리고 그 결과 스스로도 약해진다. 그래서 우리는 타협해서 공공의 이익을 위해 개인의 이익 일부를 포기해야 한다. 어떤 것이 스스로가 정의한 이상에 미치지 않는다 하더라도 불평해서는 안 된다. 대신 '이것이 게임의 법칙이구나' 하고 받아들여야 한다. 연결된 것이 좋은 것이고, 연결을 끊지 않는 것도 좋은 것이다.

이를 위해 경영자는 어떤 일을 할 수 있을까? 가장 먼저 '단호해져야' 한다. 즉 협력하기로 마음을 굳혀야 한다. 적극적으로 공동 작업에 참여해야 한다. 타인이 다가올 때까지 기다리지 말라. 분열보다 단합을 강조하라. 시너지 효과만을 노리거나 드라마 〈왕좌의 게임 Game of Thrones〉•을 연출하지 말라. 두 번째로, 다른 사람들의 의식을 일깨워 협력을 우선순위에 두도록 하라. 우리는 함께 해야만 승리할 수 있다! 세 번째로, 고통이 발생하는 곳을 일부러 찾아가라. 이에 대한 내용은 다음 페이지에서 소개하겠다.

• 소설에 기반한 미국 드라마로, 치열한 권력 투쟁, 언제든 배신하고 배신당할 수 있는 불완전한 동맹 등에 얽힌 이야기를 다룬다.

◆ 원칙 2 ◆

협력을 해치는 직원을 해고하라

잘 알고 있겠지만, 상황이 빨리 바뀌기를 원하는 사람은 기저귀를 적신 아기밖에 없다. 인류의 나머지 존재들은 변화를 두려워하는 경향이 있다. 어떤 때는 변화에 저항하기까지 한다. 디지털 시대에 더욱 견고한 협력이 필요하다는 주장도 이러한 반동을 피할 수는 없다. 사람은 자기를 위해서만 살며, 이익을 본 모든 타인을 적으로 간주한다.

자, 이제 내 차례다. 사람들과 이야기를 나누고 또 나누어 설득하라. 단결된 협력의 필요성에 회의적인 사람들을 찾아내 설득해야 한다. 상대방이 '왜?'라고 물으면 답해야 하고, '어디로 가야 하는가?'라고 물으면 역시 답해야 한다. 명료한 설명 없이 설득만 하려고 해서는 안 된다! 당신이 경영진으로서 경영보다 우선에 두어야 할 과제는 주변을 주시하기, 앞을 내다보기, 힘을 불어넣기다. 그리고 이를 반복해야 한다.

하지만 우리는 모든 메시지를 부드럽게 돌려 말할 수는 없다. 모든 조치에 대해 철저하게 논의할 수도 없다. 그렇게 하려면 상당한 시간이 걸리기 때문이다. 그래서 모든 일을 툭 터놓고 이야기해야 한다. 과장하거나 반대로 지나치게 완화해서는 안 된다.

어떤 이들은 당연히 이미 그렇게 하고 있다고 말할지도 모른다. 하지만 언젠가 회사 상황에 따라 전혀 즐겁지 않은 일을 해야 할 때가 온다. 그 이유는 다음과 같다. 기업에서 가장 중요한 것은 무엇인가? 바로 성과를 내는 것이다. 중요하지 않은 것은 무엇인가? 아무런 성과도 내지 못하는 것이다. 이는 협력에도 해당한다.

"만약 협력이 이루어지지 않으면 그때는 어떻게 하지? 누군가가 협력하지 않으면 무슨 일이 일어날까? 그 대가는 무엇이지?"라는 의문에 대한 답이 도출되어야 비로소 우리는 협력에 대해 진지하게 생각한다. 그리고 만약 이로 인한 피해에 대해 당사자에게 보상을 요구하는 심판이 진행되지 않는다면 협력은 멀어진다. 이를테면 공공연한 불평불만이나 수면 아래서 벌어지는 방해공작이 제대로 화제에 오르지 않는다면 어떤 일이 벌어질까? 이기주의자들이 아무런 제재도 받지 않는다면? 소위 '스타' 직원들에게만 특별한 규칙이 적용된다면? 분명하게 말하겠다. 혼자 튀는 직원을 '내쫓아라.' 이런 사람들은 대부분 협력을 부정하는 사람들이다. 이런 직원들을 과감히 해고함으로써 협력을 우선에 둔다는 것을 보여주어야 한다. 경영자로서 해고까지 불사하겠다는 태도를 보여주지 않는다면 협력이라는 개념이 더 이상 디지털 환경에서 우선적으로 존중되어야 하는 가치로 여겨지지 않을 것이다.

직원을 해고하면서까지 협력을 강조한다고 해서 박수가 쏟아지지는 않는다. 어쩌면 경영자는 이 일로 만신창이가 될지도 모른다. 하지만 그것이 바로 경영자가 해야 할 일이다. 그 일을 대가로 경영진은 월급을 받는다. 물론 당연한 이야기지만 직원을 해고할 때는 다른 이들이 이의를 제기할 수 없도록 공정하게, 합당한 결정을 내려야 한다. '문제 해결'이란 때때로 문제를 버리는 것이기도 하다.

"그러다가 최고의 직원들을 잃으면 어떻게 합니까?"라고 반박하는 사람도 있을 수 있다. 우수한 직원을 해고한 경영자가 지하실로 내려가 아끼던 와인을 오픈하고 우울한 기분을 떨쳐내려 하는 모습이 눈에 선하다. 모든 일에는 대가가 따른다. 경영자가 잃게 될 인물은 최고의 '개인 플레이어'다. 그러나 기업은 협력을 최우선에 두고 구성된 단체다. 수비를 맡은 축구선수가 일대일 상황에서 95%의 확률로 이긴다 한들 포백수비를 하지 못한다면 이 선수를 기용할 수 없다. 지금 그를 떠나보내야 장기적으로 회사의 결속이 강해진다.

이렇게 생각해보라. 지금은 가치 있는 주식이지만 디지털 시대에 발휘할 잠재력이 거의 없기 때문에 포트폴리오에서 지워버리는 것이다. 곧 직접 목격하게 되겠지만 슈퍼스타가 떠나기 무섭게 여태까지 그의 그림자에 가려져 있던 신예들이 스스로를 발전시킬 것이다.

다음 질문을 심사숙고해보기 바란다. 아날로그 문화를 만들어낸 사람들이 그 문화를 바꾸는 데에도 적합할까? 결속을 견고하게 만들기 위해 일부를 분리해야 하는 것이 바로 디지털화의 모순이다.

◆ 원칙 3 ◆

공통의 문제에서 출발하라

"서로 협력하는 사람들이 만드는 전체 사회의 행복은 자신의 행동으로 인한 이익을 혼자만의 몫으로 요구하는 사람이 적어질수록 더욱 커진다. 다시 말하면 자신의 행동으로 인한 이익을 주변 동료들에게 더 많이 내어줄수록, 개인의 필요가 스스로의 행동이 아닌 타인의 행동으로 충족될수록 우리 사회는 행복해진다." 루돌프 슈타이너Rudolf Steiner•가 한 말이다. 이 말에서 무언가를 깨달았다면 경영자가 짊어진 과제가 명백하게 드러날 것이다. 우리는 협력을 확고히 해야 한다. 물론 말은 행동보다 쉽다.

앞서 나는 내면 설정에 대해 이야기했다. 이제 협력을 위한 '구조적인' 전제조건을 자세히 설명하고자 한다. 자연스럽게 타인과 협력하도록 돕는 요소는 무엇인가? 학계에서는 이것을

• 인지학의 창시자로 발도르프 교육, 생명역동농법 등의 토대를 마련했다.

'공통의 문제'라고 말한다. 즉 반드시 타인과 함께 해야만 해결할 수 있는 문제, 그 해답을 찾기 위해서는 다른 사람의 도움이 '필요한' 문제다. 내가 타인과 공통된 문제를 안고 있을 때의 장점은 이기심과 이타심이 동시에 발휘된다는 것이다. 내가 타인을 도와야 내게도 유익한 일이 일어난다. 타인의 일이 잘 풀려야 내 일도 잘 풀린다. 꼭 '희생하지' 않아도 된다. 별로 좋아하지 않는 인물과도 같이 일할 마음을 먹어야 한다. 이러한 방식으로 당신은 '타인을 최대한 활용하는 사람'이 된다.

기업에 다시 한 번 협력 문화를 도입할 때 중요한 것은 공통의 문제를 찾고 거기서 출발하는 일이다. 자신이 속한 부서, 자신이 진행하는 팀 프로젝트에서 시작하는 것이 좋다. 다음 질문에 구체적으로 답하라.

- 우리에게 어떤 공통의 문제가 있는가?
- 우리는 왜 협력해야만 하는가?
- 이 구성단위 또는 부서에 독자성을 부여하는 요소는 무엇인가?

공통의 문제에는 몇 가지 특수한 성질이 있다.

1. 중요한 것이어야 한다.
2. 따로 설명이 필요 없는 것이어야 한다. 복잡하지 않아야 한다.

만약 이러한 문제를 찾아내지 못한다면 협력의 근거를 제시할 수 없다. 조직에 대해 깊이 생각해보아야 한다. 조직을 더욱 실질적인 존재로 만들고 싶은가? 부서를 해체하라! 문제를 사람 주변에 세우지 말고 문제의 주변에 사람들을 정렬시켜라.

◆ 원칙 4 ◆

문제를 해결하기 위해 사람들을 연결시켜라

스티브 잡스, 그는 아직까지도 우리 곁에 살아 숨 쉬고 있다. 그는 괴팍하지만 창조적인 사람이었으며 그를 바탕으로 탄생한 제품이 바로 아이폰이다. 잡스가 어느 날 아침 갑자기 번뜩이는 영감을 얻어 연구를 한 다음 몇 주 후에 결과물을 손에 들고 회사로 돌진하는 식으로 아이폰을 개발한 것은 아니다. 아이폰은 아이디어에서 탄생한 제품이 아니다. 그것은 '문제'에서부터 시작되었다.

아이폰의 개발에 착수한 2005년에 잡스가 처한 상황은 이러했다. 애플은 아이팟으로 파산의 늪에서 스스로를 구해냈다. 그러나 새로운 재앙이 다가왔다. 바로 휴대전화다. 누구나 휴대전화를 사용하고 있었다. 휴대전화 제조사는 '언제 어디서나 통화가 가능했으면 좋겠다'는 소비자의 바람을 충족시켰다. 아이팟은 '언제 어디서나 음악을 들을 수 있었으면 좋겠다'는 소비자의 바람을 충족시켰다. 이러한 소비자의 바람 두 가지를 동시에 만족시키는 회사는 두 가지 문제를 일석이조로 해결하는 셈이었다. 그래서 휴대전화 제조사들은 어떻게 하면 자사의 휴대전화가 아이팟처럼 음악과 동영상을 재생할 수 있을지 생각해냈다. 인터페이스 문제만 해결하면 충분히 가능한 일이었다. 잡스는 이사진에게 이렇게 경고했다. "그들을 저지하려면 애플이 그런 기계를 만들어야 한다." 즉 잡스는 시장의 문제를 깨달은 '유일한' 사람이었다.

이사회로부터 오케이 사인을 받았을 때 스티브 잡스는 더 이상 재료와 특수 도구만을 상대하는 고독한 발명가가 아니었다. 그의 곁에는 많은 동료들이 있었다. 그가 만든 것 중 가장 뛰어난 제품이 무엇이냐는 질문에 잡스는 "내가 애플에서 구성한 팀"이라고 답했다. 그 팀원은 필립 실러Philip Schiller, 조너선 아이브Jonathan Ive, 피터 오펜하이머Peter Oppenheimer, 존 루빈스타인John Rubinstein, 토니 파델Tony Fadell, 팀 쿡Tim Cook 등이다. 그로부터 2년 후 이들은 세상에 첫 번째 아이폰을 선보였다.

이번에는 새로운 조언을 추가하는 대신 앞서 언급한 내용을 보충하겠다. 공통의 문제는 협동을 촉진한다. 또 하나 협력에 필요한 근본적인 전제조건이 있다. 바로 경영자의 인간에 대한 통찰력이다. 경영자는 앞을 내다보고 절박함을 느낀 다음 그 감정을 다른 사람들에게 전염시켜야 한다. 그래서 우리는 지도자를 원한다. 남들과는 다른 지도자, 남들보다 나은 지도자 말이다. 생동감 없이 숨만 쉬면서 조직 내에서 숫자만 계산하는 지도자는 필요 없다. 잡스는 스스로 걸작을 만들어낸 것이 아니다. 앞으로 걸작이 만들어질 아궁이에 불을 지폈을 뿐이다.

그가 누구보다도 앞서 전 세계를 하나로 연결했음에도 자신의 주변 세계와는 연결되지 못한 채 머물렀다는 사실이 참으로 안타까울 따름이다.

◆ 원칙 5 ◆

고객이 당면한 새로운 문제를 포착하라

우리는 어떤 문제 때문에 어려움을 겪고 있는가? 많은 사람들이 '문제'라는 단어를 부정적으로 생각한다. 집단의 협력에 긍정적인 개념을 더하고자 '목표'라거나 '도전'이라거나 '의의' 같은 단어로 표현하기도 한다. 그 차이를 여기서 설명하지는 않겠다. 그러나 '문제'라는 단어는 우리가 그것을 고객과 연결 짓는 순간 부정적인 효과가 사라진다. 물론 판매 실적이 위태롭거나 가격이 오르는 것도 문제다. 하지만 기업의 현재 상황이 본질을 은폐해서는 안 된다.

'소비자의 문제'는 기업이라는 프랙탈•의 근원이다. 거기서부터 기업의 모든 것이 뻗어 나온다. 그러므로 우리는 먼저 고객의 문제를 찾아내야 한다. 기업 내에서 이루어지는 모든 협력 작업은 고객의 문제를 기반으로 삼아야 한다. 고객의 문제를

• 세부 구조가 전체 구조와 비슷한 형태를 무한히 반복하는 구조

떠안지 않은 조직은 존재할 자격이 없다.

지난 몇 년 동안 소비자들이 경험하는 문제의 양상이 바뀌었다. 과거에는 개별적인 행동이 요구되고 문제점이 정확히 묘사되고 계획대로 만들어지고 아주 표준적인 방식으로 해결되는 경향이 강했다. 당연히 정보의 흐름은 하향식이었고 그 사이에는 매우 긴 길이 놓여 있었으며 시간도 오래 소요되었다. 오늘날에는 무엇보다도 계속해서 변화하는 기본 조건에 들어맞는 복잡하고 다양한 문제 해결 방식이 중요하다.

오늘날 소비자는 스스로도 정확히 설명할 방법이 없는 문제에 대한 해결책을 원한다. 그러한 문제를 해결하려면 측정이 가능한 일이나 행동이 아니라 아이디어가 필요하다. 그리고 일면식이 없던 파트너와 협력해야 하는 일도 늘어난다. 그러나 정보의 흐름은 '수평'에 가깝게 바뀌었고 정보가 전달되는 길과 시간이 모두 단축되었다.

지속적인 성공을 거두고 싶다면 앞서 언급한 두 가지 조건에 세 번째 조건을 추가하라.

1. 중요한 것
2. 따로 설명이 필요 없는 것
3. '고객'이 정의한 것

이 세 가지 기준에 따라 조직을 구축하라. 그리고 다음의 질문을 중심축으로 삼아야 한다. "현재 진행 중인 고객의 문제 중 오늘 우리는 어떤 것을 찾아서 확인하고 우리의 디지털 서비스 포트폴리오에 추가해야 할까?" 또한 늘 새로운 고객 문제를 파악해야 한다. 고객의 문제는 협력이라는 프랙탈의 시작점이다.

◆ 원칙 6 ◆

사일로 문화를 타파하라

"구름은 서로 뭉쳤다가 흩어진다. 대기 중의 물 분자가 움직여 응결하거나 증발하기 때문이다. 조직 또한 이렇게 작동해야 한다. 어떤 구조가 구축되고 해체될지는 조직에 작용하는 힘에 의해 결정되어야 한다. 그리고 직원들이 자유롭게 결정을 내릴 수 있다면, 그들은 현실 상황에 맞게 힘을 분별하고 조정해서 사용할 수 있을 것이다." 관리자가 없는 공장으로 유명한 미국의 식품가공업체 모닝스타Morning Star의 설립자이자 CEO인 크리스 루퍼Chris Rufer가 한 말이다. 그의 회사에서는 끊임없이 영감이 솟아나고 혁신이 빈번하게 일어난다.

이러한 '구름론'은 아날로그 시대의 성공을 위한 조언과 정면으로 충돌한다. 아날로그 시대에는 전문화와 철저하게 분업화된 구조가 중요했다. 그런 다음 관리자가 작업을 세분화 및 분배해서 전문가들이 일을 진행하도록 하고, 추후에 결과물을 취합했다. '분산'과 '결합'이 경영진의 과제였다. 기업의 규모가 커질수록 경영진은 계속해서 분할을 이어갔고 칸막이를 친 다음 분리된 각 구성요소를 **부서**라고 불렀다. 이에 따라 직원들은

1. 특정 세부 업무만 수행했으며
2. 부서에 할당된 업무만 수행했다.

각 부서들은 곧 특별한 논리를 만들어냈고 이 논리에 따라 점점 전체를 안중에 두지 않게 되었다. 기업은 '다수의 국가로 구성된' 조직이 되었다. 그리고 그 안에는 하나 이상의 판단 기준이 존재하게 되었다. 저마다 합리적이라고 주장하는 수많은 이성들이 등장해 통일을 이루기 어려워졌으며 다툼이 잦아졌다. 어느 정도 규모가 큰 회사에서 일하고 있다면 때로는 다른 부서 직원들이 과연 나와 같은 회사에서 일하고 있는 게 맞나 하는 의문이 들 것이다.

소니도 마찬가지였다. 이 회사는 트리니트론이라는 상표로 컬러 텔레비전을 선보였고 워크맨을 내놓아 우리의 삶을 바꾼 기업이다. 오늘날에도 반도체와 이미지 센서 분야의 선두주자다. 하지만 이 회사에도 그림자가 드리운 시기가 있었다. '소니의 몰락'은 조직 연구 분야에서 각 부서 사이의 협력 부족을 보여주는 대표적 본보기로 꼽힌다. 직원들은 소니를 하나의 회사가 아니라 서로 경쟁하는 개별 부서의 모임이라고 생각했다.

이케아도 마찬가지였다. 이 회사는 그러나 원 이케아One Ikea 프로그램을 진행해 자랄 대로 자라버린 내부 경쟁을 감당할 수 있는 수준까지 줄였다.

이제 어떤 질문이 제기될지 눈치 챘으리라. 기능 부문의 분열이 이래도 미래지향적이라 할 수 있는가? 물론 각 부서를 나누는 데는 다양한 이유와 타당한 근거가 존재한다. 하지만 그것은 그저 조직적인 명료함, 통제력, 효율성 등을 내세우는 '내부의' 구실일 뿐이다. 소비자는 무언가 다른 것을 원하지 않을까? 조직이 더 유연해지고 각 분야를 포괄해 협력한다면 소비자에게 더 큰 도움을 줄 수 있지 않겠는가? 소비자가 이에 대해 돈을 지불할 것이라고 생각하지 않는가?

이제 우리는 한 부서에서 나온 아이디어가 그저 다른 부서로 전달되는 형태가 아닌, 기업의 새로운 밑그림을 그려야 한다. 그런 다음 가치사슬을 다시 구축해야 한다. 사실 가치사슬은 이제 사슬이 아니라 나선이라고 해야 옳다. 가치나선은 컴퍼스로 잰 듯 정확하게 원을 그리며 고객 선호의 주변을 감아 돌고 중심점으로 차츰 좁혀져 전방을 향해 나아간다. 그동안 구부러진 정도를 몇 번이고 수정하는 것도 잊어서는 안 된다. 제조부문 직원들은 이미 이러한 발전 과정에 포함되어 있다. 용접공이 엔지니어와 긴밀히 협력하듯이 말이다.

블루칼라와 화이트칼라의 구분은 녹아 없어졌다. 제품 디자인, 제조, 서비스와 수리는 IT 프로젝트의 스크럼 방식과 비슷해졌다. 이제 모든 프로젝트와 개발 단계마다 IT 전문가와 판매 전문가, 마케팅 전문가가 한 방에 앉아 논의를 거듭한다. 혹은 구매 전문가와 물류 전문가가 함께 일한다. 각기 다른 분야의 전문가들을 한자리에 모아놓은 다음 기술적인 논의를 진행해야 한다. 예를 들어 미디어 회사에서는 콘텐츠 부서, 소프트웨어 개발 부서, 세일즈 부서가 협력한다. 이러한 부서들은 흔히 서로 물과 불처럼 서로 용납하지 않는 대립적인 문화를 보여왔다.

판매 작업을 위해 기업에는 핵심 거래처 시스템Key-Account System이 요구된다. 이는 디지털매체 전문가, 방송매체 전문가, 인쇄매체 전문가 등으로 이루어진, 미디어 분야를 포괄하는 여러 팀과 함께 일하는 것을 말한다. 이 팀들은 소비자 수요를 이해하고 그에 따른 맞춤형 패키지 상품을 개발할 수 있다. 모든 것이 동일한 이념과 목표에서 나온다.

당신이 어떤 과제를 해결해야 한다면 그 내용을 소셜 인트라넷에 올리고 아군이 될 사람을 찾아라. 찾았다면 해당 과제가 완료될 때까지 당신이 프로젝트 리더가 되어라. 찾지 못했다면 해당 과제가 그만큼 중요하지 않다는 뜻이다. 당신과 동료 직원들은 이를테면 자유로운 정예요원으로 이루어진 민첩한 연합을 결성하는 셈이다. 이 자유로운 정예요원들은 소비자의 문제를 둘러싸고 늘 새로운 그룹을 조직한다. 문제를 해결한 다음에는 다시 다른 문제를 해결하기 위해 새로운 형태를 구축하라.

이런 식으로 일할 수 있겠는가? 이런 기업의 사고방식과 행동 방향이 수직 계층 구조를 이룰 가능성은 현저히 낮다. 이들은 포괄적인 수평 구조를 이룰 것이다. 물론 반드시 전문 분야에서 논의되어야 하는 매우 특수하고 독창적인 문제도 있다. 그러나 이런 상황은 예외에 속한다.

매우 수준 높은 전문 지식이 필요하다면 외부로부터 구할 수 있다. 디지털화 시대에 '핵심 서비스'에 집중하기 위해서는 이러한 행동이 요구되며 기업이 자연스럽게 외부 지식을 받아들일 수 있어야 한다. 각기 다른 모든 분야에 각각의 전문가가 오고가야 한다. 이때 도움을 주는 것이 바로 기술 발전이다. 소프트웨어를 실행하려면 데스크톱 PC 하나만 있으면 되던 시대는 지났다. 직원들은 고성능 울트라북, 스마트폰, 태블릿, WLAN, 클라우드 연결 등을 활용하며 그 어느 때보다 이동성이 증가했다. 우리는 아주 짧은 시간 내에 팀을 구성하고 다시 해체할 수 있다.

회사를 이런 식으로 이끌고 싶다면 다음 내용을 명심해야 한다. 가능한 한 많은 사람들이 '동시에' 협력하고 자신들의 지식을 서로 연결할 수 있는 분위기를 조성하라. 기업의 문을 열어라. 구조를 해체하라. 벽을 허물고 부서 사이를 가로막던 칸막이를 없애버려라. 고객의 문제 해결을 위한 그룹을 만들고 모든 분야를 포괄하는 팀을 구성하라. 각각의 통신 채널을 구분하는 고정관념에서 벗어나라. 고객은 각 통신 채널에 대해 깊이 생각하지 않는다. 역시 이동성이 늘어난 고객에게 중요한 것은 언제 어디서나 연락 가능한 서비스다. 따라서 오프라인 직원들과 온라인 직원들이 한 공간에서 일하도록 만들어라.

한 가지 더 당부하자면 부서 간에 벽을 쌓는 사일로 문화는 디지털 변화를 가로막는 가장 큰 장애물이다. 과거에도 그랬고 현재도 그렇다. 벌써 몇 년 전부터 사일로 문화를 타개하자는 논의가 이어지고 있지만 여태까지 거의 아무런 일도 일어나지 않았다. 사일로 문화는 우리가 고객 우선을 위해 협력하는 것을 방해한다. 더 이상 최종소비자가 판매나 마케팅, 제품 개발의 중심점이라는 주장은 사실이 아니다. 내가 할 수 있는 조언은 오로지 더욱 단호해져야 한다는 것뿐이다. 회사를 고객을 위한 통일된 단일 개체로 인식하라!

어디서부터 손을 대야 할까? 언뜻 보기에는 아주 사소하지만 그 효과는 매우 놀라운 것부터 시작하자. 직원들의 명함에서 소속된 부서명이 사라진다면 변화가 일어날 것이다. 시야가 넓어지면 직원들은 문득 자신이 전체를 책임진다고 생각하게 된다. 그리고 스스로를 행동사슬의 일부분으로 정의하게 된다. 이 행동사슬의 끝은 당연히 고객과 연결된다. 경영자가 원하는 바도 이것이 아닌가? 이를 당장 시도하라! 소비자에게 기업은 단 하나의 대상이다. 조직을 편성할 때는 고객을 염두에 두어야 한다.

◆ 원칙 7 ◆

같은 공간에서 일해야 팀정신이 생긴다

팀정신이 있으면 산도 옮긴다는 말을 자주 들어보았을 것이다. 그런데 팀정신은 어떻게 해야 생길까? 이 질문은 최근 몇 년 동안 특히 흥미진진한 주제가 되었다. 디지털 미디어 덕분에 우리는 사실상 세계 어느 곳에서든 업무를 볼 수 있으며 서로 연결될 수 있다. 그러다 보니 경영자는 딜레마에 빠지게 된다. 한 회사란 그 정체성을 형성하는 장소나 경계 설정 없이는 존재할 수 없는 것이 아닌가?

경영자는 직원들에게 공동 프로젝트를 성공시키는 데 각 개인이 중요한 이유가 무엇인지 정확히 알려야 한다. 그래서 경영진은 회의를 거쳐 기준을 만들고 이에 따른 더욱 견고한 협력을 직원들에게 요구한다. 그러나 이것은 그다지 효과적인 방법이 아니다. 호소는 오래 가지 못한다.

하지만 팀은 다음과 같은 규칙 아래 더욱 생산성을 높일 수 있다. 여러 팀이 물리적으로 가까운 공간에 위치할 때, 그리고 우연이든 아니든 팀 리더들이 매일 마주칠 때. 어쨌든 각 팀원들이 혼자서 고군분투할 때보다 함께할 때 생산성이 향상된다. 이것을 '동료효과'라고 한다. 느린 사람들은 빠른 사람들에 의해 같이 끌려간다. 월등하게 뛰어난 직원 한 사람을 투입하거나 성과가 매우 우수한 팀 하나를 다른 팀과 통합하면 두 가지를 성취할 수 있다. 탁월한 직원이나 팀은 역시 괄목할 만한 성과를 내고, 그와 함께 일하는 직원들의 능력치 또한 향상된다. 이를 위한 전제조건은 사람들이 스스로를 '실제로 볼 수' 있어야 한다는 것이다. 일 잘하는 동료에게 직접 보이는 자리에 있는 사람이 일을 더 잘하게 된다.

직원들이 스스로를 보지 못한다면 이런 효과가 나타나기 어렵다. 그런 의미에서 가상의 팀을 꾸려 함께 일한다는 것은 결국 타협일 뿐이다. 서로 다른 타임존에 존재함으로써 발생하는 장소, 언어, 문화의 차이는 상호 간의 이해를 어렵게 만든다. 물론 소비자의 관점에서 이러한 타협도 충분하다면 회사에도 좋은 일이다. 하지만 말 그대로 '협력'을 원한다면 반드시 다음과 같이 해야 한다. 한곳으로 모아라! 스위스의 광고 회사 아드메이라Admeira는 우선 가상공간으로 들어갔다. 그렇게 함으로써 일의 진행은 가능해졌으나 협력을 이룰 수는 없었다. 그래서 이 회사는 직원들이 곧바로 직접 만나서 의견을 나눌 수 있도록 네 곳의 사무실에 나뉘어 근무하던 사람들을 모두 취리히로 모아

한 지붕 아래서 근무하도록 만들었다. 이 회사의 경영진은 그 결과 다시 한 번 크게 도약할 수 있었다고 말한다.

'한 지붕 아래' 전략은 학문적으로도 유효성이 검증된 방법이다. 2017년 하버드대학 연구진은 전문 저널에 인용된 논문을 바탕으로 공동 진행된 연구 프로젝트의 성과를 철저히 비교분석했다. 이들의 조사 결과에 따르면 연구의 성공 여부는 연구자들의 책상이 같은 건물에 놓여 있는지 아니면 공간적으로 멀리, 즉 다른 대학, 건물, 심지어는 자택에 있어 연구자들이 서로 얼굴을 마주할 수 없는지에 달려 있었다. 서로 자주 마주친 연구진이 공동 진행한 연구 논문의 4년간 평균 인용율이 45%나 높았던 것이다! 이는 공간적 근접이 매우 탁월한 성과를 이룩한다는 명확한 증거다.

그렇다면 사람들이 직접 만나야 하는 때는 언제이고 가상공간에서 만나도 충분한 때는 언제인가? 기업들은 구성원들의 다양성을 통합해 이익을 만들어내고 그들의 창의력을 장려하고 혁신을 촉진하고자 전 세계에 팀을 구축하는 경우가 많다. 그리고 비슷한 빈도로 실전에서 실망스러운 결과를 낳는다. 글로벌 팀이 내놓은 성과가 평범하고 그럭저럭 만족할 수준밖에 되지 않거나 팀원들이 함께 작업하던 중 갈등이 발생하는 경우도 많기 때문이다. 수백만 년 동안 인류는 가시성에 의존해 협동 작업을 해왔다. 그것을 쉽게 무시해서는 안 된다. 다시 말해 디지털 시대에도 협동 작업이 계속해서 일상적으로 진행되어야 한다면 출장 경비를 아끼지 말아야 한다. 적어도 프로젝트에 막 시동을 걸 때만큼은 구성원들을 한자리에 모아라. 그럴 만한 가치는 충분하다. 팀정신을 쌓으려면 구성원들이 정기적으로 직접 대면해야 한다.

◆ 원칙 8 ◆

재택근무는 제한적으로만 허용하라

공간적으로 가까이에 머무르는 것에 대해 조금 더 이야기해보자. 홈 오피스라는 개념은 새천년으로 전환하던 시기에 유행했다. 고정된 근무 장소를 고수하는 것은 시대에 뒤처진 행동으로 여겨졌다. 모든 사람들이 이에 솔깃해했다. 기업은 사무실 유지비가 줄어 기뻐했고, 직원들은 시간을 융통성 있게 사용할 수 있어 좋아했으며 자연은 공해가 줄어들어 환영했다. 그런데 몇 년 전부터 상황이 예전으로 되돌아가기 시작했다. 많은 회사들이 직원들을 제자리로 불러들였다. IBM은 이러한 변화를 단행했으며 그 전에 먼저 야후Yahoo나 레딧Reddit, 베스트바이BestBuy가 실행했다.

이렇게 갑작스러운 변화가 일어난 이유는 무엇일까? 대차대조가 없으면 부기도 없다. 마찬가지로 홈 오피스로 인해 사람들은 협력을 잃었다. 사람들이 서로 분리되는 것, 눈에 보이지 않는 협동 작업을 두려워하는 것은 자연스러운 일이다. 당시

IBM의 마케팅 이사 대리이던 미셸 펠루소Michelle Peluso는 뱃머리를 되돌린 이유를 묻자 "어깨를 직접 맞대야 진정한 창의력과 영감이 솟아난다."고 말했다.

인류학자들에게 물어보면 곧바로 확답을 받을 수 있을 것이다. "사람들이 진심으로 함께 일하고자 한다면 물리적인 실재는 필수불가결하다." 사람은 상호 간에 방향을 바꿔가며 노력하면서 스스로를 깨우치고, 계획에 없던 대화 속에서 우연히 태어난 아이디어를 발전시키며, 갑작스럽게 발생한 일을 쉽게 분배할 수 있다. 얼굴을 마주 보고 대화를 나눌 때만큼 일이 빠르고 완벽하게 처리되는 경우는 없다.

2013년에 전 야후 사장 마리사 메이어Marissa Mayer가 홈 오피스를 폐지하고 여론의 폭풍 같은 질타를 받았음에도 불구하고 아주 미미한 성과를 거뒀던 사실을 떠올리면 홈 오피스를 무조건 없애라고 강권하기는 힘들다. 하지만 다음의 차이는 구분할 필요가 있다.

1. 어떤 활동은 홈 오피스에 적합하나 다른 활동은 그렇지 않다.
2. 어떤 사람들은 홈 오피스에 적합하나 다른 사람들은 그렇지 않다.
3. 뭐든지 극단으로 치달으면 잘못된 길로 빠진다. 중앙 집중이든 분산화든 마찬가지다.

4. 커리어를 쌓고 싶다면? 상사들은 부하직원이 일터에 출근하는 것을 좋아한다. 게다가 직원들의 출퇴근 상황을 살피는 상사들의 경향은 의식적이든 무의식적이든 승진 결정에 영향을 미친다. 집에서 일하기를 간절하게 원하는 직원이라면 그 결과도 예상하고 받아들일 준비를 하는 것이 좋다.

신뢰를 주제로 진행되는 얄팍한 논의의 깊은 곳에 숨겨진 의미를 파헤쳐보면 그것이 기업의 핵심 요소라는 사실을 알 수 있다. 그 핵심 요소는 바로 협력이다. 쇠뿔을 바로잡으려다 소를 죽이는 어리석음을 범하지 말라. 상황에 따라 그에 맞는 결정을 내려야 한다. 기업이 협력을 우선에 둔다면 홈 오피스는 제한적으로만 운영되어야 한다.

◆ 원칙 9 ◆

기업을 소규모 팀들의 연합체로 구성하라

엘릭서Elixir 기타줄은 경쟁업체 제품보다 5배나 더 수명이 긴 것으로 유명하다. 이 제품은 몇 년 전부터 관련 시장의 선두주자가 되었다. 엘릭서 기타줄은 고어Gore의 특수 기법으로 코팅된다. 그렇다. 고어는 우리에게 잘 알려진 특수 기능 섬유를 만드는 회사다. 이 회사가 만든 섬유의 이름은 고어텍스이며 이 제품으로 회사는 유명세를 탔다.

벌써 몇 년 동안이나 고어는 전 세계에서 훌륭한 고용주로 꼽힌 100개 회사 중 선두를 지키고 있다. 이 회사는 또한 아직까지도 스타트업과 비슷한 회사 분위기를 유지하며 큰 성공을 거두고 있다. 여기서는 연구자, 엔지니어, 판매 사원들이 원칙적으로 한 건물 안에서 일하는데 이러한 '가까움'이 아이디어 교환과 소속감을 낳았다. 한 지점에 상주하는 직원은 약 200명이다. 지사의 규모가 점점 커지면 세포분열이 일어난다. 새로운 지사가 세워지는 것이다. 고어 독일 지사의 경영진 중 한 명인 에 두아르트 클라인Eduard Klein은 "정기적인 세포분열을 진행해야만 모든 직원들의 잠재적인 창의력을 최대한 이끌어내 활용할 수 있다."고 말했다.

인간은 상호작용을 하는 존재다. 즉 스스로가 협력적인 사람일수록 타인도 똑같이 협조적으로 나오리라고 믿게 된다. 다시 말해 협력은 '눈에 보이는' 것이 되어야 한다. 그리고 이것이 소규모 연합의 장점이다. 작은 조직은 다른 조직에 비해 협력이 용이하다. 협력을 관찰하는 것이 가능하기 때문이다.

이러한 관점에서 볼 때 규모가 지나치게 큰 기업들이 많다. 기업 모델이 서비스를 효율적으로 제공하는 데 적당한 크기를 필요로 한다는 사실은 의심할 여지가 없다. 슬로건은 세계화, 규모의 경제 등이다. 그러나 어느 시점부터는 이러한 장점이 단점으로 뒤바뀌기도 한다. 예를 들어 복잡성 비용이다. 이것은 새로운 내용이 아니다. 플라톤의《국가론》을 보면 그는 이미 기원전 4세기경에 이렇게 이야기했다. "경험에 의하면 인구가 많은 도시에서 훌륭한 법률을 만들어내는 것은 불가능하거나 그렇지 않다면 매우 어려운 일이다." 몽테스키외는 1746년에 이렇게 덧붙였다. "커다란 국가에서는 공공의 이익을 위해 수천 가지 고려 사항이 희생되지만 작은 나라에서는 공익이 시민 개개인에게 더 가까워진다."

오늘날 우리는 다음과 같이 덧붙일 수 있다. 국제경영개발

대학원IMD 세계경쟁력센터가 발표한 경쟁력 순위에서 가장 경쟁력 있다고 평가되는 상위 10개국을 살펴보면 (연방 국가인) 미국을 제외하면 모두 '작은' 국가들이다. 이를 결정하는 요소는 뛰어난 유연성, 적은 규제 사항, 직접적인 책임 등이다.

대규모 조직은 극단적으로 고장이 잦을 뿐만 아니라 조직 자체를 유지하려는 보호 노력을 필요로 한다. 영장류로서 우리는 거대한 규모를 이룰 준비가 되어 있지 않다. 인류학적으로 우리는 '이웃들끼리' 모여 함께 일했지 커다란 회사를 만들지 않았다. 비교적 가까운 행동 범위 안에서 소규모 조직을 이루는 것, 이것은 우리의 유전자에 새겨져 있다. 이 작은 조직 내에서 공동의 길을 걸어갈 수 있고, **우리**라는 개념을 발전시킬 수 있다.

그래서 몇 년 전부터 기업의 '적당한 규모'를 고민하는 사람들이 늘어났다. 한 성과 단위의 규모는 어느 정도여야 할까? 내 경험에 따르면 약 30명부터, 그리고 300명 이상, 그다음에는 3,000명 이상이다. 기업의 규모가 커져도 전체를 책임지는 직원의 수는 적다. 거대 기업 속에서 사람은 스스로를 합리화하고 무지해질 수밖에 없다. "나는 그저 기계 속에 있는 작은 톱니바퀴 하나일 뿐이야." 그러나 모든 직원은 '모든 일에 적극적으로 나설' 수 있는 동기를 품고 일해야 한다.

조직의 규모가 작을수록 성공의 크기는 크다? 그럴 가능성은 있지만 확신할 수는 없다. 어쩌면 고객의 입장에서 협력을 생각하는 것이 더욱 앞서 나갈 수 있는 지름길인지도 모르겠다. 비교적 높은 자치권과 적응력으로 무장한 소규모 연합은 현장에서 소비자를 직접 대면한다. 그리고 이러한 지역 현장은 언제나 그랬듯이 각기 다르며 앞으로도 그럴 것이다. 대규모 연합은 전 세계적으로 흩어져 있는 고객들을 위해 일할 것이다. 그러나 지역에서는 이를 현실화하기 어렵다. 소비자의 관점에서 협력이 전혀 필요하지 않은 곳이 있다면 경영자는 기업 연합의 해체를 고려해야 할 것이다.

기업에 협력을 다시 도입하려는 시도는 소규모 연합 없이 결실을 맺기 어렵다. 유동적이고 숙련된 전문가들에게 미래가 달려 있다. 규모의 경제에 안주하며 큰 것이 아름다운 것이라 말하던 거대 산업은 중앙에 집중된 지붕 아래서 분산된 독립성을 허용함으로써 스스로를 더욱 '애자일Agile'•하게 만들 수 있다. 이를 실행한 극단적인 예가 바로 중국의 전자제품 제조업체 하이얼Haier이다. 이 회사는 3만 명에 이르는 직원들을 각각 스무 명씩으로 나누어 소규모 연합을 구성하고, 이 소규모 연합이 모인 하나의 결합체를 만들었다. 이렇게 해서 사람들은 전체로

• 민첩하다는 뜻으로 이러한 조직의 특징은 팀별 성과 목표를 명확하게 규정하고 성과 관리 주기를 짧게 줄이는 데 있다. 또한 관리자층을 없애 소규모 팀이 새로운 아이디어를 신속하게 테스트하고 현장에 적용할 수 있다.

서 적응력을 기를 수 있었다. 디지털 시대에도 마찬가지다. 경영진은 가능한 한 다각도로 정세를 스스로 살피고 결정을 내릴 수 있어야 한다. 그래야만 민첩해지고, 시장에서 발생하는 일이나 새로운 발전에 지체 없이 대응할 수 있다. 다시 말하지만 소규모 연합을 강화하라! 소규모 연합 내에서만 신뢰가 피어난다. 그리고 신뢰가 없으면 협력도 불가능하다.

◆ 원칙 10 ◆

협력을 촉진하도록 공간을 구성하라

그렇다면 협력해야 한다는 메시지를 어떻게 전달할 것인가? 이것은 디지털 시대에 협력의 새로운 의미를 깨달은 경영진에게 중요한 질문이다. 직원들의 휴식 공간에 테이블 축구대를 설치하는 것은 늦은 시간에 피자를 야식으로 먹이며 야근을 격려하는 것만큼이나 창의력 개발에 별 도움이 되지 않는다. 반면 앉기보다 일어서기, 회의 시간을 15분으로 제한하기, 둥근 작업 책상 등이 도움이 된다. 그러나 그 근본에는 공간적 협력 시스템이 필요하다. 공간적 협력 시스템이란 직원들이 서로 즉흥적으로 접촉 가능하도록 만드는 것을 말한다.

협력을 눈에 보이게 만들기 위해 회사의 건축 구조 자체를 '협력 지향적'으로 바꾸는 기업은 드물다. 이 분야에서 잘 알려진 회사는 암스테르담에 있는 사무실 건물 디에지The Edge다. 이 건물 안에는 2만 8,000개의 센서가 설치되어 있으며 여기에서 일하는 사람들에게는 특별한 스마트폰 앱이 제공된다. 세계에서 손에 꼽는 스마트 건물이다. 이 건물의 청소 인력도 디지털 기술을 활용한다. 예를 들어 건물의 어떤 부분이 하루 중 집중적으로 사용되는지 알아볼 수 있다.

오늘날까지 기업들은 넓고 큰 공간이라는 엄격한 형태의 사무실을 사용해왔다. 페이스북 또한 2015년에 세계에서 가장 넓은 방 전체를 열린 사무실로 사용하기로 했다. 그런데 칸막이가 설치된 작은 공간이나 좁은 사무실 방, 가슴께까지 오는 파티션으로 나뉜 부분은 찾아볼 수 없었다. 한편 다른 기술 회사들과 달리 애플은 큰 공간 전체를 사무실로 쓴 적이 없다. 그래서인지 2017년에 새로운 애플 본사로 이전했을 때 직원들의 반발이 더욱 거셌다. 최고 지도층만 개인 사무실이 있었기 때문이다. 기술 회사의 거대한 사무실을 방문하면 몇몇 직원이 헤드폰을 쓰고 일하는 모습을 볼 수 있는 이유다.

트렌드가 바뀌면서 큰 사무실을 대체할 더욱 '스마트한' 아이디어가 제시되었다. 몇몇 기업은 건물 구조를 개인 사무실, 회의 공간, 그룹으로 일할 수 있는 공간, 공개적인 구조로 바꾸는 실험을 단행했다. 루프트한자Lufthansa 또한 이쪽으로 방향을 돌렸다. 그룹 작업을 위한 대형 테이블, 루틴 작업을 위한 개인용 편안한 책상, 자신만의 일에 집중하도록 문을 닫을 수 있는 개인 사무실을 만든 것이다. 루프트한자 그룹을 이끄는 라스 오트머Lars Ottmer는 "서비스를 제공하는 회사가 협력을 위한 공간을 아끼면 혁신과 생산성이 위태로워지고 이에 따라 매상이 줄어든다."고 말했다. 또한 독일의 온라인 비즈니스 기업 오토 그룹Otto Group은 함부르크에 있는 본사의 모든 층을 자유로운 공간으로 바꾸어 직원들이 얼마든지 필요에 따라 공간을 재구성하도록 만들었다.

협력을 장려하는 건축 구조에 대한 더 근본적인 의견이 있을까? 직원들이 어떤 고정된 장소에 접근하지 못하도록 막으면 역사상 수많은 문제점이 생겨났다. 몇몇 연구 결과에 따르면 일하는 장소가 자신만의 정체성을 반영할 때 사람은 더욱 창의적인 존재가 된다고 한다.

모든 사람은 기준점이 될 고정된 장소를 필요로 한다. 그리고 이 기준점은 그 사람이 사적인 물건을 가져다두고 마치 '집에 있는 것처럼' 느낄 수 있는 개인만의 영역이다. 하지만 많은 대기업이 이를 잘못된 방식으로 행하고 있다. 고정된 일터가 반드시 독립된 1인실을 뜻하는 것은 아니다. 4~6개 정도 책상을 한 그룹으로 만들어 가까이 붙여두어도 좋다. 그리고 직원들이 홀로 또는 여러 명이서 각기 다른 공간에서 일하다가 다시 한 공간에 모일 수 있는 기회가 필요하다. 그 열쇠는 효율적인 표준이 아니라 융통성 있는 해결책에 달렸다.

이때 진정한 의미에서 **중심점** 역할을 하는 장소가 식당이다. 일반적인 구내식당이 아니어도 된다. 또한 구내식당에서 꼭 식사만 할 필요는 없다. 식당은 의사소통을 장려하는 중심 공간이 되어야 한다. 회사 건물의 중간층 한가운데에 위치한 식당이 그 역할을 할 수 있다. 구글 취리히 지사에서 이러한 구조를 본 적이 있다. 스위스의 유통기업 미그롤리노Migrolino의 본사 또한 식당을 회사 '정중앙에' 설치했다. 그리고 마치 직원들을 초대하듯 식당까지 이어지는 통로를 여러 개 만들었다. 이 공간은 점심시간뿐만 아니라 하루 종일 만남의 장소로 이용되고 있다. 혹은 함부르크의 오토 그룹이 그러하듯 점심 콘서트를 위한 공연장으로 사용된다.

다양한 아이디어를 떠올려보라. 그간의 경험으로 보아 작은 변화로도 충분할 수 있다. 대형 사무실이 반드시 평평한 공간 위에 지어질 필요는 없다. 아주 미묘한 높이 차이도 구조에 변화를 줄 수 있다. 예를 들어 계단을 한두 단 설치해도 좋다. 물론 이 경우 장애인을 위한 경사대도 설치한다. 가장 중요한 것은 기본적으로 서로 협력해야 하는 직원들을 같은 사무실에 앉히는 것이다. 예를 들어 최고제품책임자와 최고디지털책임자는 책상 하나를 가운데 두고 같은 사무실을 공유하며 함께 결정을 내릴 수 있다. 그리고 이런 움직임이나 그 상징적 의미를 직원들에게 숨기지 말아야 한다.

겨우 몇 층 떨어진 곳에서 일하는 직원들끼리도 서로 잘 알지 못한다는 사실은 경악할 일이다. 더 긴밀하게 협력하고자 할

수록 수평적인 연결이 더욱 중요해진다. 그러므로 가능하면 최대한 적은 층을 회사 공간으로 사용하라. 돌이든 백지장이든 함께 들면 가벼운 법이다.

한 가지만 더 이야기하겠다. 가장 높은 층에 최고경영진의 개인 사무실을 두고 있는가? 직원들과의 거리가 느껴지지 않는가? 협력을 장려하고 싶다면 사무실을 옮겨라. 예를 들어 팀의 한가운데로. 혹은 1층으로 옮기는 방법도 있다. 모든 직원들이 지나다니고 고객들이 찾아올 수 있는 장소로 말이다. 그렇게 하는 편이 협력을 촉구하는 데 수천 배는 효과적이다. 이렇게 하면 몇몇 회의는 애초에 진행할 필요조차 없다. 의논할 사항이 생기면 즉각 동료들과 협의할 수 있기 때문이다.

◆ 원칙 11 ◆

개방적인 디지털 업무 공간을 만들어라

어떻게 직원들이 스스로를 전체의 일부라고 깨닫도록 만들 것인가? 어떻게 그들이 자신의 사일로에만 관심을 보이지 않도록 만들 것인가? 어떻게 모든 직원을 최신 정보에 밝은 사람들로 만들 것인가? 우선 회사 인트라넷을 떠올릴 수 있겠다. 예전에는 주로 커뮤니케이션 부서가 인트라넷을 움직였다. 독자들 중에는 칠판처럼 생긴 게시판을 아직 기억하는 사람이 있을 것이다. 거기에는 수많은 쪽지와 안내문이 뒤죽박죽으로 나붙어 중요한 내용이 도대체 어디 숨었는지 찾기 힘들었다. 혹은 사내 신문을 떠올릴지도 모른다. 과거에는 사보가 고위 간부들의 선전 도구였다.

오늘날 디지털 업무 공간은 중앙에 집중되고 연결되어 어디서나 접근 가능한 작업 환경으로서 직원들을 한 곳으로 통합하는 기능을 한다. 그 중심은 물론 공동작업과 정보 게시, 자료 저장이 가능하고 채팅 기능을 갖춘 '소셜 인트라넷'이어야 한다. 소셜 인트라넷은 빠르고 역동적이며 여러 분야를 통합하는 교류를 가능케 하고 더 넓게는 계급 구분에서 벗어난 소통이 가능하도록 만든다. 일 대 일 커뮤니케이션이 아니라 일 대 '그것을 사용하는 나머지 모두'의 커뮤니케이션이 활성화되는 셈이다.

두 사람만 주고받는 이메일이 아니라 필요한 모든 사람들이 확인할 수 있는 공개 게시판을 활용해야 한다. 인턴부터 CEO까지 모든 직원들이 참여할 수 있어야 한다. 이러한 방식으로 직원들이 일하는 데 필요한 모든 회사 서류와 정보에 접근할 수 있도록 플랫폼을 구성하는 것도 좋은 방법이다. 예를 들어보자. 인도의 기술 서비스 업체인 타타 컨설턴시 서비스Tata Consultancy Services는 디지털 플랫폼 얼티매틱스Ultimatix를 이용해 30만 명에 이르는 직원들이 각 지사에서 발생하는 업무에 차질을 빚는 변경 사항에 대한 평가와 의견을 나눌 수 있도록 만들었다. 이렇게 함으로써 회사는 시장에서 송신되는 아주 약한 신호도 민감하게 알아챌 수 있었다.

회사 내부의 의사소통을 강화하라. 소셜 인트라넷에 시간과 돈을 투자하라. 즉각 직원들의 만족도가 전체적으로 향상되는 모습을 볼 수 있을 것이다. 항간에는 인트라넷이 발달할수록 직원들이 직접 대면하기를 꺼릴 것이라는 우려가 있지만 실제로는 직원들이 직접 만나고자 하는 욕구가 늘어난다. 상호 간에

양질의 도움을 주고받을 수 있는 도구를 경영자 또한 직접 사용해야 한다. 이에 따라 이메일로 하는 의사소통을 줄여라. 그 대신 직접 동료 직원의 자리까지 찾아가 의견을 나누는 편이 훨씬 효과적이다. 아날로그에는 아날로그만의 장점이 있다.

◆ 원칙 12 ◆

경영진의 수를 줄여라

"어떤 시스템이 살아남으려면 외부와 내부의 변화를 조화시킬 수 있어야 한다. 시스템은 이러한 변혁으로부터 무언가를 배우는 방법, 변화를 합리적으로 평가하는 방법, 그리고 자율적으로 스스로를 계속 발전시키는 방법을 터득해야 한다." 영국의 경제학자 스태포드 비어Stafford Beer가 이미 1959년에 한 말이다. 이 말은 인터넷 기반 플랫폼의 어마어마한 대응력을 뒷받침한다. 거대한 디지털 시장인 플랫폼은 주변에서 일어나는 모든 일을 직접, 그리고 빠른 속도로 생산자와 소비자 양측에 연결한다. 이로써 플랫폼은 전통적인 가치창조 사슬에서 역동적인 존재로 등극했다. 다른 말로, 자기조직화가 계획경제를 무찌르는 것이다. 이것이 우리 회사의 내부 체질을 개선할 교훈이 될 수 있지 않을까?

이미 아날로그 시대부터 협력을 이끌어내는 것은 경영진이 가장 우선해서 처리해야 할 과제였다. 그것은 저절로 이루어지는 일이 아니었다. 그렇다면 어째서 협력은 자연스럽게 이루어지지 않는가? 그것은 바로 현대의 조직화가 진행되는 과정에서 이뤄진 일들, 바로 분업, 전문화, 개체화, 그리고 서비스 책임과 같은 것들 때문이다. 게다가 현대의 경영진은 과잉 책임을 지는 경향이 있다. 오늘날 경영진이 개입하지 않고 어떤 일에 생산적으로 집중하는 상황은 상상조차 할 수 없다. 만약 협력이 '스스로 알아서' 생겨나는 것이라면 경영자는 불필요하며 더 이상 중요한 존재가 아니다. 그래서 경영자는 중요한 인물로 남아 있기 위해 노력한다.

디지털화는 이러한 대체불가능성을 연출하기 어렵게 만들었다. 과거에는 경영자의 **우월함**을 상징하던 정보가 이제는 모든 사람에게 언제든지 제공된다. 그래서 오늘날 직원들은 훨씬 자의식이 강하며 높은 수준의 지식을 갖고 있고 민주주의가 내면화된 환경에서 자랐다. 이제 '위에서 내려오는 지시'는 시대에 뒤처진 것이 되었다. 또한 지그문트 바우만Zygmund Bauman이 주창한 '유동하는 현대Liquid Modern'에는 누가 사장이고 누가 직원인지, 누가 리더고 누가 그 뒤를 따르는 사람인지, 누가 전문가고 누가 문외한인지와 관련해 점점 더 많은 가능성이 존재하게 되었다. 각 프로젝트에 따라, 그리고 특정 상황마다 사람들의 역할이 달라졌기 때문이다. 마지막으로 계급구조적인 일처리는 진행 속도가 느리다. 물론 계급구조적인 일처리에도 장점이 있다. 바람 한 점 없는 상황이 전제되어야 하지만 말이다. 따라서 계속해서 변화하는 시장에서는 단점투성이다. 우리는 더 이상 자기조직화를 감행할 수 없는 것일까? 과감하게 시도해야 하지 않을까? 아니, 경영자들이 선호하는 말로 묘사하자면 더욱 '민첩해져야' 하는 것이 아닐까?

이에 대해 회의적이라면 다음의 예들을 살펴보자. 독일의 경우를 보자면, 독일연방철도Deutsche Bahn 뮐도르프 여행 안내소에서 일하는 직원들 8명은 모든 업무를 각자 자율적으로 수행한다. 소장은 자문 및 상담 역할과 법률상 요구 사항을 충족시키는 일을 한다. 한편 유기농 슈퍼마켓 체인인 알나투라Alnatura는 첫 번째 주퍼나투어마르크트SuperNaturMarkt 지점에서 벌써 2년 동안이나 38명의 직원들이 각자의 책임에 따라 일하도록 만들었고 성공을 거두었다. 이 가게에는 지점장이 없다. 다른 8개 지점도 '자기조직적인 기업'이 되는 길을 따르고 있다.

네덜란드에서 간병 서비스 분야를 이끄는 기업 뷔르트조르크Buurtzorg는 1만 명에 달하는 직원들을 여러 팀으로 나누었다. 각 팀은 특정 지역을 책임지며 알아서 구조를 조정한다. 또한 운영 시간, 돌봄 서비스, 문서 작성, 정산, 휴가 기간 등을 전부 자율적으로 조정한다. 40개의 팀을 코치 한 명이 관리하는데, 코치는 각 팀에서 요청이 있을 때만 개입한다. 본사에서 일하는 직원은 40명이다. 이 회사는 네덜란드 간병 서비스 시장의 70%를 점유하고 있다.

회사가 더욱 적극적으로 자기조직화를 이루어야 하든 그렇지 않든, 그것을 '유행'이나 '이데올로기'에 따라 결정해서는 안 된다. 시장 상황에 맞추어 생각하라. 직원들의 자율에 맡기는 협력 형태는 몇몇 상황에서는 도움이 되겠지만 다른 상황에서는 그렇지 않다. 만약 회사가 더 활발한 자기조직화를 필요로 하는 것이 확실하다면 나는 그것을 가능케 하는 단 한 가지 방법을 알고 있다. 경영진의 수를 줄여라!

경영진의 수가 많을수록 직원들 측에서 경영진을 찾는 수요가 더욱 늘어난다. 그리고 경영진이 존재한다는 것은 그들이 결정 내리기를 원한다는 뜻이다. 자기조직화는 물 건너 간 셈이다. 그러니 과잉 책임을 지지 말고 뒤로 물러서서 적당히 예의를 차리고 은퇴를 고려하라. 이것이 경영의 왕도다. 아날로그 시대와 비교했을 때 지금의 경영에는 훨씬 높은 **신뢰**가 필요하다. 실패를 파악하고 처리하려면 타인뿐만 아니라 자기 자신을 신뢰해야 한다. 스스로를 신뢰하지 않는 사람은 고용하지 말라.

◆ 원칙 13 ◆

오직 신뢰만이 기업을 민첩하게 만든다

2002년 나는 《위대한 기업의 조건Vertrauen Fuehrt》• 이라는 책을 출간했다. 이 책의 주제가 디지털 시대에 다시 한 번 추진력을 얻게 되리라고는 전혀 예상치 못했다. 당시에는 견고한 협력 체계가 시장 전반을 지배하고 있었다. 오늘날에는 여러 팀이 전 세계에 흩어져 있고 같이 일하는 동료가 매번 바뀐다. 소비자들이 복잡한 프로젝트의 각 단계마다 그에 맞는 서로 다른 전문가를 원하며 새로운 해결책을 빨리 얻길 바라기 때문이다. 이 가상의 팀 구성원들은 서로 빈번하게 협력한다. 하지만 그들의 위에는 여전히 최고경영자가 있다.

최고경영자는 민첩하고 자주적이고 전 세계가 연결된 세상에서 잊힌 존재처럼 동떨어져 있다. 자리가 나타내는 권위의 가치는 줄어들었다. 정확히 말하자면 사실상 하찮은 것으로 전

• 한국어 번역서는 2004년에 출간되었다.

락했다. 무엇보다 통제하려는 태도를 버리는 것이 중요하다. 많은 경영자들이 스스로에게 묻는다. 내가 조종하는 대로 일이 굴러가지 않는데 어떻게 미래를 보장할 수 있지? 어떻게 하면 서로 다른 타임존을 잇는 다리를 놓고 각기 다른 문화와 일하는 방식을 통일할 수 있을까?

이렇게 생각하는 경영자들에게 우리가 해줄 수 있는 조언은 무엇인가? 어쩌면 이들은 채팅이나 셰어포인트, 베이스캠프, 원노트, 스카이프나 웹엑스, 고투미팅 등의 프로그램이나 비디오 컨퍼런스의 도움을 받을지도 모른다. 아니면 읽지도 않을 현황 보고서를 받을 수도 있다. 이들 또한 직원들이 다른 경영진을 원한다는 사실을 피부로 느낄 것이다. 명령과 복종은 효력이 없다. 게다가 여기저기서 러브콜을 받는 전문 인력에게 협박은 통하지 않는다. 즉 경영자는 **신뢰** 없이는 아무것도 이룰 수 없다.

신뢰는 예전부터 성공적인 협력을 위한 결정적인 요소였다. 과거에 신뢰란 친숙한 상황에서 나온 믿음이었다. 앞서 암시한 대로 이러한 신뢰는 이제 시대에 뒤처진 것이 되었다. 과거에 비해 지금은 업무 상황이 상당히 유동적이다. 이것은 견딜 만한 충격이다. 오늘날에는 동료 직원들끼리 서로 신뢰하기 때문에 협력하기도 하지만 오히려 그 반대가 중요하다. '협력이 신뢰를 낳는다.' 디지털화를 위해 기업은 신뢰도 수준을 크게 높여야 할 것이다. 앞으로는 암묵적 계약이 더욱 중요해지며 명시적 계약은 구시대적인 것으로 취급될 것이다. 오로지 신뢰만이 기업을 민첩하게 만들기 때문이다.

이렇게 우리는 통제하려는 생각과 이별해야 한다. 물론 여전히 주어진 과제와 책임을 규정하고 약속을 확정하는 역할을 해야 한다. 하지만 모든 것은 강물처럼 흘러가며 계속해서 변화한다. 오늘날 경영자는 업무 처리 과정에 따라 '이리저리 널뛰고' 직원들과 아이디어를 통합하고 갈등을 조정한다. 그런데 경영자는 여러 측면에서 노트북 컴퓨터나 스마트폰으로만 연결되어 있지 실질적인 접촉은 하지 않는다. 특히 세일즈 부문 경영진에게서 자주 이런 모습을 찾아볼 수 있다. 판매자, 서비스 기술자, 컨설턴트들은 늘 출장 중이다. 인터넷으로만 연결된 사람들이 점점 늘어난다.

우리 회사는 신뢰를 기반으로 일할 수 있는 관리자들을 충분히 보유했는가? 나 또한 그중 한 명인가? 만약 그렇지 않다면 신뢰하는 법을 배울 수 있을까? 내 경험에 따르면 답은 '아니오'다. 신뢰는 우리가 온라인 강좌를 수강한 다음 내면화할 수 있는 지식 같은 것이 아니다. 신뢰는 아주 가까운 자산과 연결되어 있다. 바로 자신自信이다. 자신 또한 상담이나 치료로 키울 수 있는 가치가 아니다. 더욱이 회사에 다닐 정도로 나이를 먹은 사람이라면 말이다.

그래서 내가 추천하는 바는 자신감이 가득하다 못해 넘쳐 흐르는 사람을 관리자의 자리에 앉히라는 것이다. 그렇다면 이런 사람을 어떻게 알아볼 수 있을까? 이런 사람들은 명시적인 통제 조치에 상당히 소극적이다. 이들은 모든 구조적 문제를 한 가지 지침에 따라 돌파하지 않는다. 실수가 발생했다 하더라도 이들은 실수한 사람을 추궁하지 않으며(이렇게 할 경우 그 사람이 고립될 수 있기 때문이다) 오히려 자신이 대신 일을 처리하려 한다. 인간적인 배신 행위에 대해서도 단호하지만 예의에 어긋나지 않게 대처한다.

신뢰와 관련해 여태까지 사실상 결코 주목받은 적이 없는 부분을 추가하겠다. 신뢰는 2단계 과정이 아니라 3단계 과정이다.

1. 나는 타인을
2. 무언가와 관련해서
3. 신뢰한다.

구체적인 근거도 없이 막연하게 어떤 사람이나 그 사람의 능력을 신뢰하는 것은 너무 고지식한 일이다. 엔지니어가 거대한 기계를 설계한다고 말하면 그를 신뢰할 수 있다. 하지만 그가 그 기계를 직접 만들기까지 하겠다고 말하면 신뢰하기 어렵다. 심지어 그가 기계를 판매하겠다고 말하면 신뢰도는 더욱 떨어진다.

그러나 개인에게 신뢰를 강요할 방법은 없다. 누군가가 나를 신뢰하는지 직접 눈으로 볼 수도 없다. 그래서 남에게 신뢰를 요구할 수 없다. 당연히 신뢰를 권할 수도 없다. 손 안 대고 코를 풀려는 사람만이 그렇게 할 수 있다. 신뢰를 통해 자신의 일을 남에게 떠넘겨야 하니까. 만약 내가 누군가와 협력한다면 그와 협력하는 구체적인 업무에 관한 한 상대방을 전적으로 신뢰하는 편이 좋다. 하지만 애초에 그를 신뢰할 수 없다면 함께 일하지 말라. 다른 길은 없다. 적어도 위험을 감수하지 않는 다른 길은 존재하지 않는다.

◆ 원칙 14 ◆

신뢰할 수 있는 시스템을 구축하라

지금까지 우리는 사람 간의 신뢰에 대해 이야기했다. 시스템에 대한 신뢰는 이와 다르다. '조직에 대한' 신뢰는 그 효과가 훨씬 근본적이며 더욱 견고하다. 조직에 대한 신뢰는 세 가지 차원에서 확인할 수 있다.

1. 회사에 얼마나 많은 규정이 있는가? 많은 기업이 아주 작은 틈도 허용하지 않으려고 철저한 규정을 만든다. 이는 불신을 뜻한다. 직원들이 기업가정신을 발휘해 리스크를 어디까지 수용할 수 있는지 스스로 판단할 수 있는 기업을 만들고자 한다면, 그들에게 불신은 굴욕이나 다름없다. 불신은 직원들이 규정되지 않은 모든 것을 그들의 이익을 위해 악용한다고 믿는 태도이기 때문이다.
2. 회사의 시스템과 도구는 직원 개개인의 신뢰를 이끌어내는 방식으로 작동하는가? 예를 들어 직원 설문조사의 익명성이야말로 불신의 상징이다. 보너스 시스템도 마찬가지다. 중요한 질문은

바로 이것이다. 회사의 시스템과 도구가 신뢰를 장려하는가? 아니면 불신을 장려하는가?

3. 회사에서 벌어지는 내부 경쟁 수준이 협력을 부정할 정도인가? 동료나 타부서의 실패가 당신의 관심사인가? 회사에 속한 하부 조직 단위가 다른 조직 단위를 희생하고 그 대가로 앞서 나아갈 수 있는가?

만약 경영자가 불신의 힘을 키운다면, 즉 회사 내부 및 자회사나 계열사 간의 경쟁을 부추긴다면 나중에 크게 후회할 것이다. 불신이 만연하는 분위기에서 점점 중요성이 커지는 안전조치는 신뢰 메커니즘을 대체할 뿐만 아니라 그 자체도 무력화하기 때문이다. 이를 통해 사업 경영에서 아주 가치 있는 자산이 망가진다. 신뢰가 무너지면 신뢰 그 이상의 것이 무너진다.

그렇다면 어떻게 해야 할까? 신뢰에 관해 이야기할 때는 그것을 정확하게 규정하라. 늘 3단계 과정을 염두에 두고 신뢰를 언급하라. 누가 무엇과 관련해 누구를 신뢰하는가? 신뢰라는 분야에서만큼은 유효한 것과 무효한 것을 구분해야 한다. 일반화된 신뢰는 무의미하다. 그리고 모든 관리 도구를 검사해 그것이 신뢰와 연관되어 있는지 불신과 연관되어 있는지 알아보라. 디지털 시대로의 변화를 원한다면 신뢰에 기반을 둔 협정에 한 발짝 더 다가가라. 우회해서는 안 된다.

◆ 원칙 15 ◆

팀 플레이어를 육성하라

지난 몇 년 동안 업무에 지장을 주는 계획을 발표한 회사들을 관찰해보면 적어도 두 가지가 눈에 띈다. 우선 이들은 영웅을 만드는 데 열중한다. 애플, 아마존, 알리바바, 페이스북, 구글, 스타벅스, 테슬라, 그리고 마이클 델에 이르기까지, 모두가 '자신만의 무언가를 만들어낸' 위대한 개인의 이야기를 갖고 있다. 둘째로 이러한 영웅의 전기는 이제 더 이상 독일에서는 쓰이지 않는다. 물론 과거에야 그룬딕Grundig, 네커만Neckermann, 다슬러Dassler, 크룹Krupp이 있었다.

둘 중 무엇이 중요하다고 생각하는가? 천재 한 명? 아니면 팀 작업? 무엇을 선택하든 틀렸다! 우리에게는 둘 다 필요하다. 시장을 주도하는 기업은 앞서 언급한 영웅적인 개인으로는 사업 촉진의 토대를 마련할 수 없었다. 거추장스러운 짐 없이 시작해 회사를 가능한 한 근본부터 새롭게 창조해낼 수는 있었지만 말이다. 하지만 독일에서는 오랜 성공의 역사를 등에 업은 기업들이 시장을 지배했다. 위대한 천재들은 '고독한 발명가'였는가? 결코 그렇지 않다. 고독한 발명가란 신화 속 인물이나 마찬가지다. 발명의 아버지인 토머스 에디슨도 그의 이름으로 함께 연구한 14명과 협력했다. 하지만 만약 영웅 서사를 믿고 싶다면, 좋다. 그러면 우리 회사에는 과연 몇 명이나 되는 영웅들이 일하고 있는가?

개인은 '자발적인' 힘이고 기업은 '받쳐주는' 힘이다. 구성원 한 명은 새로운 것에 손을 대고 기업은 그것을 들어올려 시장에 내놓을 준비가 될 때까지 발전시킨다.

협력하는 사람이 개인적인 이익을 얻지 못한다면 뭔가가 잘못된 것이다. 모든 사람은 하나의 '나'이며 그 상태로 머무른다. 기업에 속한 사람들은 경력, 임금 인상, 자원, 이미지를 위해 일한다. 하지만 무엇보다도 자아실현을 위해 일한다. 개인적 합리성이 기업의 성공을 위태롭게 하는 잘못된 방향으로 자아실현을 이끌면 위험한 상황이 발생한다. 만약 어떤 직원이 개별적인 목표에 집중하다가 실패를 저지르고 압박을 받는 상황이라면 이 사람은 더욱 이기적으로 일하게 된다. 어쩌면 이 직원은 다른 동료들이 자신을 점점 더 보잘것없는 존재로 볼까 봐 걱정할지도 모른다. 그래서 오랜 시간 동안 성공 가도를 달린 기업을 살펴보면 사람들이 애초부터 함께 일한다. 그 편이 개인에게도 이득이기 때문이다. '나'라는 존재가 계속 유지되려면 개인은 공동체에 속해야 한다. 치열하게 다투려는 자기중심적인 정신은 집단주의만큼이나 제대로 작동하지 않는다.

스포츠를 보면 알 수 있다. 팀에 속한 개인으로 싸우는 것과 팀으로 싸우는 것에는 대단히 큰 차이가 있다. 물론 이 세상에는 홀로 무대에 올라 능력을 발휘하고 개개인이 기여한 바를 하나로 모아 성과를 낸 사례가 늘 존재한다. 하지만 비유하자면 기업은 팀 스포츠지 혼자 하는 포환 던지기가 아니다. F1의 메르세데스팀 대표인 토토 울프가 말했듯이 "팀에는 '나'가 없다."

결론을 이야기하자면 아이작 뉴턴이나 스티브 잡스 같은 매우 특별한 사람을 찾아내기 위해 시간을 허비할 필요는 없다. 스타 선수에만 의존하지 않는 회사를 만드는 것이 훨씬 중요하다. 직원을 고용할 때는 **팀 플레이어**를 찾아라. 시종일관 팀 플레이어를 찾는 자세를 유지하고, 만약 어떤 직원이 회사를 개인적인 자아를 발전시킬 발판으로만 사용한다면 그와는 결별하라.

◆ 원칙 16 ◆

팀 전체를 인정하라

모든 사람은 인정받기를 원한다. 누군가가 나를 필요로 한다는 기분을 느끼며 사는 것만큼 동기 부여가 되는 일도 없다. "이건 나한테 달렸어!"라는 생각을 갖게 되는 것이다. 과학자들은 이런 생각이 협력하는 데 꼭 필요하기 때문에 인간들이 진화하는 과정에서 이러한 능력을 터득했다고 말한다. 살면서 겪은 수많은 상황 속에서 우리는 타인의 도움이 없었다면 좌절하고 말았으리라.

경영진은 개개인을 어떤 식으로 인정해줄 수 있을까? 그리고 누군가를 인정하는 과정에서 어떻게 하면 경영진이 '엄마아빠 모델'이 되어 의무처럼 부과된 칭찬을 퍼붓는 아주 오래된 관행, 즉 직원을 '어린애 취급하는 관행'을 피할 수 있을까? 개인적인 접촉이 늘어날수록 칭찬의 필요성은 줄어든다. 직원들과 함께 시간을 보내고, 회사 일이 아닌 주제로 이야기를 나누고, 그들의 일상에 관심을 보이고, 무엇보다도 친절하게 대하라. 그리고 이 과정에서 당신은 자연스럽게 개인에게 관심을 집중하기 쉬우나 사실은 공공의 기여에 주목해야 한다. “당신이 우리와 함께해주어서 기쁩니다.”라는 말도 마찬가지다. 단, 내 말을 오해하지는 말라. 여기에서 이야기하는 것은 ‘무조건적인’ 관심이 아니다. 누구든 타인에게 인정받으려고 끊임없이 애쓸 필요가 없을 때 일에 더욱 집중하고 창의적인 아이디어를 낼 수 있다.

‘개인의 업적’을 인정하지 말라. 무언가를 인정하고 칭찬할 때는 그것이 팀의 업적이었다는 점을 늘 강조하라. 기업에는 오직, 오로지, 다른 무엇도 아닌 공동의 업적만이 존재한다. 이 말이 지나치게 극단적으로 들리더라도 곰곰이 생각해본 다음 내 단어 선택을 공격하지 않길 바란다.

협력의 장에서 일하기란 끊임없는 주고받기나 마찬가지다. 오늘 자원 공급을 필요로 한 사람이 다음 상황에는 타인을 지원하게 될지도 모른다. 여태까지 늘 그래왔다. 이것이, 그리고 오직 이것만이 디지털 시대의 **협력을 위한 마음가짐**이다.

◆ 원칙 17 ◆

개인 성과 모델에서 벗어나라

때때로 이렇게 자문한다. 유독 보너스와 관련된 일반적인 관행이 실제로 전혀 변하지 않는 이유가 도대체 무엇일까? 물론 몇 가지 설명이 가능하다. 우선 관성을 예로 들 수 있겠다. 우리는 아무리 지루해도 파티 장소에 머문다. 이미 오래 전부터 싫증이 나기 시작한 관계도 돌보려 애쓴다. 책을 펼치고 30쪽쯤부터 지루해졌음에도 끝까지 읽는다. 오랫동안 아무런 재미를 느끼지 못한 직업을 바꾸지 않는다.

경제 분야에서도 마찬가지다. 영국은 물론 프랑스 정부는 초음속 여객기 콩코드 개발에 매달렸다. 개발 비용이 천정부지로 치솟고 경제적인 성공이 거의 불가능해 보였는데도 말이다. 소매업체 텡겔만Tengelmann 그룹은 오랜 시간 동안 타산이 맞지 않는데도 셀프 서비스 매장에 집중하고 있다. 그리고 나는 점점 떨어지는 주식을 붙잡고 매달려 있는 사람에 속한다. 손실을 현실로 인정하고 싶지 않기 때문이다. 이러한 태도는 고집이라고

할 수 있다. 우리는 경제적인 아이디어에 고집스럽게 매달려 있다. 이 아이디어가 세월이 흐름에 따라 우리 직업 정체성의 일부가 되었기 때문이다.

쓰레기통으로 들어간 아이디어에도 보너스가 지급된다. 한 개인의 재능이 어마어마한 차이를 만들고 이에 따른 급여 차이를 정당화한다는 것은 동화 속 이야기다. 다시 한 번 말하겠다. 기업은 협력이라는 아이디어를 중심에 두고 세워졌다. 디지털 세상에서도 '우리'를 강화해야 한다.

급여 시스템은 조직의 척추다. 이 시스템을 조금만 들여다봐도 그 저변에 어떤 이해관계가 있는지 알 수 있다. 개별적인 보수 지급이 우선이라고? 이것은 예측할 수 없는 요소로 가득한 역동적인 시장에는 맞지 않는다. 그뿐만이 아니다. 어떤 부서는 효율성을 인정받고 또 어떤 부서는 운송 능력을 인정받아 월급을 받는다면 이 두 부서는 절대 협력할 수 없다. 게다가 각 부서의 목표 차이는 의도적으로 장려한 것이다. 대부분의 회사에서 이러한 문제를 해결하려는 노력은 수박 겉핥기식에 불과했다. 그러면서도 사람들은 팀정신에 호소했다. 정말 기괴한 일이다.

한 세일즈 컨설턴트가 고객과 대화를 나누고 있다. 이러저러한 이야기를 하다가 새로운 콘셉트가 화제로 떠오른다. 말이 나온 김에 고객은 자신이 막 새로운 프로젝트를 구상하는 단계라고 말했다. 하지만 이 프로젝트는 완전히 다른 분야라서 컨설턴트의 담당 영역에 속하지 않았다. 컨설턴트는 이 암시를 흘려들었다. 물론 악의나 무관심한 태도를 보이지는 않았다. 컨설턴트는 그저 이렇게 약한 신호를 붙잡아봐야 개인적으로 얻을 수 있는 이득이 없다고 생각했다. 당연하다. 그런데 실제로는 그의 회사에는, 그리고 간접적으로 그에게도 이득이 되었을지 모를 일이다. 그러나 컨설턴트의 보너스 공식이 터널시야•를 만들어냈다. 터널시야 때문에 컨설턴트는 자신의 지갑 두께에 직접적인 영향을 미치는 일에만 시선을 돌렸다. 이 건을 사내 다른 직원에게 의뢰했어야 함에도 불구하고 말이다.

직원들이 진심으로 전체를 위해 일하기 바란다면 대가를 지불해야 한다. 개별적인 격려를 그만두라는 말이다. 디지털화된 기업에서 중요한 것은 협력과 끊임없는 학습이다. 역동적인 노동 시장에서는 성공을 계획할 수 없다. 시장이 지나치게 빠른 속도로 변화하며 비즈니스 모델은 스스로를 앞지르기 때문이다. 개별적으로 보너스를 지급하는 문화는 이제 사라져야 한다.

오늘날 많은 직원들이 실적에 따라 다른 급여를 원한다. 이들은 디지털 도구로 개인의 실적을 매우 정확하게 측정할 수 있다고 주장하는데 이는 옳은 말이기도 하다. 그럼에도 불구하고

• 시야 협착의 일종으로 중심부의 시야만이 남아 마치 터널 속에서 출입구를 바라보듯 시야가 제한되는 현상을 말한다.

이러한 시스템은 전혀 도움이 되지 않는다. 경영진은 보너스나 급여가 개인의 실적이나 능력에 따른 것이 아니라 공통된 성공에 따른 것이라는 점을 확실히 해야 한다.

보너스를 바라보는 터널시야의 끝에 빛이 비친다. 더 이상 개인의 성과에 따라 보너스를 지급하지 않는 회사의 수가 늘어나고 있다. 수많은 중소기업들이 얼마 전부터 개인 플레이어를 홀대하고 있다. 여러 콘체른 또한 디지털 시대의 협력 관계에 주목한다. 이에 따라 보쉬는 이미 다른 회사들보다 앞서 2015년부터 보너스 지급 방침을 변경했다. SAP, 인피네온Infineon, 그리고 랑세스Lanxess도 같은 조치를 취했다.

파티에서 일찍 자리를 떠라! 말끝마다 '개인 성과 모델'을 추천하는 컨설턴트는 과감히 잘라버려라. '우리'로 강력하게 이어진 디지털 환경에는 개별 성과제가 존재할 필요가 없다.

◆ 원칙 18 ◆

기여도를 기준으로 급여를 지급하라

우리는 늘 소위 경영 결정의 과잉을 경계해야 한다. 모든 결정은 바람직한 협력 방법에 대해 이야기한다. 예를 들어 구성원 간의 급여 차이가 크면 수직적인 원칙과 개개인에 대한 평가가 전체보다 앞선다. 이 상황의 극단적인 반대, 즉 '모두가 같은 수준의 급여를 받는 제도'가 집단생활을 강조하는 몇몇 스타트업에서 시행된 바 있는데, 나는 이 또한 옳지 않다고 생각한다. 그보다는 '모두가 함께 승리한다'는 점을 강조하고 싶다면 직원들이 서로 경쟁을 그만두도록 만들어야 한다. 그리고 회사 전체의 성과를 바탕으로 급여를 지급하도록 제도를 바꿔야 한다.

디지털 시대에 팀과 네트워크는 다음과 같이 정의된다. 우리가 열심히 일해서 좋은 성과를 냈다면 그것은 '우리 모두가' 열심히 일해서 좋은 성과를 낸 것이다. 내근직과 외근직, 본사와 지점, 상부와 하부 직원들 모두가 말이다. 회사에서 함께 일한 모든 사람들은 자신의 몫만큼 기여한 셈이다. 그렇다면 회사의 모든 직원이 관계자가 된다. 긍정적인 상황이든 부정적인 상황이든. 그래서 나는 각기 다른, 그러나 회사 실적에 대한 '전반적인 기여도'를 고려한 급여를 지향한다. 다임러Daimler 콘체른은 이미 자사 임원진에게 지급하는 보너스 제도를 바꾸었다. 개인의 성과에 중점을 두기보다 회사 전체나 사업 부문을 기반으로 성과급을 책정했다. 회사 임원인 빌프리트 포르트Wilfried Porth는 2016년에 〈슈투트가르터차이퉁Stuttgarter Zeitung〉과의 인터뷰에서 이렇게 말했다. "회사가 성공을 거두지 못하면 우리는 개인적인 목표 달성 또한 이루어지지 않은 것이라고 생각했다."

다임러의 '리더십 2020 프로젝트'는 경영진의 협력을 촉구하는 내용을 담고 있다. 이 프로젝트의 표어는 '목표는 팀으로서 이루는 것'이다. 이 프로젝트가 바람직한 결과를 낳는다면 최대한 많은 직원들이 자발적으로 더욱 열심히 협력해 일하게 되리라는 점은 자명하다.

협력을 장려하려거든 일에 대한 보상을 할 때 개인 플레이어가 이득을 보지 못하게 하라. 급여 제도는 회사의 신뢰도와 개개인이 얼마나 협력했는지를 보여주는 시금석이다.

◆ 원칙 19 ◆

함께 고객의 문제를 해결하라

직장 생활을 하다 보면 자주 경험하는 상황이 있다. 전반적으로, 그리고 '실제로' 좋은 의도로 협력하고자 하지만 그것이 잘 이루어지지 않는 경우다. 이것을 인간의 약점이라 할 수도 있을 것이다. 물론 다른 식으로 표현할 수도 있다. 개인적인 목표가 있는 사람들은 그것을 끝까지 추구한다. 그래서 긴급한 상황에만 타인과 협력하고, 자신의 경험이나 지식을 타인과 나누지 않으며, 최악의 경우 타인이 일구어놓은 기존의 신뢰 행동만 갈취한다.

과거의 목표에 대한 합의는 디지털 시대에는 더 이상 유효하지 않다. 과거에는 목표에 대한 합의가 다음과 같은 기반 위에서 이루어졌다.

1. 인간은 선천적으로 불신을 타고났다.
2. 높은 관리비를 필요로 한다.
3. 태만하고 융통성이 없다.

4. 질적인 성과를 무시한다.

5. 개인의 기여를 고립시켜 전반적 성과에서 멀어지도록 한다.

6. 외부(고객)가 아닌 내부(급여)에 집중한다.

7. 성과에 따라 능률 저하로 이어진다.

8. 협력 분위기를 망친다.

여러 팀이 공동으로 디지털 프로젝트를 진행할 때 직원들이 선택권을 갖지 못하는 경우가 흔하다. 그렇다고 목표에 대해 언급하지 말라는 뜻이 아니다. 목표는 에너지를 한데로 묶고, 방향을 가리키고, 주의를 집중시키는 것이어야 한다. 당근과 채찍으로는 안 된다. 그리고 목표는 **공동**을 지향하는 것이어야지 개인적인 것이어서는 안 된다. 목표로 향하는 과정에서 팀원들이 재량권을 발휘할 수 있다면 더욱 바람직할 것이다. 이는 '목표를 통한 제어'보다 더 미래지향적이며 협력을 위한 최적의 기본 조건을 구성하고 네트워크의 형성을 가능케 한다.

고객의 문제 해결을 공동의 목표로 삼는다면 앞서 언급한 목표 합의의 함정에서 벗어날 수 있다. 고객의 문제를 해결하는 것이 목표이고 각 팀은 자신이 강점을 지닌 영역에서 각자 구체적인 해법을 찾는다. 이것이 바로 개인을 단체와 결합하는 보이지 않는 손이다. 동료 직원들을 믿어라. 스스로를 믿어라!

◆ 원칙 20 ◆

더하지 말고 조합하라

"모든 신참 선수들은 시합이 무엇인지 이해해야 한다. 시합은 팀플레이다. 아무리 공을 잘 차도 단체 생활에 어울리지 않는 얼간이는 기용하지 않겠다."고 독일의 축구 감독 위르겐 클롭Jürgen Klopp은 말했다. 이 말은 기업에도 적용된다. 뛰어난 사람들을 모아놓는다고 해서 그들이 자연스럽게 협력하는 것은 아니다. 심지어 내 경험에 의하면 구성원들이 디지털 세상에만 틀어박혀 있던 기술자들일 경우 협력이 전혀 이뤄지지 않았다. 오히려 그 반대의 일이 일어난다. 이들은 대개 자기중심적이고 매우 까다롭다. 그리고 서로 원수처럼 싸우기도 한다. 기업은 더하기가 아니라 '조합하기'를 실행해야 훨씬 더 잘 작동할 수 있다. 업무에 알맞은 재능과 기질을 연결해야 기업이 제대로 굴러간다.

협력이 우선이다! 전문 지식이 뛰어난 사람보다 팀워크를 발휘할 수 있는 사람을 찾아라! 타인과 함께 일하기를 '원하는'

사람을 찾아라. 그리고 '그럴 수 있는' 사람을 찾아라. 그저 일자리를 찾고 있는 사람이 아니라, 누군가와 협력해 일하고 싶다는 생각으로 회사를 선택한 사람을 채용하라. 남들이 나와 다르다는 점을 위협이 아니라 자신의 시야를 넓힐 좋은 기회라고 생각하는 사람을 선택하라. 전문 지식은 매우 풍부하지만 협력을 방해하는 사람은 채용하지 말라. 디지털 전문가의 경우에도 마찬가지다. 다른 전문가를 자신의 경쟁 상대로만 보는 전문가는 필요 없다.

유유상종이라고 사람들은 비슷한 사람들끼리 어울린다. 그러나 회사 일이란 다른 성향의 사람들이 서로 합심해서 해결하는 것이다. 전문적인 내용은 배울 수 있고 추후에 수정할 수 있다. 하지만 협력은 사고방식이자 내면의 태도다. 그리고 사고방식은 좀처럼 바뀌지 않는다. 어쨌든 외부로부터는 절대 변화시킬 수 없다. 사람은 학문을 배울 수는 있지만 교화되지는 않는 존재이기 때문이다. 그러므로 만일 협력이 내면화된 사람을 발견한다면 무슨 수를 써서라도 회사로 끌어들여 계속 머무르도록 만들어라. 즉 뛰어난 사람이 아니라 '주변과 잘 조화되는' 사람을 찾아라. 어느 정도 전문 지식을 보유하고 있으면서 커뮤니케이션에 능한 사람을 찾아라.

간곡히 당부할 현실적인 조언이 있다. 디지털화가 진행 중인 현대에는 우리 회사와 다른 분야에서 일했던 구직자를 선택하는 편이 도움이 된다. 이들은 신선한 시각으로 상황을 살피고 일생 동안 해당 분야에 종사해온 사람들보다 번뜩이는 아이디어를 더 많이 낼 수 있다. 이들은 과거에 얽매이지 않는다. 이러한 특성은 디지털 시대의 변화에 매우 큰 도움이 된다.

마지막으로 한 가지 더 언급하겠다. 취업 시장에서 인기가 많은 '디지털 네이티브'들을 채용하기는 어렵다. 그리고 이들을 계속 붙잡아두는 것은 더욱 어렵다. 많은 회사들이 자격 있는 직원을 찾아야 한다고 생각한다. 많은 회사들이 인재 인수Acqui-hiring를 노린다. 인재를 확보하기 위해 스타트업 전체를 인수하는 방식이다. 일부 기업들은 교육 수준이 높은, 예를 들어 베를린, 텔아비브, 상하이 등의 도시에 디지털 연구소를 설립한다. 그런데 어째서 경쟁사와는 손을 잡지 않는가?

뮌스터 근처에 있는 소도시 텔크테에서는 100여 곳이 넘는 기업이 손을 잡고 인터넷 사이트를 개설했다. 이곳의 기업들은 자사에서는 채용하지 않았지만 자격 요건이 충분한 구직자를 서로 추천한다. 경쟁사와도 협력이 가능한데 격렬한 인재전쟁을 벌이는 이유는 무엇인가?

◆ 원칙 21 ◆

모든 직원이 발언할 의무가 있다

불황에는 많은 회사가 임원 개개인에게 특히 높은 결정 권한을 부여했고 그 결과 수많은 결정이 빠른 시간 안에 내려졌다. 그렇다면 이렇게 내려진 결정이 과연 더 나은 것이었을까? 미국 텍사스대학 댈러스 캠퍼스 연구진이 1992년부터 2009년까지 주식회사 2,000곳의 시가를 분석해 그 결과를 〈그룹 및 조직관리Group & Organization Management〉 지에 게재했다. 그에 따르면 기업이 결정권을 한두 사람에게 집중시킬 경우 회사의 시가가 떨어졌다. 즉 더 빠른 속도로 결정이 내려진다는 것은 정보의 토대가 빈약하다는 뜻이다. 하지만 더 많은 직원들이 의사결정에 관여하면 기업은 훨씬 더 넓은 정보 기반 위에 발을 디딜 수 있다. 가장 중요한 점은 결정권을 소수에게 집중할 경우 그에 관여하지 않은 동료 직원들의 거센 반발로 인해 결정 속도가 더욱 느려졌다는 것이다.

모든 개인은 협력할 책임이 있다. 경영진과 일반 직원들이 똑같은 정도로 말이다. 우리는 '공동 결정 의무'를 필요로 한다. 모든 사람이 참여해야 하고 함께 설계해야 하며 평등하게 책임을 져야 한다. 자유에는 책임이 따른다. 그리고 이러한 자유는 상태가 아니라 권한이다. 그것도 모든 개인의 권한이다.

공동 결정의 의무를 촉구하라. 가능한 한 넓은 토대 위에서 결정을 내려라. 경영자의 주장을 관철시킬 필요성은 줄어들고 실행은 더욱 빨라지리라. 덧붙이자면 수동적이고 말수가 적은 직원들을 위한 익명의 직원 설문조사는 이제 없어져도 된다.

◆ 원칙 22 ◆

상대방에게 집중하는 대화를 하라

"어마어마하게 넓어진 소통 가능 범위와 대조되게 사람들 간의 의사소통은 점점 부족해지고 있다." 전 독일 총리 헬무트 슈미트가 1978년 5월 '바보상자'에 대해 경고하며 한 말이다. 오늘날 우리는 얼마나 많은 불균형 사이에서 고통받고 있는가!

스티브 잡스가 2007년 1월 9일 첫 아이폰을 소개했을 때만 해도 이 기계가 우리의 의사소통을 얼마나 바꿔놓을지 예상한 사람은 아무도 없었다. 휴대전화는 휴대 가능한 미니컴퓨터가 되었다. 이 미니컴퓨터는 미 항공우주국NASA이 아폴로 프로그램을 구상할 때 사용한 컴퓨터보다 120배 빨랐다. 무엇보다도 아이폰은 타자기였다. 물론 이쯤에서 노키아의 전설인 피처폰을 언급할 수도 있다. 피처폰 또한 타자를 치기에 편리했기 때문이다. 그러나 스마트폰에는 메일을 보내고, 채팅을 하고, 포스트를 게재하고, 문장의 앞뒤에 이모티콘을 붙이는 기능이 추가되었다. 우리는 끊임없이 소통하지만 직접적인 **대화**는 점점 줄어들고 있다. 우리는 서로에 대해 많은 것을, 때로는 지나치게 많은 것을 알고 있다. 그것이 우리가 서로를 더 잘 알고 있다는 뜻일까?

나는 그렇게 생각하지 않는다. 우리는 이제 더 이상 타인과 관계를 맺는 방법을 배우지 않는다. '빨리빨리' 해결할 수 있다는 유혹에 넘어가 이메일이나 트위터, 왓츠앱으로 메시지를 보내다 보니 사람 간의 관계가 점점 비인간적인 것이 되고 있다. 사람 간의 연락은 이제 직접 닿지 않고 기기를 거쳐 간접적으로 이뤄진다. 이로 인해 대화가 필요 없어졌고 대신 문장의 나열만이 이루어진다. 이러한 기기는 몸짓언어나 반응을 전혀 보여주지 못하고 미묘한 뉘앙스나 음색의 차이, 망설임, 한숨, 헛기침, 기쁨 등을 드러내지 못한다. 즉 서로가 똑같이 느끼는 현실을 구축할 수 없는 셈이다.

우리는 현대화 과정에서 상실한 감각을 되찾아야 한다. 우선 긴급히 해결해야 할 과제를 추천한다. 디지털로 인해 갈등 상황이 빚어지는 일이 없도록 하라. 수많은 갈등 상황이 사람이 말하기 대신 쓰기를 선택했기 때문에 발생한다. 누군가와 직접 대화를 나눌 수 없을 때는 적어도 전화를 이용하라. 그러면 귀로 직접 반응을 알 수 있다. 가장 중요한 일은 타인과 직접 대화를 나눌 수 있는 상황을 최대한 많이 만드는 일이다. 의례적으로가 아니라 즉흥적이고, 굳이 확실한 결과를 내지 않아도 되는 대화의 장을 자주 마련하라. 말을 하는 사람의 얼굴은 말을 하고 있는 입보다 더 많은 정보를 담고 있다.

다음과 같은 의사소통 연습을 하라. 두 사람이 짝을 이뤄 임의의 주제에 대해 최소 2분 동안 대화를 나누되, 각자 한 문장씩만 말한다. 대신 말을 시작할 때는 상대방이 마지막에 사용한 단어를 인용해야 한다. 이것이 타인과 관계를 맺는 방법이다. 한 가지 주제에 '대해' 이야기하는 것이 아니라 상대방에게 집중하는 대화를 해야 한다.

◆ 원칙 23 ◆

우리를 강조하는 언어를 사용하라

인류학 분야에서 인간 언어의 기원에 관한 흥미로운 사실이 밝혀졌다. 과거에 인류는 최대 약 스무 명에 이르는 소규모 집단을 이루어 살았다. 서로 간의 관계, 신뢰, 소속감 등은 대부분 신체적인 접촉으로 구축되었다. 붙잡기, 쓰다듬기, 손으로 문지르기 등. 그런데 집단의 규모가 커지자 신체적인 접촉이 불가능해졌다. 사람들은 공간적인 거리를 극복해야 했다. 붙잡기는 끙끙거리는 소리와 같은 음성 신호로 대체되었다. 그러면서 언어가 발달했다. 즉 언어의 근본적인 기능은 특정 내용을 전달하는 것이 아니라 **관계**를 구축 및 유지하는 것이었다.

사무실이나 복도에서 이루어지는 일견 목적 없는 수다는 불필요한 것이 아니라 유대와 '우리'라는 정체성의 기반을 마련하는 행동이다. 불필요한 것만큼 중요한 것도 없다. 우리는 인식하지도 못하는 사이에 서로가 오로지 디지털로 연결되었다는 이유만으로 생물학적인 짐을 벗어던져도 된다고 믿게 되었다.

동료들과 함께 충분한 시간을 보내고 다음과 같이 자문해 보라. 협력을 우선에 둘 때 어떤 단어나 관용구가 주로 사용되는가? 예를 들어보겠다. 만약 누군가가 "그건 내 문제가 아닙니다!"라고 말하는 상황을 맞닥뜨린다면 주저 말고 곧바로 개입하라! 이러한 말이 오가는 상황이라면 회사에서 '협력 우선'이라는 의식이 약해진 상태이리라.

축구를 할 때 사람들은 이렇게 말한다. "공이 내 쪽으로 올 때까지 기다려야 하나? 아니면 적극적으로 패스에 가담해야 하나?" 어떤 상황에서든 **우리**라는 단어를 가장 앞으로 옮겨라. '우리'라고 말하고 실제로는 '나'를 뜻하는 우리가 아니라 진실한 **우리**여야 한다. 회사 내의 사회적인 연결고리가 잘못된 언어 사용으로 단절되도록 내버려두어서는 안 된다. 디지털 시대의 자폐적 성향에 맞서 싸워라!

◆ 원칙 24 ◆

먼저 있던 것을 파괴하라

조직에서 진행하는 연구 프로젝트의 최대 10~20%만이 성공을 거둔다. 어째서 이렇게 적을까? 너무 많은 것들이 최대한 빨리 결과를 내야 한다는 기대를 등에 업고 있기 때문이다. 또한 사람들 간의 관계가 제도를 따르기 때문이다. 그 반대여야 함에도 불구하고 제도적 결정은 정신적인 태도가 아니라 행동을 만들어낸다.

'쓸모없는 것 버리기'는 '타인과 다시 협력하라'는 이번 장의 주제와 관련해서도 시급한 일이다. 디지털화와 관련된 모든 컨설턴트는 이것도 하고 저것도 하라고 추천한다. 경영자는 새로이 쏟아지는 컨설턴트의 허튼 조언 수천 건에 따라 쓸데없는 짓을 벌이는 일이 없어야 한다. 반대로 행동하라. 실행하기 힘들지만 아주 효과적인 '쓸모없는 것 버리기'를 실천하라. 부정적인 생각의 긍정적인 힘을 믿고 다음과 같은 질문을 던져라.

- 협력을 어렵게 만드는 것은 무엇인가?
- 우리를 비협조적이고 이기적으로 만드는 것은 무엇인가?
- 어떤 장치나 기능이 사람들에게 힘을 북돋워 주는가?

무언가를 더하기 전에 우선 원래 있던 것을 치워라. 회사 내의 경쟁에 불을 지피는 모든 것은 옆으로 밀어두자. 모든 행동이 쓸모없는 것 버리기와 관련되어야 한다. 무언가를 재구성하려면 우선 '먼저 있던 것을 파괴하라.'

◆ 원칙 25 ◆

직원을 평가하지 말고 팀 워크숍을 활용하라

협력의 관점에서 볼 때 직원 업무 평가 제도에는 약점이 있다. 이 제도는 사장과 직원 간의 관계에 집중한다. 그리고 이 제도는 직원들이 '사장을 위해' 일한다는 인상을 준다. 이것은 경영자가 원하는 바가 아닐 것이다. 디지털 시대에 살아남고 싶다면 경영자는 직원들이 거둔 성과를 누리기만 하는 사람이 되어서는 안 된다. 직원들의 성과를 누리는 사람은 소비자여야 한다. 그리고 소비자들의 반응만이 유일하게 중요한 요소다.

관습적인 직원 업무 평가의 단점은 또 있다. 팀제의 효과가 점점 사라지고 있다는 사실이다. 관습적인 직원 업무 평가에서는 일에 협력하고 기여하지만 현재는 그 자리에 없는 사람의 이름이 거론되지 않을 가능성이 크다. 한 직원의 개인적인 업적에는 큰 관심을 보이지 않는 편이 좋다. 팀이 0 대 3으로 졌는데 미드필더 한 명이 다른 선수들보다 두 배 더 뛰었다고 해봐야 아무런 의미가 없다. 또한 팀원들끼리의 협력 관계를 강화하고 싶다면 사장과 직원이 단둘이 나누는 대화를 줄이는 것이 바람직하다. 아니, 아예 단둘이 대화를 하지 않는 편이 좋다.

이에 대한 대안은 '팀 워크숍'을 개최하는 것이다. 조용한 장소에서 괜찮은 사회자를 섭외해 모두 함께 모여 협력에 대해 이야기하라. 직원들은 이 자리를 협력을 비판할 수도 있는 기회로 이용해야 한다. 그리고 다음과 같은 문제들을 논의하라. 동료 직원들을 위해 어떤 문제를 해결해야 하는가? 이때 긍정적인 면은 무엇인가? 그렇다면 부정적인 면은? 애로사항은 무엇인가? 어떤 부분이 바뀌어야 하는가? 중요한 것은 이때 직원들 중 그 누구도 패자로 선정해서는 안 된다는 점이다. 이렇게 하는 데 성공한다면 모든 종류의 직원 업무 평가보다 팀 워크숍이 훨씬 효과적이라는 뜻이다. 가능하다면 한 명 혹은 여러 명의 고객을 초청해 팀 워크숍에 참여하도록 만들어라. 이렇게 하면 올바른 방향으로 나아가는 방법을 알 수 있다. 한번 시도해보라. 일반적인 직원 업무 평가보다 훨씬 유쾌한 일이 될 것이다.

◆ 원칙 26 ◆

노동자 대표를 파트너로 삼아라

경영자는 공동 결정을 부담으로 여길 수도 있고 사회적 평화를 보증하는 제도로 여길 수도 있다. 경영자는 노사협의회나 노동조합이 직원들의 편의를 추구하는지 아니면 자신들의 이익을 추구하는지 의문을 품을 수 있다. 디지털화된 현실에 직면해서도 융통성 없고 방어적인 태도를 버리지 못하는 노동조합도 존재한다. 주목해야 할 점은 기업에서 일어나는 수많은 변화가 공동 결정권과 맞닿아 있다는 사실이다.

경영자가 회사에 협력을 다시 도입하기 위해 무엇을 하든, 초기 단계부터 노사협의회나 노동조합을 설득하는 게 좋다. 이것은 나중에 발생할 저항을 미리 파악하기 위한 조치일 뿐만 아니라 그들이 이 일을 하는 데 파트너가 될 수 있기 때문이기도 하다.

노사협의회는 회사 사정을 아주 오래 전부터 알고 있는 경우가 많으며 이들 중에는 때때로 경영진보다 더 오랜 시간 회사에 몸담고 있는 사람도 있다. 그래서 이들은 다양한 갈등 상황을 알고 있다. 경영자라면 이 신뢰할 수 있는 자원을 포기해서는 안 된다.

구조적인 협력으로 가는 한 가지 방법이 있다. 노동자 대표와 함께 '현대 노동 세계'나 '신속한 협력' 등을 주제로 한 토론회나 워크숍을 개최하는 것이다. 회사 내에서 '노동의 미래'에 관해 논의하라. 모두 함께 디지털화의 헤아릴 수 없는 가능성을 손에 넣고자 노력하라. 직원들을 파트너로 삼아라! 직원들은 변화를 시도할 자격을 갖춘 행동 단체다. 그들과 손을 잡음으로써 경영자는 비판적인 논쟁과 꼭 필요한 동의를 확보할 수 있다. 모두가 승리할 수 있는 셈이다. 우리가 협력한다면 말이다.

◆ 원칙 27 ◆

공동의 미래를 만들어가라

조직에서 생겨나는 진정한 팀정신은 언제까지 발휘될 수 있는가? 이것은 필연적으로 질투로 인한 다툼이나 건전하지 않은 경쟁으로 귀결되는가? 아니, 절대 그렇지 않다. 우리는 이미 앞서 모두를 결속시키는 몇 가지 방법을 알아보지 않았는가. 뭔가 잊은 게 있다고? 그렇다. 아주 중요한 사실을 기억하도록 하자. 바로 공동의 미래를 예상하는 우리는 과연 공동의 미래를 꿈꾸고 있는가 하는 점이다. 만약 그렇다면 그것은 상승곡선인가? 아니면 하향곡선인가? 우리는 그저 대안을 찾을 수 없기 때문에 그것을 고수하고 있지는 않은가? 아니면 매일같이 다함께 모여 새로운 미래를 결정하는가?

이미 우리는 삶의 경험을 통해 우리가 타인과 같은 여정을 눈앞에 두고 있을 때 스스로를 잘 통제한다는 점을 잘 알고 있다. 또한 그 사람을 다시 볼 일이 없을 경우 더욱 냉담한 태도를 취한다는 사실도 알고 있다. 함께 힘을 합쳐 은행을 터는 데 성공한 강도들이 돈주머니를 나눠가질 때는 하이에나처럼 변하는 모습을 담은 영화가 수십 편 뇌리에 스쳐 지나가지 않는가? 혹은 '이혼'이라는 단어 하나로 엄청난 갈등 상황이 전개되는 장면이 떠오르지 않는가?

기업에 있어 공동의 미래에 대한 기대는 점점 더 중요해지고 있다. 비록 그것이 시대에 맞지 않는 것처럼 보여도 말이다. 기업 정신은 과거에 빠져 전통을 자랑하는 자만에서 만들어지는 것이 아니라 오직 공동의 미래에서만 비롯된다. 디지털화의 조건은 장기성이다. 이것은 앞으로 더 조사해볼 가치가 있는 노동 세계의 또 다른 모순이다.

기업이 개개인에게 '객관적으로 필요한', 그리고 '감정적으로 바라던' 연합 공동체로서 공동의 미래를 형성해나가는 존재가 될 때 팀정신이 생겨난다. 경영자가 디지털 시대에 도전하고자 한다면 반드시 이런 생각을 가져야 한다. 우리의 경쟁자는 관습적인 것에서 이익을 얻는 사람들일 것이다.

디지털화에 반드시 수반되는 변화에 성공한들 박수갈채를 받지는 못할 것이다. 그러나 존경은 받을 수 있다. 무엇보다도 동료 및 부하직원들이 그들의 개인적인 비전이 보장된 사실을 목도한다면 말이다.

디지털 전환이 기업의 생존을 확고하게 만드는 데 기여한다는 사실을 계속해서 부각하라. 자금을 투자할 때는 그것이

‘공동의 미래’로 향해야 한다는 점을 분명히 하라. 그러면 어떤 결정을 내릴 때 발생하는 부담이 분산되므로 각 개인으로서는 받아들일 만한 짐이 될 수 있다. 기업이 미래까지 지속가능하다는 것은 ‘디지털 전환과 공동의 미래를 더한 결과’다. 이것은 동시에 경영자의 지도력을 따를 사람들을 확보하기 위한 최소한의 합의점이다.

◆ 원칙 28 ◆

스타트업과 긴밀하게 협력하라

우리는 보통 외형적으로 500명 정도 되는 사람들이 가치창조 사슬을 구성할 수 있다고 말한다. 어떤 이는 4만 명이라고 말한다. 혹은 모든 네트워크를 포괄하고자 할 때는 숫자 세기를 포기하기도 한다.

이러한 인식은 비교적 새로운 것이다. 과거에 기업은 포위 공격에 대비하는 성곽이었다. 예를 들어 어떤 제약 회사의 관리 부서에 방문할 때면 나는 마치 포트녹스•에라도 들어가는 듯한 느낌이었다. 방문자들에게 깊은 인상을 남기는, 이렇게 단단하게 무장한 철옹성의 내부에는 그에 상응하는 분위기가 감돈다. 바로 아이디어는 혼자서만 간직한다는 것이다.

하지만 이제 분위기가 바뀌었다. 오늘날 기업은 이렇게 말한다. 주변을 둘러보라! 수많은 전통적인 기업들이 대학이나 기

• 포트녹스(Fort Knox)는 미국 켄터키 주에 위치한 세계 최대 규모의 금고로 미국 정부와 연방준비은행이 관리하는 금괴가 보관되어 있는 곳이다.

술 커뮤니티와 협력하고 있다. 무엇보다도 이들이 디지털 서비스 업체의 과반수 주주가 되는 방식으로 디지털 전문지식을 사들인다는 점에 주목하자. 제지기계 제조업체인 호이트Voith가 디지털 서비스 제공업체인 레이소노Ray Sono를 인수한 것처럼. 이 파트너십은 양측 모두에게 이득이 되었다. 서비스 제공업체는 여태까지 진행하던 사업을 계속 발전시킬 수 있다. 그리고 전통적인 대기업은 프리미엄 고객이 되어 함께 인더스트리 4.0을 향해 나아간다. 이러한 전문 지식은 이후에 또다시 서비스 제공업체에 큰 도움이 된다. 전략적인 협력이 양측의 핵심 사업에 중요한 성장 잠재력을 일깨우기 때문이다.

아디다스Adidas는 런타스틱Runtastic을 계열사로 인수했다. 런타스틱의 매상은 보잘것없었지만, 이 회사의 강점은 수백만 명의 운동선수로부터 수집한 피트니스 스포츠 활동 관련 정보를 보유하고 있다는 것이었다. 한편 대규모 자동차 제조업체들은 이동성 서비스 제공업체를 사들이고 있다. 그들을 위협하는 회사까지 말이다.

전통적인 사상만을 고수하던 기업인 텡겔만 그룹조차 몇몇 작은 스타트업과 협력했다. 그리고 지멘스는 약 100억 유로(약 13조 원)를 들여 소프트웨어 회사 15군데를 인수했다. 이 회사들은 지멘스에 개방형 운영 시스템인 마인드스피어의 토대를 제공한다. 지멘스가 소프트웨어 대기업 집단으로 탈바꿈한 것일까? 이 회사는 프로그래머 2만 3,000명을 보유하고 있으며 전 세계에서 가장 큰 소프트웨어 생산업체 10위권 내에 이름을 올렸다. 이 회사의 '디지털 팩토리Digital Factory'는 2016년에 114억 유로(약 14조 8,200억 원)의 매출을 올렸고 19%의 이윤을 냈다. 이로써 디지털 팩토리는 지멘스 내에서 가장 이익을 많이 내는 사업 분야로 등극했다.

이러한 발전이 가능했던 이유는 명확하다. 앞서 언급한 회사들이 미래의 시장에 발을 들여놓았기 때문이다. 무엇보다도 주목해야 할 것, 그리고 가장 중요한 것은 이미 성공한 기업의 직원들과 경영진이 디지털 시대에 걸맞은 사고방식과 업무를 배우고 있다는 점이다. 이들은 민첩성, 그리고 경계 없는 직접적인 협력에 대한 감각을 길러 기업의 디지털 전환을 가속화한다.

디지털화를 위한 터보 엔진이 필요하다면 해야 할 일은 하나밖에 없다. 스타트업과 긴밀하게 협력하라! 모든 형태의 협력에 개방적인 태도를 보여라. 느슨한 협동 작업부터 지분 참여와 완전한 인수까지, 협력 방식은 다양하다. 또한 회사 내부의 팀을 외부에 있는 '변화를 위한 연구소'와 연결할 수 있다. 이러한 연구소는 또 다른 외부 전문가에게 열려 있는 곳이어야 한다. 만약 상표나 아날로그 제품(예를 들어 세제 등)을 디지털 세상에 선보이려면 전통적인 제품 개발 과정에서는 전혀 도움이 되지 않던 측면에 주목해야 한다. 회사 외부에 있는 디지털 기술 업체와 파트너십을 체결하는 것 말이다. 그러나 여기에 도사리고 있는 함정 또한 인식해야 한다. 디지털 전문가들은 젊다. 매우 젊다. 나이 든 직원들이 젊은 디지털 전문가들과 어떻게 협력해야 할까? 다음 페이지에서 논의해보자.

◆ 원칙 29 ◆

나이 든 직원과 젊은 직원을 조화시켜라

전통적으로 나이가 많으면 직급도 높았다. 젊은 직원들이 승진하려면 우선 공을 세워 출세가도를 열어야 했다. 험난한 산악여행을 할 때 사람들은 25세 이하 청년은 데려가지 않으려고 한다. 누군가가 어떤 지역 토박이인지 여부를 따질 때는 오직 나이만을 고려하기도 한다.

사회통념상 회사에서도 사장은 나이가 많고 직원들은 그보다 어렸다. 그래야 모든 일이 잘 돌아갔다. 전통적으로 지식은 나이가 많은 사람으로부터 어린 사람에게 전달되는 것이었다. 그러나 디지털 시대에는 대부분 이와 반대다. 디지털 시대의 지식은 나이가 어린 사람으로부터 나이 든 사람에게 전달된다. 그래서 '디지털 시대의 진리'라는 이름의 와인은 늦포도를 수확해 만드는 경우가 드물다.

독일에서는 대학 졸업자들이 이제 과거보다 훨씬 빨리 교육 과정을 마치고 노동 시장에 진입한다. 그리고 순식간에 직업 훈련을 마치고 빠르게 커리어를 쌓아나간다. 이미 오랜 시간 직장생활을 한 모든 사람들에게는 좋지 않은 일이다.

디지털화는 이 복잡한 갈등 상황을 더욱 첨예하게 만든다. 관점과 세대 개념에 따라 오늘날 기업에서는 네 세대가 함께 일한다. 그리고 그 구조는 확고부동하다. 나이가 많은 직원들은 개인 사무실을 선호하지만 젊은 직원들은 공간에 그다지 구애받지 않는다. 나이가 많은 직원들은 정해진 업무 시간을 선호하지만 젊은 직원들은 언제, 어디서 일할지를 스스로 결정한다. 나이가 많은 직원들이 도무지 그 직책이 무엇인지 이해할 수 없는 신규 직종이 생기기도 한다.

수많은 회사들이 '므두셀라• 문제'에 대해 논한다. 스위스의 경제학자 토마스 슈타웁하르Thomas Staubhaar는 현대의 상황을 단적으로 이렇게 표현했다. "오늘날 기업의 사장실보다 아이들의 방에서 더 많은 디지털 전문 지식을 찾을 수 있다." 요구 사항도 변하는 추세다. 나이 든 사람들은 민첩하고 유연한 디지털 협력을 타고나지 않았다. 대부분의 기성세대가 '디지털 네이티브'들의 전문 지식 앞에 두려움을 느끼고, 자신의 자리가 위협받는다고 생각한다. 거기에 성향 차이까지 더해진다.

이제 더 이상 나이와 경험이 큰소리를 낼 수 있는 시대가

• 므두셀라(Methuselah)는 성경에 등장하는 인물로 969년을 살았다. 나이가 아주 많은 사람을 뜻한다.

아니다. 더 젊은 사람들은 이미 어린 시절부터 대화와 토론에 매우 익숙해져 있으며 토론 자리에 출석하는 것만으로도 칭찬받고, 더 많은 칭찬을 원한다. 그들은 그것을 피드백이라고 부른다. 여기서 경영자의 근심이 생겨난다. 미래를 경험할 일이 없는 나이 많은 동료 직원들에게 바로 그 미래에 대한 결정을 맡기고 있기 때문이다.

여기서 끝이 아니다. 명령에 의한 경영은 이제 효력이 없다. 새로운 세대에게 일반적인 협력 모델을 제시하는 존재는 전통적인 위계질서가 아니라 인터넷 구조다. 인터넷에도 계급구조는 존재하지만 이것은 아래에서 위로 향한다. 그 반대가 아니다.

인터넷상에는 타인들이 자유롭게 따르는 세력이 존재한다. 명령과 계급장은 아무런 역할도 하지 못한다. 젊은이들은 이렇게 말한다. "우리는 기성세대 동료들로부터 미움 받고 있다." 반대 입장인 사람들은 이렇게 말한다. "젊은 세대가 우리를 업신여기며 내려다보고 있다." 경영자는 한 편의 완벽한 갈등 드라마를 목격한다.

이때 무엇을 할 수 있는가? 개별 사례를 검토해서는 갈등을 막을 수 없다. 그 반대로 움직여야 한다. 왜냐하면 회사는 둘 다 필요로 하기 때문이다. 연륜 있는 직원과 젊은 직원, 축적된 지식과 새로운 아이디어, 경험과 호기심이 모두 필요하다는 뜻이다. 이들 사이에 발생하는 갈등에 민감해져라. 문제가 생기는 영역을 주도적이고 공개적으로 파고들어라. 상호 간의 이해를 도모하라. 모든 사람들이 서로 의존하고 있다는 점을 명확히 하라.

나이 든 직원이 지탱해주지 않으면 어린 직원들은 기회를 잡을 수 없을 것이다. 또 젊은 직원들이 기회를 미래로 이끌지 않으면 연륜 있는 직원들이 기회를 손에 넣을 수 없다. 우리가 미래에 대해 알고 있는 단 한 가지는 그것이 현재를 보강하는 존재가 아니라는 사실이다. 또한 새로운 사업이 자동으로 젊은 직원들을 위한 것이 되지 않도록 해야 한다는 점을 명심하라.

나이 든 직원들도 배워야 한다. 물론 디지털 전환을 활성화하면서 직원들을 부당하게 해고하지도 않는다는 두 마리 토끼를 잡기는 참으로 어려운 일이다. 특히 당황해서 손을 놓고 있는 사람들을 어찌해야 할지 고민스러울 수밖에 없다. 하지만 당신은 '서로'를 강조하는 기업을 만들면 된다. 예를 들어 이기심이 아니라 공동의 이익을 자극하는 급여 제도를 만들어라.

◆ 원칙 30 ◆

산업의 경계를 넘어 파트너십에 참여하라

디지털화는 연결이다. 여태까지 연결되지 않았던 것을 연결하는 변화다. 그러다 보니 '포괄하는'이라는 단어가 가장 자주 사용된다. 여러 기능을 포괄하는, 여러 부서를 포괄하는, 여러 장소를 포괄하는, 여러 기업을 포괄하는, 여러 채널을 포괄하는, 모든 경쟁을 포괄하는, 각 지점을 모두 포괄하는 등등. 그 결과 서로 같은 회사에서 일하게 되리라고는 상상조차 하지 못했던 사람들끼리 한 공간에서 마주치기도 한다.

중장비 기계와 실시간 모니터링 시스템, 빅데이터 분석, 그리고 영구적인 정보 흐름이 연결된다. 그보다 더 넓은 경기장에서는 기술이 특정 업종과 새로운 사용 욕구를 융합해 '함께 창조하는Cocreation' 파트너십에 이른다. 예를 들어 운송업체 UPS는 3D 프린터 서비스 제공업체인 클라우드 디디엠CloudDDM과 손잡고 전 세계에 있는 자사의 창고에 3D 프린터 수천 대를 설치했다. 온디맨드 서비스를 제공하기 위해서다. 이러한 발전이 모두 공통적으로 지향하는 목표는 바로 시너지 효과를 만들어 내는 것, 그리고 디지털 세상에서 살아남을 수 있는 직원, 파트너, 소비자, 하청업자, 그리고 경쟁자들의 '생태계'다. 이에 대해 나는 더욱 범위를 넓혀 설명하고자 한다.

전통적인 예를 통해 새로운 생태계를 그려보자. 디지털화는 '핵심 서비스'에 집중하기를 요구하며, 또 그것을 가능케 했다. 수많은 기업들이 변화 과정을 더 빠르게 만들고자 수직적 통합을 줄였다. 사람들은 무엇보다도 더 풍부한 지식을 얻으려고 여러 파트너십을 맺었다. 보쉬와 소프트웨어 에이지Software AG의 공동 개발 프로젝트처럼 말이다.

음악 산업 분야에서는 음반 회사가 디지털화의 첫 실패자였다. 이들은 신문사보다도 먼저 디지털화에 실패했다. 온라인 음악 시장은 새천년의 첫 해에만 40%나 축소되었다. 침체기를 겪은 기업들은 서로 협력해야 미래로 가는 도약의 발판을 디딜 수 있다는 사실을 깨달았다. 그래서 이들은 아이튠즈나 스포티파이와 파트너가 되었다. 그러자 2015년부터 매출이 다시 오르기 시작했다.

독일에서 더 중요하게 여기는 것은 자동차 산업 분야다. 구글, 애플, 그리고 우버가 새로운 경쟁자로 부상했다. 이 회사들은 자동차 산업의 전통적인 구조를 근본부터 바꾸고자 했다. 디지털 경쟁자들은 독일의 자동차 산업처럼 왕정시대부터 이어진 존재가 아니다. 이들은 완전히 새로운 비즈니스 모델을 내세운다. 즉 생산하는 자동차마다 이익을 얻는 것이 아니라 자동차가 이동하는 거리마다 이익을 얻는다. 무인 자율주행 자동차를 예로 들 수 있다. 이런 자동차는 한 개인의 소유가 아니며 혼자서 도시를 주행하고 스마트폰으로 차를 부르거나 조종하는 사람을 태우는 로봇 택시다. 우리가 생각해낼 수 있는 모든 이동성 서비스를 제공하는 셈이다. 머지않은 미래에 자동으로 비행하는 소형 여객기가 등장할지도 모른다.

이러한 상황에서 자연스럽게 이렇게 묻지 않을 수 없다. 어째서 다른 산업 분야와 협력하지 않는가? 어째서 이에 필요한 투자금을 함께 부담하지 않는가? 다임러, BMW, 그리고 아우디는 지도 서비스 제공업체 히어Here를 공동 인수했다. 과거에는 상상도 하지 못한 일이다. 이 자동차 제조업체들은 자사의 자동차로 어마어마한 양의 데이터를 생성하며 이것을 다시 히어에 전달해 자사 제품을 최적화하도록 만든다. 이때 소비자는 누구인가? 공급업체는 누구인가?

BMW는 미국의 칩 제조업체 인텔Intel 및 이스라엘의 카메라 기술 전문기업 모빌아이Mobileye와 공동으로 개발한 차세대 자동차를 2021년까지 공개할 계획이다. 이 분야에서 한참 앞서 있는 전기차 제조업체 테슬라는 지난 2년 동안 모든 자동차에 450여 건이나 되는 업데이트를 실시했다.

TÜV•는 하드웨어 테스트에만 매달리고 있어도 되는가? 테슬라의 모델 S와 무엇보다도 모델 X는 자동차에 정보통신 기술을 적용해 양방향 인터넷 서비스가 가능한 커넥티드 카 Connected Car다. 이것은 사실 소프트웨어에 자동차가 첨부된 형태다. 모델 X가 시장에 등장하고 얼마 지나지 않아 소비자들이 위로 열어젖히는 소위 '갈매기 도어'로 비가 샌다는 불만을 제기했는데, 이 문제는 전 세계에 있는 소비자들이 버튼을 한 번 누르는 것만으로 해결되었다. 이 차량의 소프트웨어가 인터넷을 통해 업데이트되어 열리는 문의 높이를 조정한 것이다. 메르세데스 벤츠의 '갈매기 도어' 모델인 1954 300SL에 이러한 기능을 추가할 수 있을까?

이 모든 것은 수많은 디지털화 방향 중 아직 아날로그 경제에 깊이 뿌리를 내리고 있는 사업의 예시일 뿐이다. 진정으로 혼란을 불러일으키는 것은 '플랫폼 경제'로 들어가는 발걸음이다. 이곳에서 경제적인 미래를 보고자 하는 사람들은 전문가일 필요가 없다. 플랫폼에서는 데이터가 교환되고 서비스 성능이 결합된다. 이러한 시장에서 성공하려면 정신적인 전제조건이 갖추어져야 한다. 바로 협력과 경쟁이 서로를 필요로 한다는 점을 인지하는 것이다. 이 두 조건은 서로를 전제로 하며 동

• 자동차 정기 점검을 실시하는 기술 검사 협회

시에 발생하고 **동등한 가치**를 지닌다. 개인적인 상황에 비추어 보면 공감하기 쉬울 것이다. 예를 들어 프로그래밍 작업을 진행할 때, 온라인 플랫폼 스택 오버플로Stack Overflow에서는 수백만 명이 모여 의견을 교환하고 서로를 도와 어려운 소프트웨어 문제를 해결할 방법을 찾아낸다. 스위스의 제약 콘체른 노바티스Novartis의 예를 들여다보면 더욱 이해하기 쉽다.

노바티스는 이미 2007년에 제2형 당뇨병에 관한 자사의 미가공 데이터를 전부 인터넷에 공개했고 경쟁사도 이 데이터에 접근할 수 있도록 했다. 이타주의 때문에 한 일이 아니다. 이들은 전 세계적인 학술 협회가 해당 질병에 필요한 약물 개발 과정에 드는 막대한 비용을 함께 부담하리라고 기대하며 정보 공개를 감행한 것이다. 이후 많은 일들이 뒤따랐다. 이 사건은 인터넷이 창의적인 협력을 위한 매우 거대한 우주가 되었다는 사실을 보여준다.

기업은 특정 의문을 해결하는 데 수십만 전문가들의 지식을 활용할 수 있다. 그들을 고용하지 않고도 말이다. 그리고 이러한 방법은 문제 해결을 위해 자격이 있는 제3의 존재를 신뢰해야 하는가라는 혁신에 관한 의문을 해소하는 데 큰 도움이 된다. 이런 식으로 NIH•는 혁신에 적대적인 경향을 잃게 되며 오히려 민첩한 기업을 나타내는 징표가 된다. 화학 산업 분야의 문제를 집단지성으로 해결하는 개방형 플랫폼인 이노센티브innocentive 또한 좋은 예시다.

플랫폼이 더욱 흥미로운 이유는, 이 공간에서 경쟁자들이 협력하기 때문이다. 이런 경쟁자들을 우리는 프레너미frenemy라 부른다. 프레너미란 친구friend와 적enemy의 합성어다. 통신 판매업체 오토Otto는 인터넷상의 시장이 되었다. 제3의 판매업체들이 개방된 디지털 판매 플랫폼에 자사의 상품을 진열했다.

클뢰크너Klöckner와 도요타Toyota, 그리고 몇몇 은행들은 모두 서비스 플랫폼을 개설했다. 전통적인 제지기계 제조업체 호이트는 기계 제작 분야의 디지털 기업이 되었다. 이 회사는 인터넷 포털 머큐비즈merQbiz를 만들어 제지공장과 폐지 소유자들을 한데 모았다. 트리바고Trivago가 호텔과 여행객들을 서로 연결했듯이 말이다.

플랫폼에는 디지털 흔적을 다양하게 활용하는 기능도 있다. 스마트홈이 '공돌이들'에게 "지난 5일 동안 집 밖으로 한 발자국도 나가지 않으셨네요."라는 메시지를 보낼지도 모른다. 키비콘Qivicon과 같은 플랫폼은 이러한 디지털 포트폴리오를 손에 넣기 위해 애쓴다. 키비콘은 텔레콤Telekom, 삼성, 밀레Miele, 에엔베베EnBW, 이큐3 eQ-3와 협력하고 있다. 모자이크Mosaiq 또한 ABB, 보쉬, 시스코Cisco 등과 연합했다. 잘란도Zalando의 통합형

• Not-invented-here, '여기서 개발한 것이 아니다'라는 의미로, 조직 내부에서 직접 개발하지 않은 기술이나 연구 성과는 인정하지 않는 배타적 태도를 말한다.

상점은 공동의 이익을 위한 경쟁자들의 연합 사례를 분명히 보여준다.

마지막으로 플랫폼은 녹색경제 친화적이다. 에너지 기업 에온Eon은 구글과 손을 잡았다. 이들이 공동으로 개발한 제품은 주택 소유자들이 버튼 클릭 한 번으로 지붕에 설치된 태양광 발전 시스템의 경제성을 산출할 수 있도록 돕는다. 에너지 기업의 지식과 구글 어스Google Earth의 위성 데이터로 이런 일이 가능해진다.

이렇게 수많은 예시가 꼬리에 꼬리를 물고 이어진다. 여기에서 우리가 알 수 있는 것은 무엇일까? 이렇게 직접적이고 폭발적인 발전의 근거를 묻다 보면 저절로 깨닫게 될 것이다. 우선 플랫폼은 전통적인 일보다 훨씬 생산적이다. 그렇기 때문에 상품과 수요는 디지털상에서 고도로 효율적인 방식으로 서로를 찾는다. 둘째로 플랫폼은 오늘날 외부 출처에서 제공되어 여기서 다루는 소비자 데이터가 점차 늘어난다. 소비자 데이터는 디지털 서비스 상품을 차별화할 기회를 마련한다. 셋째로 네트워크의 역학을 들 수 있다. 여기에 본질적인 요인이 놓여있다. 아날로그 경제가 규모의 경제에 의해 움직였다면 플랫폼 경제는 '네트워크 효과'에 의해 움직인다.

네트워크 효과란 무엇인가? 한 네트워크에 새로운 참가자가 들어올 때마다 다른 모든 참가자들의 이익이 상승하는 것을 뜻한다. 예를 들어보자. 자전거를 한 대 샀다고 치자. 나는 내 자전거를 타고 움직일 수 있다. 이것은 아날로그 세계다. 한편 휴대전화를 샀다고 하자. 내가 휴대전화를 사용하려면 상대방 또한 휴대전화를 소유하고 있어야 한다. 더 많은 사람들이 휴대전화를 소유할수록 많은 사람들이 나에게 전화를 걸 수 있다. 즉 휴대전화의 수가 늘어나면 모든 휴대전화 사용자들의 사용량이 늘어난다. 이것이 디지털 경제의 핵심 개념, 바로 '긍정적인 피드백'이다. 연결망의 규모가 커질수록 이것은 더 매력적인 존재가 되고, 더 많은 소비자들이 이 매력에 빠져들며, 네트워크가 훨씬 더 큰 성공을 거두고 계속해서 이런 연쇄반응이 이어진다.

이러한 관점에서 볼 때 디지털 경제에서 가장 중요한 질문은 다음과 같다. 누가 플랫폼을 설계하며 '표준을 제공'하는가? 누군가가 표준을 만든다면 그다음에 일어날 일은 명백하다. 제조업체는 그들의 제품을 플랫폼에 진열한다. 그곳에 가장 많은 소비자들이 모여들기 때문이다. 소비자들은 플랫폼에 모여든다. 그곳에 가장 많은 물건이 진열되어 있기 때문이다. 그 결과는? 승자가 모든 것을 갖는다. 소수의 독과점 기업이 시장을 지배한다. 이 소수의 기업들은 울타리가 있는 정원•이다. 말하자

• 폐쇄형 네트워크 서비스라는 의미로 사업자가 허용한 콘텐츠만 이용하도록 제한하는 것을 말한다.

면 애플 유니버스, 구글 월드, 아마존 코스모스 등이다. 이 '정원들'은 본질적으로 모든 사람들이 스스로를 자유의지로 가둬버리는 쇼핑몰이나 통신센터다. 이러한 정원은 지나치게 매력적이기 때문에 점점 더 많은 경제 분야가 플랫폼 창시자에 눈독을 들인다. 특히 가치창조에 필요한 정보 내용을 아직 파악하지 못한 제조업체들은 오직 대규모 동맹을 맺어야만 더 많은 돈을 벌 수 있다는 사실을 배우게 된다.

앞서 언급한 플랫폼의 세 가지 특성은 제조하는 자가 아니라 연결된 자에게 전부 주어진다. 이것이 창의성의 시작점이다. 창의성이란 어떤 것을 새로운 방식으로 연결하는 행동을 뜻한다. 이에 대해서는 다음 장에서 자세히 다룬다. 여기에서는 '디지털 시대의 기본법'을 언급하며 마치려고 한다.

당신이 정한 시장의 경계가 당신의 상상력의 경계다. 자신이 제공하는 서비스가 지니는 정보의 가치를 탐구하라. 제품과 가격만을 봐서는 안 된다. 5년 전만 해도 상상조차 하지 못했던 협력을 시도하라. 때로는 아주 오랜 시간 가장 완고한 적이었던 상대방과 공동 작업을 진행하는 것도 현명한 방법이다. 이를 위해서는 내면의 준비가 갖추어져 있어야 한다. 혼자 고집을 부리지 말고 파트너십에 적극 참여하라. 특히 커다란 과제를 해결해야 할수록.

경쟁해야겠다는 생각을 나누어야 한다는 생각으로 내리눌

러라. 진입장벽을 낮춰라. 그래야만 사람들이 디지털 변화에 적극적으로 참여할 수 있다. 시장 지배력을 높이려고 애쓰기보다 스스로의 가치를 높이려고 애써라. 자신이 보유한 기술을 타인에게 공개하라. 그렇지 않으면 당신은 아주 작은 케이크 중 큰 조각을 가지는 꼴이 되어버리고 만다. 당신의 경쟁자가 이득을 볼 수 있다면 서비스를 무료로 제공하라. 디지털 시대에 비즈니스를 이어가려면 당신에게 경쟁자가 필요하기 때문이다. '적개심에 의한 경영'은 이제 옛말이다. 오늘의 적이 내일의 파트너가 될 수 있다.

3

창의력을 키우는 기업 문화

◆ 원칙 1 ◆

지금까지 없던 세상을 상상하라

초인종이 울렸다. 현관문을 연다. 문 앞에는 택배 회사의 직원이 서 있다.

"택배 왔습니다."

"저는 아무것도 시킨 적이 없는데요. 도대체 뭔가요?"

"위스키 한 병입니다."

"이상한 일이네요. 저는 술을 마시지 않습니다."

"걱정 마십시오. 저희가 분석한 데이터에 따르면 고객님의 아내분이 앞으로 48시간 이내에 고객님 곁을 떠날 겁니다. 그러면 이 위스키가 필요하시겠죠."

3장을 시작하면서 잠시만이라도 진지함을 덜어 내보자. 문제가 점점 더 심각해질 것이기 때문에 지금이 아니면 웃음을 찾을 수 없을 것이다. 이 장면이 과장되었다고 생각하겠지만 사실은 전혀 그렇지 않다. 이 이야기는 이번 장에서 다룰 내용을 집약적으로 보여준다. 여태까지 사용되지 않았던 데이터, 여태까지 누구도 생각해내지 못한 서비스, 여태까지 누구도 먼저 걸어 본 적이 없는 미래까지.

디지털 시대에도 기업의 성공을 좌우하는 기본적인 요소는 바로 **창의력**이다. 이미 2010년에 IBM은 글로벌 CEO 연구 결과를 내놓았다. 이에 따르면 "미래의 성공을 위해 가장 중요한 요소로 꼽힌 것은 창의력이었다." 앞서 언급한 위스키 사건과 같은 아이디어를 당신도 떠올릴 수 있다. 스스로의 인생 경험을 돌아본다면 말이다.

◆ **원칙 2** ◆

모든 직원이 창의력을 발휘하도록 하라

더 나은 것을 찾으려는 노력은 인류 역사의 핵심을 관통하는 줄기다. 이러한 탐구심은 인간의 창의력을 자극했을 뿐만 아니라 우리 사회의 동력이 되었다. 비록 독일 사람들은 이를 믿지 않지만, 수많은 회사에서 혁신이란 생존과 동음이의어다. 혁신하지 못하는 기업은 좌초하고 만다. 이 문장은 아주 간단하지만 어떤 상황에든 적용된다.

따라서 **창의력**과 **혁신**은 도처에서 열광적인 기대를 한몸에 받는 신조다. 모두가 이 단어를 사용하고 누구도 이것을 놓치고 싶어 하지 않는다. 특히 경영진이라면 말이다. 서유럽이 대량생산을 하던 시대는 이제 지나갔다는 증거가 늘어난다. 제조업체가 가치창조에서 차지하는 비중은 줄어드는 추세다. 반대로 정보, 연구, 개발, 디자인의 비중은 날이 갈수록 커진다. 측량 가능한 반복 업무는 점차 기술적인 시스템으로 대체된다. 인터넷 덕분에 거의 0원에 가까운 한계비용으로 제품과 서비스가 제공될 수 있다. 어떤 출판사가 전자책 한 권을 10명에게 팔든 1,000만 명에게 팔든 추가 비용이 들지 않는다. 그리고 인터넷은 빠른 속도로 모든 경쟁우위를 없앤다. 그렇기 때문에 오직 한 가지 신조만이 남는다. 혁신-스피드-혁신-스피드-혁신. 이것이 바로 디지털 시대 경쟁력의 기본 개념이다.

이 때문에 우리는 어느 정도 불안을 느낄 수밖에 없다. 독일, 오스트리아, 스위스, 리히텐슈타인 등 독일어권 지역 경제, 즉 DACH 지역 경제의 진정한 강점은 미국이나 아시아 지역 경제가 과거 그러했듯이 교육을 받지 못한 직원 수백만 명을 고용해 대량생산을 하는 것이 아니었다. 우리의 강점은 언제나 '탈공업화된 맞춤 제작'이었다. 이는 경제사학자 베르너 아벨샤우저Werner Abelschauser가 한 말이다. 즉 높은 지식이 요구되는 복잡한 기계와 설비로 소비자의 특별한 요구에 맞춘 가치를 창조하는 것이 우리의 강점이었다. 그리고 이것은 오늘날에도 마찬가지다. 그러므로 우리는 안심하고 포드주의자들을 개발도상국의 모방 기업들에게 넘겨주면 된다. 왜냐하면 표준 절차를 따를 때는 가치가 점점 더 줄어들지만 유연한 맞춤 생산 방식은 그렇지 않기 때문이다.

가장 좋은 것들로 가득 찬 금고를 소유한 기업이 아니라 가장 똑똑하고 현명한 머리를 지닌 기업이 앞선다는 사실은 이제 누구나 알고 있다. 내일 시장에서 살아남고 싶다면 직원들의 창의적인 잠재력에 기대를 걸어야 한다. 창의적인 직원들만이 디지털화를 통해 실현 가능한 새로운 종류의 소비자 요구를 감지할 수 있다.

회사 전체에서 창의력을 다시 키워라. 기초적 패러다임으로 말이다. 디지털 기술 전문가들만 활약하도록 두지 말라. **모든 직원**이 창의력을 발휘하도록 하라. 기업의 모든 부서에서 새로움에 대한 압박이 기득권 보호보다 중요해져야 한다.

◆ 원칙 3 ◆

창의력과 혁신을 구분하라

기업가들은 소득신고서를 작성할 때나 배기가스 배출량을 조작할 때를 제외한 평상시에도 창의적일까? 이를 확신하지 못하는 이유는 창의력을 포괄적으로 정의할 방법이 없기 때문이다. 혁신도 마찬가지다. 일상적인 언어 사용 습관에 근거해 따지자면 창의력과 혁신 사이에는 거의 차이가 없다. 그러므로 우리는 이 개념을 확실히 해야 한다.

창의력은 새로운 것을 '창조해내는' 힘이다. 새로운 제품, 새로운 서비스, 새로운 비즈니스 모델 등등. 이 개념을 더욱 세분화할 수도 있겠지만 더 깊이 파고들기란 불가능하다. 어쨌든 중요한 점은 창의력이란 경영자가 직접 발휘할 수 있는 것, 적어도 옆에서 보조할 수 있는 것이라는 사실이다. 경영자는 창의력을 더욱 구체화하는 운영 프레임워크를 만들 수 있다.

시간 순서대로 따지면 혁신은 창의력 다음에 온다. 혁신이란 새로운 것을 '인정하는' 행동이다. 어떤 창의적인 것이 혁신으로 이어지는지 여부는 창의적인 아이디어가 사람들의 흥미를 끌고, 재가공되고, 판매 상품으로 만들어져 궁극적으로 시장에서 인정받느냐에 달려 있다. 그 대가는 사람이 치른다. 창의력은 혁신을 위한 **전제조건**이다. 그러나 모든 창의력이 혁신에 도달하지는 않는다. 혁신은 창의력을 소비자가 정의한 가치로 변형시킨다. 창의력을 위한 창의력은 아이디어를 낸 사람에게만 유효하다. 회사는 창의력이 혁신으로 이어질지 여부를 알지 못한다. 결정은 시장이 내린다.

창의력과 혁신의 차이는 독일에서 아주 쉽게 찾아볼 수 있다. 독일 기업에 부족한 자질은 기술적인 창의력이 아니라 그것을 기업 차원에서 활용하는 행동력이다. 예를 들자면 2017년까지 등록된 자율주행 차량 관련 특허의 82%는 독일에서 유래했다. 하지만 자동차를 다시 한 번 새롭게 발명한 사람으로 꼽히는 인물은 일론 머스크다. 세계에서 가장 큰 자동차 제조업체는 테슬라가 아니라 중국의 비야디BYD임에도 말이다.

즉 혁신은 혁신가들이 믿는 것이 아니다. 혁신은 소비자가 새롭게 경험하고 받아들이는 것이다. 그러므로 당신은 '좋은 아이디어'라는 허상과 이제 이별해야 한다. 물론 좋은 아이디어도 중요하다. 하지만 그것은 그저 혁신의 기반을 닦을 뿐이다. 같은 맥락에서 수많은 휴대전화 제조업체들은 아직 창의적이기는 하나 이미 오래전부터 더 이상 혁신적이지 않다. 이 업체들은 매년 누구도 필요로 하지 않는 새로운 기능을 집어넣은 신제품을 시장에 선보인다.

우선 창의력의 개념을 명확히 하라.

◆ 원칙 4 ◆

창의력의 세 가지 유형을 구분하라

창의력을 더욱 효과적으로 활용하려면 그 개념을 구분하는 편이 좋다. 창의력을 세 가지로 나눈 결과는 다음과 같다.

1. 효율적인 창의력 : 적은 비용으로 높은 성과를 낸다.
2. 지속적인 창의력 : 좋은 제품을 더 좋게 개선한다.
3. 파괴적인 창의력 : 완전히 새로운 비즈니스 모델, 제품, 서비스 등을 만들어낸다.

이 세 가지 창의력은 모두 저마다 정당성을 지니고 있다. 그런데 우리 회사는 이 세 가지 창의력을 모두 갖추고 있는가? 어려운 일이다. 기업에서 창의력이 화두로 떠오르면 대개는 새로 창조하기가 아니라 최적화하기에 초점이 맞춰지기 때문이다. 기업의 연구 담당 부서조차 결과가 불확실한 안건을 거론하는 일이 흔치 않다. 모든 예산 요청서에는 프로젝트의 결과가 명시되어 있어야 한다. 하지만 이를 어떻게 미리 알 수 있겠는가? 그리고 이런 식으로 정말 새로운 무언가가 탄생할 수 있겠는가? 촛불을 최적화해봤자 전구를 발명해낼 재간은 없다.

이미 존재하는 제품을 개선하고 발전시키면 어느 정도 돈을 벌게 되겠지만(수익성 기반 성장), 큰돈을 빠르게 버는 수준에는 도달하지 못한다. 파괴적인 창의력만이 높은 성장을 가능케 한다. 이를 위해서는 회사가 디지털화의 기본 개념을 근본적으로 바꾸어 장착해야 한다. 물건 대신 연결, 제조 대신 정보, 소유 대신 접근으로 말이다. 이것이 새로운 시장을 만들거나 오래된 시장을 없앤다. 나머지 두 창의력은 자본을 다시 자본으로 바꾼다. 그리고 세계는 애초부터 자본 속에서 헤엄치고 있다. 낡은 회사는 경쟁자의 혁신적인 돌파에 저항할 힘이 없다. 거기서 완전히 새로운 기술이 탄생하기 때문이다. 기존의 성공 기업들은 변화하기에는 지나치게 굳건히 자리 잡은 기업이 된다.

그렇지만 진정으로 파괴적인 창의력은 흔치 않다. 물론 파괴적인 창의력을 갖춘 유력한 용의자로 지목되는 기업들은 늘 존재한다. 애플의 아이폰이 시장의 선두주자이던 노키아를 끌어내렸고(심지어 애플에서 가장 창의적인 직원들은 세무 부서에서 일하고 있었음에도), 부킹닷컴Booking.com과 익스피디아Expedia가 여행사를 끌어내렸고, 에어비앤비Airbnb가 호텔을, 우버가 택시 운전사를 (그리고 미국 일부 도시에서는 택시의 존재 자체를 완전히 사라지게 만들었다)

끌어내렸다. 새로운 것을 발명한 다음 그것으로 해당 산업을 급습해 모든 기업을 무참히 궁지에 몰고 차세대 거대 시장을 이끌어갈 수 있다니 매력적인 이야기다. 그렇지만 개별 기업에는 재앙이 될 수 있는 일이다. 종합 경제 측면에서 보았을 때 파괴와 분열은 실질적으로 기여도가 그다지 높지 않다. 2017년 여름에 미국에서 발표된 연구 결과에 따르면 2003년부터 2013년까지 발생한 파괴적인 혁신이 전체 경제 성장에 기여한 바는 겨우 13%라고 한다. 이와 비교하면 지속적인 향상은 오랜 번영을 촉진한다.

디지털 시대에도 창의력을 계속해서 가속화시켜야 한다. 물론 너무 숨이 차지 않도록 주의하면서. 효율적인 창의력과 지속적인 창의력 또한 회사의 혁신에 기여할 수 있다. 하지만 용기 있게 파괴적인 창의력에 투자해야 진정으로 오래 살아남을 수 있다. 어째서 그래야 하느냐고? 파괴적인 창의력은 계획을 세워서 만들어낼 수 있는 것이 아니기 때문이다. 그것이 파괴적인 창의력이었는지 여부는 나중에야 밝혀진다.

◆ 원칙 5 ◆

창의력은 협력에서 탄생한다

인간의 창의력은 아직 광범위하게 이해되지 못하고 있다. 마치 블랙박스와 같다. 아무도 그 안에 무엇이 들어있는지, 그리고 그 안에서 어떤 일이 전개되는지 알지 못한다. 극단적으로 말하자면, 창의력은 우리가 이해하지 못하는 존재인 셈이다. 이를 주제로 한 연구는 쌓여있지만 오늘날까지도 인간의 정신에서 발견되는 창의적인 반짝임의 정체는 명확하게 밝혀지지 않았다. 창의력은 우연, 교차, 규칙 위반에서부터 발전한다.

주류 연구 결과에 따르면 창의력에는 두 가지 측면이 있다.

1. 고유한 아이디어
2. 실질적인 형태

첫 번째 측면은 독창적으로 탐구하는 재능을 필요로 한다. 두 번째 측면은 집중적인 작업을 필요로 한다. 한 사람에게 이

두 가지 특성이 모두 갖춰져 있기란 쉽지 않다. 회사가 순전히 괴테나 모차르트 혹은 피카소로 구성되어 있을 가능성은 없다. 회사는 각기 다른 능력을 갖춘 사람들이 함께 협력하도록 만드는 경험의 장이다.

창의력을 낳는 재능은 자유롭게 상상할 수 있는 모든 일을 규율에 따라 실행에 옮기는 힘이다. 그리고 이러한 재능을 갖춘 사람들은 대부분 젊고 제정신이 아니거나 경험이 풍부한 생산 전문가들이다. 이들은 각자가 서로에게 의존하고 있다는 사실을 알아야 한다. 또한 서로 상대방이 없으면 일을 처리하지 못한다는 사실을 알아야 한다. 제품 없는 창의력은 자폐적이며 창의력 없는 제품은 단조롭다.

창의력은 직관과 조화를 이루지 못하는 경우가 잦다. 창의적인 일처리란 고집스럽게 세상을 거부하면서 외로이 자신의 일을 묵묵히 해나가는 것이라고 생각하는 사람이 많다. 그럴지도 모른다. 그러나 경제사를 돌아보라. 창의력은 협력을 통해 탄생하는 경우가 훨씬 많다. '이종 간의 협력'을 통해서 말이다. 서로 다른 사람들끼리 '만나면서' 개개인의 조각을 한데 짜 맞추고 더 많은 전체를 만들어낸다.

창의력이 요구되는 상황이란 무엇인지 탐구해보면 어떤 표준이 눈에 띈다. 바로 대화다. 친구, 지인, 전문가 혹은 완전한 문외한과 나누는 대화만큼 창의력에 도움이 되는 행동은 없다.

대화가 얽히고설키면서, 그리고 생각이 오고가면서 정신적인 연결이 완성된다. 그리고 이러한 정신적 연결에서부터 우리는 새로운 관점을 얻는다. 머릿속에서 일어나는 핑퐁 효과Ping-pong Effect다. 즉 '대화를 나누며 생각을 점진적으로 발전시키기'가 이뤄진다. 실리콘밸리는 이미 이렇게 하고 있다. 그곳에서는 사람 간의 직접적인 접촉 없이는 아무 일도 일어나지 않는다. 그리고 이러한 접촉은 '대체 불가능한 장소'에 묶여 있다. 즉 창의력을 탄생시키는 인물은 지나치게 혼자만의 생각에만 골몰하는 사람이 아니라 외부로부터 **영감**, 즉 생각의 환기나 새로운 호흡을 받아들이는 사람이다. 디지털화는 발명을 새로 발명하는 존재다. 고독한 연구자는 창의적이고 조화로운 전체에 의해 대체되어 사라질 것이다.

여기서 어떤 교훈을 얻을 수 있을까? 의심할 여지 없이 대화를 할 시간과 공간이 있어야 한다는 것이다. 또한 늘 새로운 직원 조합 및 구성을 만들 시간과 공간을 마련하라. 그리고 직원들이 커피 자판기 앞에서 우연히 만나 대화를 나눌 시간과 공간도 필요하다. 경영자도 마찬가지다. 직원들의 말을 귀담아 들어라. 그들이 말한 내용을 메모하라. 그리고 메모 내용을 시간이 날 때마다 다시 훑어보라. 점심시간마다 매일 다른 직원들과 산책하라. 직접 걸어야 길이 생긴다.

◆ 원칙 6 ◆

창의성은 연결이다

"나는 벽난로 앞에 놓인 팔걸이의자에 앉아 잠이 들었다. 꿈에서 갑자기 자신의 꼬리를 입에 물고 있는 뱀과 마주쳤다. 나는 번개라도 맞은 것처럼 잠에서 깼다." 유기화학자 프리드리히 케쿨레Friedrich von Kekulé가 1865년에 벤젠고리의 구조를 밝힌 보고서에 기재한 내용이다. 지구상의 새로운 발견은 이런 식으로 이루어지는 것일까? 플라톤은 이에 대해 이렇게 말했다. "새로운 것은 정신적인 힘이 아니라 신성한 전능함에서 나온다."

수많은 연구자나 예술가들이 꿈에서 거룩한 영감을 받는다. 독일의 극작가이자 비평가인 고트홀트 에프라임 레싱Gotthold Ephraim Lessing은 "뛰어난 착상은 행운의 선물이다."라고 말했다. 프리드리히 니체Friedrich Nietzsche 또한 자연현상을 믿었다. "사람은 그저 그곳에 있는 것을 들을 뿐, 찾지 않는다. 손에 쥘 뿐, 묻지 않는다. 번갯불이 생각을 비추는 것처럼." 아르키메데스Archimedes가 목욕탕에서 뛰쳐나와 "유레카!"라고 외쳤던 시대와 현재는 조금 달라졌는가?

창의성 연구의 현재 상황을 요약해보면 이러한 개념을 조금 더 자세히 이해할 수 있다. 새로운 것은 하늘에서 뚝 떨어지지 않는다. 예술 작품 제작이든 신제품 개발이든 마찬가지다. 창의성은 은혜로운 정신의 속삭임이나 신의 총아가 행하는 독창적 행동이 아니다. 이것은 이미 우리 의식의 가장자리에서 알아차려지기를 기다리고 있다. 창의력은 예전부터 알려진 것을 전제로 한다. 아이디어는 늘 예전부터 '저기 어딘가에' 존재하던 것이며 우리는 어딘가에 잠복하고 있는 아이디어의 존재를 깨닫는다. 즉 새로운 것은 여태까지 알려지지 않은 내용이 아니라 이미 알려진 내용을 새로운 방식으로 구성하고 보충하고 명확히 드러낸 결과물이다.

'타자'를 견고하고 자립하는 존재로 본 철학자 헤겔과 달리 오늘날 사람들은 '타자'를 '상관관계에 있는' 존재로 생각한다. 이것은 사람들이 익히 알고 있는 관계와는 다르다. 연결해야 할 필요가 있는 관계다. 디지털화 과정에서도 마찬가지다. 과거에는 연결이 끊어진 것처럼 보이거나 완전히 관련이 없는 **연결**을 보려면 토머스 에디슨의 예를 보면 된다. 그는 이미 우리가 잘 알고 있는 물질의 수천 가지 조합을 짜 맞춰 전구를 만들었다. 그가 직접 한 말에 따르면 "작동하지 않는 수만 가지 가능성을 찾아라." 그가 만든 콘크리트 피아노는 전혀 작동하지 않았다.

창의성이란 불가사의한 비법이나 특출한 것이 아니다. 창의성이란 디지털화와 마찬가지로, 이미 존재하며 사용되고 있었지만 여태까지 분리되어 있던 것들을 합치는 작업이다. 새로운 것은 이미 **존재한다**. 다만 대부분의 사람들의 시야가 가려져 있을 뿐이다. 우리가 던져야 할 질문은 다음과 같다. 누가 여태까지 연결되지 않은 것을 연결하는가? 누가 다른 사람은 보지 못하는 것을 보는가? 누가 다른 사람은 생각하지 못하는 것을 생각하는가?

◆ 원칙 7 ◆

평범한 사람들의 창의력을 활용하라

디지털화는 기술로 시작되는 것이 아니다. 디지털화는 아이디어를 지닌 사람으로부터 시작된다. 그리고 이 아이디어란 '연결하기'다. 그래서 모든 디지털 혁신의 시작점에는 상상력을 십분 발휘해 정곡을 찌르는 질문을 던진 사람이 서 있다. 우리는 이렇게 창의적인 인재를 찾아야 한다. 그리고 이러한 인재를 알아볼 방법을 개발해야 한다.

창의성 연구의 결과들은 다음과 같다.

창의력은 일반적인 지식의 한 측면이지 특별한 능력이 아니다. 창조적인 사람의 뇌가 '다르게' 작동하지 않는다는 뜻이다. **모든** 사람은 창의적인 잠재력을 지니고 있다. 다만 이것이 전개되지 못하게 억눌려 있을 뿐이다. 인간은 창의적으로 만들어져야 하는 존재가 아니다. '이미 창의적이기 때문이다.' 근본적으로 사람은 원래 지닌 창의력을 마비시키기만 할 수 있다.

스페인 철학자 오르테가 이 가세트Ortega y Gasset는 이렇게 썼다. "우리는 다음과 같은 믿을 수 없는, 그러나 부정할 수도 없는 사실을 힘주어 강조한다. 실험과학은 놀라우리만치 평범한 사람들의 작업 덕분에 대단한 수준으로 발전했다. 즉 현대과학은 평균 지적 수준 정도인 재능으로 인해 발전을 이루었고 성공을 거둘 수 있었다." 수없이 많은 창조적이고 작은 발걸음이 장기간에 걸친 성공에 기여한다. 오르테가 이 가세트의 주장은 오늘날 기업에도 시사하는 바가 크다.

창조적인 사람이 천재와 미치광이의 중간 어딘가에 해당하는 것은 아니다. 실증 연구 결과에 따르면 뛰어나게 창의적인 사람이 평균적인 사람에 비해 정신적인 질병을 앓을 확률이 특별히 높지 않았다. 토마스 만Thomas Mann은 술을 즐기는 작가 대부분이 알코올 덕분에 창의적인 글을 쓸 수 있는 것이 아니라 알코올 섭취에도 불구하고 창의적이라고 말한 바 있다.

개인의 능력을 기준으로 창의적인 성과를 예측하는 것은 쓸모없는 일이다. 더 신중하게 이야기하자면 참고할 수 있는 데이터가 적다. 특히 커튼 적응-혁신 이론Kirton-Adoption-Innovation-Inventory이나 고프 창의적 성격 척도Goughs' Creative Personality Scale 등에 따른 테스트로 전반적인 인지 능력과 특별한 창의적 능률을 구분하는 것은 불가능하다.

특출한 창의성을 발휘하는 인재들은 다음과 같은 특성이 있다.

1. 준비성이 철저하고 리스크를 기꺼이 감수하며 실패 가능성을 줄인다.
2. 대중의 규범이나 가치로부터 떨어져 나갈 용기가 있다.
3. '올바른' 사고방식과 '진정한' 신념을 의심한다.

창의성은 **규율**과도 밀접하게 연관되어 있다. 창의적인 사람들은 대개 몇 년 동안이나 집요하게 한 가지 문제에 매달린다. 고집 센 사람 한 명이 이리저리 머리를 굴려 문제를 분해하고 다시 새롭게 결합한다. 이것은 마술이 아니라 열심히 일한 결과다. 창의력이 늘 재미있는 것은 아니다. 규율과 성실함이 없다면 창의력을 손에 넣을 수 없다. 모차르트는 아주 어릴 때부터 피아노 앞에 앉았다. 유명한 화학자 파스퇴르의 말에 따르면 창의적인 생각은 준비된 영혼만을 총애한다.

"한 번 창의적인 사람은 늘 창의적이다."라는 말은 거짓이다. 어떤 분야에서 창의적이라고 입증된 사람이 다른 분야에서도 반드시 창의적이리라고는 장담할 수 없다. 또한 여러 분야에서 재능을 보이는 사람들도 특출한 능력을 보이는 분야는 하나뿐이며 다른 분야에는 손만 살짝 담갔다가 빼는 수준이다. 다만 전문 지식이 요구되지 않는 과제를 해결할 때는 창의력을 극대화하는 습관에 힘입어 일관되게 높은 성과를 낼 수 있다. 우리가 잘 활용한다면, 이것은 현대 창의성 연구의 가장 중요한 결과가 될 것이다.

그렇다면 위에서 열거한 창의성의 여러 특성들을 참고하여 어떻게 **인재 채용**에 적용할 것인가? 창의력을 감별하는 것은 좋은 아이디어이지만 실제로는 매우 어려운 일이다. 기업 전체를 창의적으로 만들고자 특별한 두뇌들을 고용할 필요는 없다. 그저 경영자로서 뜻밖의 것들에 우호적인 분위기를 조성하라. 그런 분위기는 창의적인 작업을 고무시킨다. 그리고 혁신을 실행하는 과정을 경영자가 끈질기게 지켜봐야 한다.

사람들은 이런 의문을 제기할지도 모른다. "천재적이지만 사회성이 떨어지는 사람들이나 괴짜 발명가가 대단한 창의력을 발휘하면 어떻게 합니까? 더구나 컴퓨터 개발은 아주 별나고 뛰어난 개인이 일으키는 혁명인데요." 좋은 질문이다. 하지만 이런 사람들은 어떤 거대 조직에서도 기회를 잡지 못할 사람들이다. 여기에서 늘 착각이 발생한다. 사람들은 스티브 잡스나 빌 게이츠, 일론 머스크의 이력에 심취해 자신의 회사에서도 이와 같은 사례가 나타나길 꿈꾼다. 그러나 만약 이런 사람을 고용한다면 회사는 혼돈에 빠져들 것이다. 몹시 평범하고 평균적인 사람들의 창의력을 사용하고 강화하라. 그리고 경영자가 그것을 간파하는 '날카로운 판단력을 발휘해야' 평범한 사람들의 창의력을 효과적으로 활용할 수 있다.

◆ 원칙 8 ◆

사람들의 개성을 신뢰하라

데이터, 데이터, 데이터. 디지털 기업은 오로지 데이터에 따라 움직이고 데이터에 의존한다고 생각하는 사람들이 많다. 데이터 외에는 상업적으로 이용할 수 있는 객관적인 합리성의 토대가 존재하지 않는다고 말이다. 과연 그런가?

우리가 주목해야 할 것은 데이터가 아니라 지식이다. 데이터는 동기가 무엇이냐는 질문에 답하지 못한다. 질문에 답하려면 연결하고, 설명하고, 규정하는 인간의 능력이 필요하다. 심리학과 사회학이 필요하다는 뜻이다. "중요하다고 해서 반드시 셀 수 있는 것은 아니며, 셀 수 있다고 해서 반드시 중요한 것은 아니다."라는 알베르트 아인슈타인Albert Einstein의 말처럼.

창의적인 사람이라면 이 사실을 알고 있을 것이다. 새로운 것은 확실하게, 조화롭게, 그리고 잘 다듬어진 형태로 생겨나지 않는다. 새로운 것은 대체로 독특하고 불확실하며 혼란스러운 상황에서 '추측'의 형태로 생겨난다. 그리고 이러한 추측은 말로 표현될 방법조차 아직 발견되지 않은 경우가 대부분이다. 하지만 추측이 사람을 자극해 모든 잠재적인 표현을 전부 시도하도록 만든다. 사람들은 창의력 '그 자체'가 아니라 혼란스러운 '감정'과 불확실한 새로움, 그리고 이 모호한 것을 계속 추구해야겠다는 충동 등을 느낀다. 이것은 다른 사람이 전혀 눈치 채지 못하는 혹은 실용주의적인 관점에서 의심하느라 내버린 충동이다.

그렇다면 이러한 직감을 갖고 있는 사람들을 연구해보면 어떨까? 곧바로 혼란스러운 결과가 나올 것이다. "나는 누구를 위해 일하는가?"라는 질문에 이들은 흔들림 없이 "나를 위해!"라고 대답한다. 이 말은 그들이 스스로를 회사와 분리시켰다는 뜻이 아니다. 그들이 회사 '내에서' 일하지만 회사를 '위해서' 일하지는 않으며, 대신 스스로를 위해 일한다는 뜻이다. 만약 이 사람들이 회사를 위해 일했다면 그들은 창의적이지 않았으리라. 이 사람들이 '자기 스스로를 위해' 무언가를 하고, '자신이 하고 싶은 일'을 하고, 자신의 일을 한다는 쾌감에 빠져야만 비로소 진정한 새로움이 세상에 등장할 기회가 생긴다. 이들이 정당화의 압박에 시달리지 않고 마음에 부담을 느끼지 않는 장소에서 자기 주도적으로 일해야 새로움이 탄생한다.

무엇보다 중요한 사실은, 그리고 이제부터가 재미있는 부분인데, 이들이 일상화된 비판을 받지 않아야 한다는 것이다.

창의력은 사람들이 서로를 검열해야 할 대상이 아니라 새로운 아이디어의 원천으로 인정해야 생겨난다. 그래야만 사람들이 개성을 펼칠 수 있다. '개성을 신뢰하기'는 21세기 기업이 마주해야 할 위대한 도전이다. 만약 회사의 창의력을 다시 일깨우고 싶다면 말이다!

경영자는 솔직한 대화, 불확실한 탐색, 이러한 불확실함을 허용하면서 미리 답을 정해두지 않고 상투적이지도 않은 협의를 생활화해야 한다. 경영자는 이 모든 것을 연습해야 한다. 매일같이 말이다. 디지털 기업은 데이터를 바탕으로 운영된다는 전형적인 주장에 당황하지 말라. 장기적으로 보았을 때 약한 신호를 감지할 감정과 감각 없이는 데이터를 활용할 수 없다. 정확함이 늘 옳은 것은 아니다. 직감 또한 중요하다!

◆ 원칙 9 ◆

우연, 행운, 이해할 수 없는 일을 인정하라

생생한 아이디어를 얻고 싶다면 자기 자신보다 앞서나가야 한다. 인간의 뇌는 천성이 게으르다. 창의적인 존재가 되고자 하지 않는다. 우리 뇌는 복잡함을 줄이려고 하지 늘리려 하지 않는다.

뇌에서는 대략 1조 개의 신경세포가 활동한다. 우리는 이 신경세포들이 서로 어떻게 연결되었는지 정확히 알지 못한다. 그리고 모든 신경세포는 각각 1만 개 이상의 다른 신경세포와 연결되어 있다고 한다. 신경세포 하나가 감각에 의해 활발해지면 이 세포가 주변에 있는 신경세포 1만 개를 자극하는 셈이다. 이 모든 작은 부분에서 매초 아무도 필요로 하지 않는 엄청난 양의 데이터 쓰레기, 과잉 공급된 정보 등이 발생한다. 뇌는 한 가지 사실에 '단 하나의 원인'만을 필요로 하므로 나머지 쓰레기를 제거한다. 이렇게 찾은 하나의 원인은 우리가 이 세상에서 마음을 가라앉히고 어떤 행동을 계속하도록 만드는 미봉책이기도 하다. 기타 가능한 원인, 근거, 동기는 서서히 사라진다.

이러한 단일원인론은 인류의 생존반사다. 동시에 저주이기도 하다. 단일원인론은 어떤 대상을 편파적인, 그리고 편견에 뒤덮인 시선으로 보는 경향을 강화한다. 이와 관련된 연구 결과는 우리에게 다음과 같은 점을 암시한다. 창의적이라는 말은 이렇게 편파적인 성향을 극복한다는 뜻이다. 즉 창의적인 사람은 남들과는 다른 새로운 관점에서 대상을 관찰하는 인물이다.

다른 말로 하면, 인과관계에서 과감하게 벗어나라는 것이다. 너무 성급하게 원인을 추측하지 말라. 되도록 많은 의견과 관점을 포용하라. 불가능한 것을 가능하다고 생각하라. 우연, 행운, 이해할 수 없는 일을 인정하라. 이렇게 해야만 우리는 비범한 시장성을 발견할 참신한 관점을 가질 수 있다. 물론 이것은 흔치 않은 일이며 모든 사람이 할 수 있는 일도 아니다. 그러나 이것은 창의성의 전제조건이다.

◆ 원칙 10 ◆

말하는 대신 질문하라

1998년 당시 시카고대학 심리학과 교수이던 미하이 칙센트미하이Mihaly Csikszentmihaly는 한 연구를 진행하면서 다음과 같은 의문을 품게 되었다. "창의적인 사람들은 어떻게 그렇게 훌륭한 아이디어를 떠올리는 걸까?" 그는 혁신의 원인을 더듬으며 시간을 거슬러 올라갔다. 그러자 재미있는 사실이 드러났다. 사람이 정확한 의문을 품어야 비로소 생각의 흐름이 시작된다. 정확한 의문이란 예를 들어 "누가 우리 회사 제품을 우리가 의도하지 않은 방식으로 사용할까?" 또는 "어떤 소비자가 우리 회사 서비스를 구입하고 가장 큰 분노를 느꼈을까?" 같은 통점을 의미한다.

그러나 꼭 특정한 질문에서 사고를 시작해야 하는 것은 아니다. 결정적인 부분은 과연 이 질문을 '질문으로서' 허용하는가이다. 즉 사람들이 자유롭게 질문을 던질 수 있는 분위기를 조성하는지 여부다. 경영자가 의심과 회의를 창조적이라고 여기는 분위기를 조성하는가? 곧바로 해답을 필요로 하지 않는 문제를 포용하는가? 가능성이 풍부한 분위기를 만드는가? 결과에 연연하지 않고 문제에 관한 대화를 나눌 수 있는 분위기를 만드는가? 사람들이 서로를 무시하지 않는 분위기인가?

이것은 당연한 요소다. 그러나 회사의 분위기가 이와는 전혀 다른 경우가 많다. 이런 곳에서는 질문하는 태도보다 정해진 얘기를 하는 태도가 환영받는다. 물론 그것도 나쁘지는 않지만 창조에는 치명적이다. 창조하려면 질문이 중시되어야 한다. 이것은 매우 중요한 요소이기 때문에 한 번 더 반복하겠다. 모든 창의적인 과정의 시작에는 어리석은 질문을 던진 현명한 사람이 있다.

◆ 원칙 11 ◆

창의성을 저지하지 않는 데서 출발하라

창의성의 비밀은 누가 창의적인가를 따지는 것이 아니라, 어떻게 하면 평범한 사람의 창의성을 뒷받침하는 환경을 조성할 수 있는가이다. 개인이 아니라 조직의 형태를 주시하라. 창의성은 어디에서 번성하는지, 어떤 분위기에서 생겨나는지 질문한다면 그 답으로 여러 장소가 떠오를 것이다. 그런데 유독 단 한 군데만이 제외된다. 바로 회사다.

이상한 일이 아니다. 일반적으로 기업은 창의성을 배제한 토대 위에 세워진다. 조직의 본질은 규칙 준수, 예측 가능함, 반복 가능함이다. 이런 곳에서 "오늘은 완전히 다른 방식으로 일해봅시다!"라고 창의적으로 외쳐봐야 소용없다. 조직적인 체계를 사랑하는 독일에서라면 더더욱. "독일의 운명은 창구 앞에 앉아 있는 것. 독일의 이상은 창구 뒤에 앉아 있는 것"이라고 문필가 쿠르트 투홀스키Kurt Tucholsky는 말했다. 이에 더해 기업의 조직적인 형태는 대부분 허무하게 사그라지는 '시험 삼아 해보는 것'의 에너지가 아니라 효율성에 맞춰진다. 그 이유는 창의성에 대한 기대가 대개는 충족되지 않기 때문이다. 탐색과 시도 과정 중에는 성공보다 실패가 훨씬 흔하다.

여기서 중요한 것은 '실패'를 바라보는 사고방식이다. 조직은 실패를 부정하지만, 실패는 창의력의 생명줄이다. 그래서 연구와 행정은 서로를 좋아하지 않는다. 연구에서는 '창의적인 혼란creative chaos'이라고 부르는 것을 행정에서는 '돈을 잡아먹는 무질서'라고 부른다. 자신의 회사가 떠올라 한숨이 나오는가?

그러므로 엄격하고 동질성이 강한 기업 문화 속에서는 우선 문화에 창의성을 불어넣어야만 비로소 조직이 생산적으로 변할 수 있다. 그렇지 않으면 기업 문화가 창의성에 적대적인 성향을 보인다. 기업 문화는 특정한 아이디어를 접함과 동시에 아주 짧은 순간, 기업 내에서 실현 가능한 것과 불가능한 것이 무엇인지 미리 결정을 내리기 때문이다.

창의성이 꽃피려면 사람이 기업이라는 기계의 부품이 아니라 기계와 구분되는 다른 능력, 즉 느낌, 예측할 수 없는 것에 대한 기대를 지닌 존재라는 인식이 기업 문화에 자리 잡아야 한다. 사람은 무언가를 분석하고 평가하고 해석해야 움직인다. 가정과 이론 없이는 불가능한 일이다. 한마디로, 사람에게는 **판단력**이 필요하다. 아름다운 단어라고 생각하지 않는가? 이것은 사람들의 내면에 자리 잡은 힘이다. 그 어떤 컨설턴트도 경영자의 판단력을 대신할 수 없다. 이 책도 그렇게 할 수 없다.

새로운 것을 받아들이려면 사람들이 서로 자유롭게 교류할 수 있어야 한다. 이를 위해 경영자는 회사의 장막과 문을 열어젖히고 외부를 향한 민감도를 높여야 한다. 오직 사람만이 그렇게 할 수 있다. 시장과 소비자로부터 발생하는 약한 신호에도 매우 예민하게 반응하도록 주변 사람들을 고무시키는 인물과 호기심이 많고 늘 새로운 것을 추구하는 사람들만이 말이다. 그러므로 경영자는 회사를 스펀지처럼 만들어 어떤 방식으로든 고객에 대한 혜택을 실현시킬 수 있는 모든 것을 흡수하도록 해야 한다. 창의력은 개인 혹은 집단이 어려운 일을 처리하는 꼼꼼함이라기보다 외부를 향한 민감성이기 때문이다. 창의성은 소비자로부터 시작되어야 한다. 그러므로 지금부터 좌우명으로 삼아야 할 것은 다음과 같다. 연결을 최대화하라! 그 무엇도 처음부터 배제하지 말라.

경영자가 창의성을 규정하거나 강요하지는 못한다. 그리고 연구실이나 실험실, 프로젝트 팀에 무조건 자금을 투자할 수 없다. 창의성은 이미 흘러나오고 있으며 그것은 주문하면 나오는 상품이 아니다. 그저 그것을 허락하면 된다. 회사는 '창의력이 발휘될 가능성이 높은 상황'을 더 많이 조성할 수 있다. 그리고 창의력을 더욱 구체적인 것으로 만드는 분위기를 조성할 수 있다. 현 시대의 조직 상황하에서 말하자면, '창의적이다'라는 말은 창의성을 '저지하지 않는' 사람이나 시스템을 뜻한다. 다시 말해 창의성을 저지하지 않는 데서부터 시작해도 좋다. 당장 시작하라! 그리고 스스로를 관찰하는 것을 잊지 말라.

◆ 원칙 12 ◆

창의성을 외부에 위탁하지 말라

기업은 자기 자신으로부터 자유로워지고자 하기 때문에 창의성을 부르짖는다. 여러분은 여기까지 읽으며 다음과 같이 자문했을지도 모른다. 매일 발생하는 업무들을 처리하면서 기업이 어떻게 하면 더 창의적으로 변할 수 있을까? 조직이 모든 창의력을 효율성과 안전성에 대한 공격으로 받아들인다면 어떻게 창의적인 변화가 가능하겠는가?

수많은 경영진이 제품 제조 과정을 개선하고 제품을 계속해서 발전시킬 방법을 상상할 수는 있다. 그러나 조직의 근본적인 부분이 아무것도 변하지 않는다면 이 모든 것은 상상에만 머물 뿐이다. 그리고 이러한 조직은 조직구조의 지배를 받는다.

사람들은 사일로 안에서 일하고, 정해진 노선을 고수하며, 정해진 역할만 수행한다. 일의 진행 과정은 잘 갈고 닦인 계획 시스템을 따라간다. 이렇게 사람들은 표준적인 업무를 수행한다. 그러나 과연 이런 식으로 창의력을 손에 넣을 수 있을까?

이러한 딜레마 속에서 근본적인 의문이 제기된다. (대)기업 안에서 디지털 혁신 프로젝트를 진전시킬 수 있을까? 그리고 기업 외부에서 따로 디지털 기업을 운영하는 것보다 더 훌륭하게 디지털 프로젝트를 진행할 수 있을까?

기업 내부에서 진행되는 혁신 프로젝트가 경직된 대기업 구조에 부딪쳐 난파된다는 내용은 이미 하버드대학 경영대학원 교수 클레이턴 크리스텐슨Clayton M. Christensen이 대체 불가능한 학설로 제기한 바 있다. 크리스텐슨은 디지털 세계로 가는 과정에서 오래된 것들이 온 힘을 다해 스스로를 보호할 것이라고 말했다. 그러므로 이미 확고히 기반을 다진 조직에서는 파괴적인 창의력이 몹시 의심쩍은 존재가 된다. 사실상 어떤 범선 조선소도 증기선을 제조하지 못했다.

그런 까닭에 창의성은 '외부에 위탁되는' 경우가 빈번하다. 이럴 경우에도 두 가지 전략이 있다. 첫 번째 전략은 시장에서 창의적인 기업을 관찰하고 필요에 따라 이 회사를 인수하는 방법이다. 가치가 높은 스타트업 대부분이 다른 회사에 완전히 통합된다. 그러면 과거에 스타트업에서 고수하던, 장난스러운 아이디어에서 창의적인 성과를 만들어내던 방식은 사라진다. 사람들은 대부분의 것을 조직적이고 독립된 상태로 둔 채 그저 창의적인 생산물을 안전하게 확보하려고 한다.

두 번째 전략은 기업 내에 분리된 부서를 설치하는 방법이다. 아이디어 육성 부서, 소규모 창의력 부서, '공돌이'들이 모일 수 있는 창고 등등. 이런 부서에서 사람들은 더 자유롭게 일할 수 있다. 창의력 부서에서는 해당 회사 직원은 물론 외부 지원군도 함께 일하며 기존의 조직에 창의력을 주입한다. 전문가들에게는 매력적인 이야기다. 이들은 구인시장에 제시된 조건을 보고 일자리를 찾을 수 있다.

하버드대학 교수 존 코터John Kotter는 이미 몇 년 전에 '듀얼 운영체제'를 가동하라고 제안했다. 그렇게 하면 이미 이룩한 것을 성급하게 무너뜨리지 않으면서 새로운 것을 개발할 수 있다. 현재 활발하게 사업을 이어가는 기업은 이미 첫 번째 운영체제를 사용하고 있다. 동시에 두 번째 운영체제인 민첩한 네트워크 조직을 운영한다. 네트워크 조직에서 일하는 직원들은 발명가의 마음가짐으로 자유롭게 팀을 구성하고 창의적인 해답을 찾아 연구를 진행한다. 어떤 혁신이 유용하다고 생각하는 사람이 많아지면 이 혁신은 조직 전체로 점차 퍼져나간다. 어쩌면 오늘 다루기 까다로운 프로젝트가 내일의 비즈니스 모델이 될 수도 있다.

이 논리에 따라 투 스피드 IT Two-Speed-IT라는 개념이 자주 언급된다. 그러나 과연 서로 다른 속도로 진행되는 디지털 변화가 정말로 효과적인지 의심스럽다. 현재 진행되는 수많은 프로젝트를 떠올려보아도 비즈니스 모델을 근본부터, 그리고 지속적으로 바꾼 프로젝트는 찾을 수 없기 때문이다. 당연하게도 누구든 돈벌이가 되는 핵심 사업을 가능하면 효율적으로 운영하고자 노력할 것이다. 그리고 디지털화가 바로 이 지점에 개입해야 한다. 우리가 진정으로 소비자의 관점에서 생각한다면 완전한 해답도 소비자의 측면에서 나와야 한다. 샌드박스 IT•에서 나와서는 안 된다.

최고경영진은 더 이상 혼자서 해결 방식을 결정할 수 없다는, 익숙지 않은 상황을 마주하게 되었다. 이제 미지의 영역으로 과감하게 나아가야 한다. 때때로 디지털 전문가들에게 방향키를 넘겨주기도 하면서. 최고경영진의 지도 아래 이러한 전문가들 찾기에 성공하기만 하면 하층부에서부터 큰 변화가 일어난다. 그러면 무엇보다도 아주 가까운 곳에서 대체 시나리오가 생겨난다. 이 시나리오는 공동의 미래에서 민첩하게 움직일 가능성을 설계한다. 과거 뒤스부르크의 철강 무역 회사인 클뢰크너가 이러한 방식으로 온라인 플랫폼을 개발했다. 그 결과 매출의 절반이 이 플랫폼에서 만들어졌으며 여태까지 케케묵은 전통 기업이 이런 성과를 거둔 예는 클뢰크너가 유일무이하다.

회사에 새로운 인터페이스를 도입하고, 조직의 인내력 부족으로 인해 아직 배아 상태인 창의성 단계에서 좌절하기보다

• 아이들이 마음껏 뛰어놀 수 있는 안전한 모래 놀이터에서 유래한 용어로 다른 프로세스로부터 격리 및 보호된 영역을 말한다.

단점까지도 수용하는 태도를 취하라. 앞서 언급했듯, 새로운 것은 정당화하기 어렵다. 그러나 미래지향적인 회사는 남들이 만들지 않는 것을 만들어야 한다.

◆ 원칙 13 ◆

외부의 자원으로 스스로를 정제하라

어떻게 해야 할까? 디지털 혁신 프로젝트를 내부에서 개발하겠는가? 적합한 기업을 사들이겠는가? 올바른 선택지는 단 하나가 아니다. 컴퓨터 주변 기기로 이름을 알린 전통 기업 로지텍Logitech은 스마트폰과 태블릿이 등장하면서 위기에 봉착했다. 그 이후 이 회사는 새로운 제품을 개발했고 다시 놀라운 성공을 거두었다.

로지텍이 모바일 스피커로 사업을 급상승 궤도에 올린 사례는 이 회사가 어떻게 창의성을 발휘했는지를 잘 보여준다. 이 스피커는 '얼티밋 이어Ultimate Ears, UE'라는 상표로 판매되었다. 로지텍은 오디오 분야에 전문성을 갖고 있으나 스스로 스피커를 제작한 적은 없는 작은 회사 얼티밋 이어를 인수했다. 이 회사가 갖춘 기술은 애초에 로지텍에 의해 개발되었는데 이는 본질적으로 PC 스피커 시대에서 유래한 것이다. 로지텍은 동시에 얼티밋 이어의 전문 지식을 이용해 자사의 제품을 업그레이드했다. 로지텍이라는 상표로 음악 시장에 발을 들여놓고 싶지 않았기 때문이다.

사람들은 근본적으로 혁신이 자신들의 홈그라운드에서부터 시작되어야 한다고 생각한다. 로지텍의 사장 브라켄 다렐Bracken Darrel은 이렇게 말했다. "창의적이고자 노력하면서 동시에 다른 기업을 사들여서는 성공할 수 없다. 이렇게 혁신을 구입해봐야 나이 든 관리자들은 새로운 회사의 메커니즘을 이해하지 못한다. 그렇기 때문에 대부분의 인수합병이 제대로 기능하지 않는 것이다."

여느 회사와 달리 로지텍은 우선 스스로 신제품을 개발하고 추가로 다른 기업을 사들여 자사의 역량을 강화했다. 여태까지 이 전략으로 실패한 회사는 없다.

◆ 원칙 14 ◆

기존의 공식에서 벗어나라

한 가지 실험을 해보자. 빈 병을 두 개 준비해서 한 병에는 꿀벌을 몇 마리 집어넣고 다른 병에는 파리를 몇 마리 집어넣어라. 두 병을 모두 평평한 탁자 위에 놓고 뚜껑을 열어둔 채 빛이나 창문을 등지게 한다. 그리고 관찰하라! 꿀벌들은 아주 신중하고 질서정연하게, 온 힘과 열정을 다해 빛이 비친 병 바닥을 밀리미터 단위로 탐색하며 열린 구멍을 찾을 것이다. 지쳐서 죽을 때까지. 반대로 파리들은 잔뜩 흥분해서 윙윙 소리를 내며 아무런 계획 없이, 그리고 무질서하게 병 안을 이리저리 날아다니다가 한 마리, 두 마리, 곧이어 모두가 우연히 출구를 찾을 것이다. 꿀벌들은 죽는다. 파리들은 살아남는다.

꿀벌들은 자신들의 정책을 따르기 때문에 죽음에 이른다. 이 정책이란 경험, 규칙 준수, 조화다. 이들은 바뀐 상황에 대해서도 "여태까지 했던 대로"라고 말한다. 반대로 파리들은 상황에 따라 다르게 반응하며 효율적이고 조화로운 행동은 포기한 채 우연에 기대기 때문에 살아남는다. '경험이 없었기 때문에' 성공한 사람을 본 적이 있을 것이다. 예를 들어 에어비앤비를 창립한 브라이언 체스키Brian Chesky는 호텔 산업에 대해 아무것도 몰랐다. 모든 경험은 근본적으로 사고를 제한한다. 익숙함이라는 힘은 지구상에서 가장 단단한 접착제다. 만약 우리가 특정 방식으로 이미 오랜 시간 성공을 거두어왔다면 다른 '고유한' 방식으로 더 큰 성공을 거둘 수 있을지 확신하지 못한다. 이런 경우 과거의 성공은 미래의 위기가 된다.

곤충들의 사례에서 얻을 수 있는 조언이 있다. 창의성이란 발견하는 방법을 배우는 일이다. 낡은 정책에 매여 있지 말라. 일론 머스크는 전통적인 기업에 비해 스타트업이 지닌 장점을 믿었다. "성공한 회사의 경영진은 유추법으로 생각한다. 그들은 그렇게 생각해야만 한다. 이들이 생각하는 모든 것은 과거 경험에서 도출해 유추한 내용이다. 그러나 이처럼 유추에 의존한 생각은 혁신에서는 불필요한 짐이 된다." 즉 오래된 것을 버려라. 그래야만 지속적으로 새로운 것을 찾아낼 자유를 손에 넣게 된다. 그리고 경험이 아니라 판단력에 기인한 아이디어와 원칙을 활용할 수 있다.

마지막으로 창의성은 **신뢰 문제**다. 빠르게 생산되는 것뿐만 아니라 천천히 성장하는 것도 신뢰하고 싶은가? 스티브 잡스는 이렇게 말했다. "앞을 내다보며 점을 찍어 이어나가기란 불가능하다. 오로지 뒤를 돌아보았을 때만 점들을 이을 수 있다. 따라서 여러분은 이 점들이 어떻게든 여러분의 미래에 연결되리라고 믿어야 한다."

◆ 원칙 15 ◆

과거의 성공을 믿지 말라

"이 도시가 존재하는 한, 그리고 겨울 햇빛이 이 도시를 비추는 한, 코닥 주식은 최고의 투자다." 시인이자 노벨상 수상 작가 조지프 브로드스키Joseph Brodsky가 한 말이다. 그는 평생 동안 베네치아를 찍은 사진의 아름다움에 마음을 빼앗긴 채 살았다. 브로드스키는 1991년에 베네치아가 자금 부족에 시달리게 된다면 이스트먼 코닥Eastman Kodak에 지원을 요청하거나 코닥의 제품에 엄청난 세금을 부과하면 된다고 말했다. 아, 이 시인의 생각은 얼마나 잘못된 것이었던가. 베네치아는 아직 존재하나 코닥은 그렇지 않다. 디지털 사진이 승리했고 아날로그 사진은 사라졌다.

이스트먼 코닥은 100년 이상 세계 사진 업계를 장악하다가 2012년에 역사의 뒤안길로 사라졌다. 한때 '코닥 모먼트'였던 것이 이제는 '셀카'로 바뀌었다. 사람들이 사진 찍기를 그만둔 것이 아니다. 오히려 예전보다 더 많은 사진을 찍는다. 그러나 비즈니스 모델이 완전히 바뀌었다. 우리는 이제 사진을 인화하지 않는다. 대신 사진을 소셜미디어에 올린다. 역설적이게도 코닥은 디지털 사진 기술을 발명했으나 자신들의 핵심 비즈니스를 망치면서까지 디지털로 이동하고자 하지 않았다. 이들에게는 선견지명과 상상력이 부족했다.

누구나 이 이야기를 잘 알고 있다. 그러나 다음과 같은 내용을 알고 있는 사람은 소수다. 코닥은 페이스북이 발명한 것과 같은 제품을 거의 발명할 뻔했다. 코닥은 2001년에 오포토Ofoto를 인수했다. 이것은 사진을 교환할 수 있는 초기 플랫폼이었다. 몇 가지만 수정했다면 코닥은 오늘날 페이스북이 만든 것과 같은 플랫폼을 창조할 수 있었으리라. 그러나 코닥이 취한 행동은 달랐다. 코닥은 이렇게 생각했다. "이 플랫폼을 어떻게 활용하면 사람들이 더 많은 사진을 인화하고 사진이 들어간 머그컵이나 티셔츠를 만들도록 할 수 있을까?" 이들은 낡은 비즈니스 모델의 사고 범위를 벗어나지 못했다. 꿀벌들처럼 말이다.

과거의 성공을 믿지 말라! 우리를 여기까지 끌고 온 것이 우리를 다른 쪽으로 끌고 가지는 못한다. 새로운 것을 만들어내기 위해서는 과거를 놓아주어야 한다. 그리고 과거는 과거의 영광대로 남아있게 하라. 과거의 영광에 경의를 표하되, 뒤에 남겨두어야 한다. 그래야만 다시 새로운 것에 착수할 수 있다. 제프 베조스는 2017년 주주들에게 보낸 편지에서 끊임없이 이어지는 '공격 방식'을 이렇게 묘사했다. "오늘은 인터넷 시대의 첫 날(데이 원)이며, 우리가 잘 해낸다면 아마존에게도 데이 원이 될 것입니다. 데이 투는 '정체'입니다. 무사안일과 고통스러운 퇴보, 죽음으로 이어지는 날입니다. 우리는 항상 데이 원이어야 합니다." 시애틀에 위치한 아마존 본사의 이름 또한 '데이 원'이다.

◆ **원칙 16** ◆

스스로를 잡아먹어라

피터 드러커 이후 기업에 주어진 주요 과제는 스스로 만든 제품을 없애는 일이다. 애플이 아이폰으로 아이팟을 전부 '먹어 삼켰듯이'. 우리는 스스로를 잡아먹어야 한다. 물론 고통스러운 일이다. 자기 돈을 투자한 기업가는 좀더 쉽게 이렇게 할 수 있다. 해명할 책임이 없기 때문이다. 이들은 미래의 예측에 더 많이 베팅하고 모험할 수 있다. 그러나 이들도 종종 어려움을 겪는다.

우리는 디지털화란 리스크인 동시에 기회라고 아무 생각 없이 되풀이한다. 그렇지만 대부분의 회사는 리스크를 우선 고려한다. 오래된 것에서 벗어나 새로운 방향으로 들어가기를 망설인다. 그러한 움직임이 당장의 이익을 위협하기 때문이다. 이 시점에서 3M이 떠오른다. 이 회사는 수요가 큰 폭으로 줄어들었음에도 10년 이상 카세트테이프 제조에 매달렸다. 그래도 여전히 시장의 선두주자였지만.

이처럼 과거의 것을 꽉 붙들고 놓지 않는 경영진은 회사의 미래를 위협하는 셈이다! 경영자라면 다음과 같은 질문에 답해야 한다. 자신이 몸담은 비즈니스 모델의 기반을 파괴하는 일을 남의 손에 맡기고 싶은가? 부정적인 사례들은 이미 잘 알려져 있다. 코닥은 물론 백화점들, 모토로라Motorola, 팜Palm, 노키아 등등. 긍정적인 사례들도 있다. 후지필름Fujifilm은 사진 대신 의약 기술에 손을 뻗었고, 힐티Hilti는 공구 판매에서 한 발 나아가 임대 서비스를 시작했으며 네스프레소Nespresso는 넓은 매장 대신 소비자에게 캡슐커피를 직접 판매하는 네스프레소 클럽Club을 만들었다. 구글은 다른 수많은 회사와 마찬가지로 음성 비서 서비스에 투자했고 그 결과 구글의 주요 수입원이던 디스플레이에 악영향을 끼쳤다.

다임러는 카투고Car2Go, 무블Moovel, 마이택시Mytaxi, 투로Turo 등의 서비스로 자차 보유를 포기한 소비자들에게 자사의 자동차를 제공한다. 클뢰크너의 CEO 기스버트 뤨Gisbert Rühl은 공격을 받을 때까지 기다리지 않았다. 그는 동료들과 함께 실리콘밸리로 가서 자신의 비즈니스 모델을 스스로 파괴하려면 어떻게 해야 하는지를 중점적으로 탐문했다. 그 결과는 앞서 언급한 바 있는 거래 플랫폼이었다.

스위스 그라우뷘덴에 기반을 둔 의료 기술 기업 해밀턴Hamilton의 사례도 흥미롭다. 이 회사는 매출의 20%를 R&D에 투자했다. 2016년 이 회사는 30가지 기술을 발명했고 거기에서 150여 개의 특허가 탄생했다. 경쟁사인 드레거Dräger, 메드트로닉Medtronic, 맥케Macquet 등과 비교하면 많은 숫자다. 이는 혁신에 있어 중요한 시사점을 알려준다. 바로 카니발리제이션Cannibalization이다. "우리는 우리가 직접 만든 제품을 배제하는 데 두려움을 느끼지 않는다." 해밀턴 콘체른의 CEO 안드레아스 빌란트Andreas Wieland가 한 말이다. 그가 설명하길, 그는 어느 날 점심을 먹다가 한 동료 직원의 아이디어를 듣고 어떤 소프트웨어 프로젝트를 진행해야겠다는 영감을 얻었다고 한다. 그래서 빌란트는 이 직원에게 50만 프랑(약 5억 7,000만 원)의 신용대출을 인가한다는 자신의 서명이 담긴 종이 냅킨을 쥐어주고 회계부서로 보냈다.

나는 카니발리제이션을 지지한다. 창의적인 사람들을 찾아가 스스로를 파괴할 디지털 아이디어를 사들여라. 만약 이러한 아이디어를 얻었다면 당장 실천하라. 스스로 자신의 적이 되어라. 스스로가 적이 되면 적어도 적을 확실히 알 수는 있지 않은가. 자기 자신을 잡아먹어라. 다른 이들이 그렇게 하기 전에.

◆ 원칙 17 ◆

미래에서 현재의 회사를 바라보라

"변화만큼 안정적인 것은 없다." 이 경영 주문이 얼마나 빈번하게 의미 없이 되풀이 되었는가. 그리고 얼마나 숱하게 무시당했는가. 하지만 디지털화를 겪으면서 이 주문이 새로운 가치를 얻었다.

이제 회사에 놀라운 일을 다룰 수 있는 능력을 부여해야 한다. 놀라운 일이란 기술적인 돌파이자 갑작스런 시장 개척, 우연히 생긴 기회, 분리된 거래망, 갑작스런 환율 변동, 변덕이 심한 정치 등이다. 아마 경영자라면 1989년 동유럽의 급작스런 개방과 그로 인해 발생한 난기류를 기억하고 있을 것이다. 또는 도널드 트럼프의 당선이라거나. 이보다 기괴한 일이 어디 있겠는가.

그렇다면 무엇이 우리에게 놀라운 일을 다룰 능력을 부여하는가? 무엇보다도 우선 스스로가 이러한 일들이 가능하다고 받아들여야 한다. 높은 확률로 있을 법한 일이라고 말이다. 몇

몇 연구자는 이렇게 말한다. 예상치 못한 일들이 발생하는 것은 무조건 확신할 수 있는 일이라고.

밀린 '숙제를 하는 것'이 중요하다. 디지털 시대에 성공하려면, 즉 '살아남으려면' 새로운 종류의 수요에 무조건 빨리 적응해야 한다. 우리는 놀라운 사건 자체에는 책임을 지지 않아도 된다. 그러나 그런 일이 일어났을 때 우리가 보이는 반응에는 책임을 져야 한다.

이를 위해 할 수 있는 연습이 있다. 바로 문샷 씽킹Moonshot Thinking, 문샷 사고방식이다. 인간이 달에 착륙함으로써 할 수 있었던 가장 놀라운 발견은 달 그 자체가 아니라 외부로부터 전체를 바라본 푸른 별 지구였다. 우리는 이런 식으로 미래를 기준으로 생각할 수 있다. 그리고 이렇게 뒤를 돌아봄과 동시에 현재 발생하는 놀라운 일을 받아들이기 위한 준비를 해야 한다. 모든 창의적인 과정이 출발하는 질문에서부터 시작하라. "만약 이런 일이 일어난다면?" 예를 들어 "만약 우리 제품과 서비스의 수요가 갑자기 뚝 끊긴다면? 그러면 우리는 어떻게 해야 할까?" 또는 "만약 미리 알지 못한, 완전히 다른 수요가 발생한다면? 그러면 우리는 어떻게 변화에 대비할 수 있을까?"라고 질문하라. 이 두 질문은 미래로 가는 길을 제시한다. 하나는 비관적인 길이고 다른 하나는 낙관적인 길이다. 그리고 답은 열려있다.

문샷 사고방식을 연습하려면 우선 큰 방 하나를 골라 이 방을 '문제의 방'과 '해결의 방'으로 나눈다. 그리고 참가자들이 이리저리 돌아다니며 각자 자신의 의견을 말하도록 한다. 그리고 거대한 게시판에 참가자들의 생각을 정리해둔다. 이 연습의 목표는 구체적으로 교환할 수 있는 것들이 아니라 놀라운 사건에 친근해질 수 있는 사고방식을 개발하는 것이다. 딱딱하게 굳은 생각이 녹아 흘러야 한다. 구글처럼 '혁신 에반젤리스트Evangelist'●를 임명하지 않고도 이 연습을 할 수 있다. 구글이 보유한 혁신 에반젤리스트는 500여 명 규모로 그들은 전 세계적으로 동분서주하고 있다.

다음을 명심해야 한다. '해결의 방'을 떠나 '문제의 방'으로 들어가라! 그래야 현재의 문제들에 대한 해결책보다 여러 가지 측면에서 더 나은 새로운 아이디어를 찾을 수 있다. 이를 위해서는 정신적인 실험을 단행할 용기와 능력이 필요하다. 그리고 매우 높은 심리적 안정을 보장하는 주변 환경이 갖추어져야 한다. 그렇지 않으면 아무도 무언가를 감행하지 않는다.

두려움은 창의성의 천적이다. 자신이 하는 일을 두려워하지 않는 사람만이 창의력을 발휘할 수 있다. 곰곰이 생각해보

● '전도사'라는 뜻으로 IT 업계에서 자신의 기술을 시장에 전파시키는 역할을 한다. 즉 신기술의 비전과 가치를 알려 신기술이 시장에 흡수될 수 있도록 돕는 사람을 말한다.

라. 거대한 인터넷 기업에서는 아이디어의 98%가 실현되지 않거나 수포로 돌아간다. 이것을 개인적인 실패로 받아들이는 사람은 삶이 팍팍해진다. 디지털 세상에서는 스스로를 전략적으로 최적화해 특정한 위치를 차지하는 것은 중요하지 않다. 언제든 변화에 대응할 수 있는 능력을 키우고 유지하는 것이 가장 중요하다.

◆ 원칙 18 ◆

합의에 따라야 한다는 압박에서 벗어나라

앞에서 스스로를 낡은 해결책에서 분리하라는 이야기를 했다. 이 주제를 조금 더 파고들어 케케묵은 기계적 사고의 본질적인 요소인 순응에 대해 고찰해보자. 조직 안에서 일하는 사람은 그 조직에 스스로를 맞춰야 한다. 구성원들이 조직에 순응하지 않으면 그 어떤 조직도 유지되지 않는다. 어느 정도까지는 말이다! 하지만 순응하는 태도가 정도를 넘어서면 생산성이 떨어진다. 그리고 창의성은 더 말할 것도 없다.

로버트 윌슨Robert Wilson과 함께 1978년 노벨 물리학상을 수상하고 1998년까지 루슨트 테크놀로지Lucent Technologies 연구소장으로 일한 아노 펜지어스Arno Penzias는 이렇게 말했다. "창의적인 동시에 순응할 수는 없다. 당신을 남들과 다르게 만드는 것이 당신을 창의적으로 만든다는 사실을 깨달아야 한다."

창의력이란 익숙하지 않은 것을 보고, 생각하고, 느끼는 힘이다. 그리고 이러한 차이를 존중하는 분위기 속에서 일해야 발휘되는 것이다. 창의력을 원한다면 다양함을 받아들여라. 단순함이 아니라.

그렇다면 어떻게 이를 기업에서 현실화할 수 있을까? 하버드 경영대학원 교수 프란체스카 지노Francesca Gino가 '건설적 비순응주의'라고 부르는 개념을 장려하려면 어떻게 해야 하는가? 창의성에 대해 이야기할 때, 기업들은 가장 먼저 '사람의' 창의력을 최적화하기 바쁘다. "우리가 이 버튼을 누르면 직원들에게서 노란색 창의력 전구가 켜진다." 과거에 천재 발명가 다니엘 뒤젠트립Daniel Düsentrieb(디즈니 만화 캐릭터)과 그의 조수들이 그랬듯이 말이다. 그러나 이와 반대로 우리는 이미 수십 년 전부터 연구 결과에 의해 개인이 아니라 '제도적인 틀'이 변수라는 사실을 알고 있다. 정신적인 방향 전환이 아니라 제도적인 봉쇄를 돌파하는 행동이 기업을 성공으로 이끈다.

이는 창의력을 기르는 데 무엇보다도 중요한 일이다. 무언가를 처음 시작할 때 개인적인 사고방식의 전환을 전제로 한 조직적인 변화를 구상할 필요는 전혀 없다. 이것은 절망적이리만치 부적절한 태도다. 트레이닝과 코칭은 아껴두라. 그보다 더 중요한 일은 창의적인 성과를 낼 수 있는 기본 조건을 알아두는 것이다. 이와 관련해 가장 먼저 말하고 싶은 바는, 창의적인 성과를 생산해낼 수 있는, 모든 방면에서 입증된 공식은 존재하지 않는다는 사실이다. 안타깝게도 창의력을 배양하기보다는 창의력의 싹을 애초에 잘라버리기가 훨씬 쉽다. 그러니 무엇보다도 창의력의 싹이 제거되는 비극을 막는 데 주력하라. 어떤 일을 '추가로' 해야 하는지는 그다음에 생각하라.

조직 내부가 동질적이어야 한다는 압박에서 벗어나라. 모든 경영 관리 도구를 사용할 때 그것이 과도한 순응을 강조하지는 않는지 점검하라. 피드백을 주고받는 대화가 상대방의 생각을 바꾸거나 일관된 원칙에 따르게 하려는 명령으로 변질되지 않도록 주의하라. 직원들을 순응도가 아니라 결단력으로 판단하라. 직원들의 개성과 대체불가능성을 인정하라. 창의적인 전체의 생산성은 구성원들의 유일무이함에 좌우된다! 직원들이 전체에 기여한 바를 존중하고 이를 인정하도록 노력하라. 올바른 것이 아니라 특별한 것을 중심으로 옮겨라.

◆ 원칙 19 ◆

보상은 창의성을 망친다

동기에 관한 논쟁이 차츰 줄어들고 있다. 직원들이 스스로 '동기 부여'되었는지가 중요하더라도 그 동기가 늘 성공이나 성과를 목표로 하는 것은 아니다. 동기는 성과 자체가 아니라 바로 성과를 낼 수 있도록 준비된 자세를 갖게 한다. 작업 능력과 수행 가능성이 성과를 낳는 조건이다. 지식 경제에서는 피와 땀, 눈물이 비참하리만치 시대착오적이다. 온 힘을 쥐어짜낸다고 해서 창의적인 인물이 될 수 있는 것은 아니다. 그보다 훨씬 중요한 것은 능력과 지식이다.

보상이 창의성을 '망친다'는 것은 이미 주지의 사실이다. 수십 건의 연구 결과가 보상이 '안정적인' 길을 선택하라고 사람들을 유혹한다는 점을 의심의 여지없이 증명한다. 확실한 보상을 약속하는 길을 선택하라고 말이다. 그리고 실패할 법한 길은 선택하지 말라고. 그래서 사람들은 간단하고 빠르게 답을 낼 수 있으며 측정 가능한 과제를 선호한다. 더듬어 느끼고 탐구하는 일, 그리고 불확실한 것은 외면한다. 리스크를 감수할, 새로운 가능성을 추구할, 그리고 복잡하고 지루한 과정을 끝까지 완수할 준비에는 소홀해진다. 사람들은 최대한 빨리 보상받길 원한다. 코넬대학 교수 존 콘드리John Condry는 보상이 "호기심의 적"이라고 말했다. 혁신에는 치명적인 셈이다. 그래서 간곡하게 당부한다. 외적인 보상을 단호히 포기하라. 그렇지 않으면 창의성의 은총을 포기하게 된다.

혁신적인 정신은 보상보다 탐구적인 태도에서 기인한다. 이것은 인류학 분야의 정론이다. 그래서 창의적인 사람은 높은 수준으로 동기 부여되어 있다. 선천적이고 과제 중심적인 동기는 창의적인 성과로 가는 고유한 동력이다. 하지만 그렇다고 창의적인 사람이 인정받지 않고도 살 수 있다는 뜻은 아니다. 극소수의 사람들만이 그렇게 할 수 있다.

창의적인 사람은 그의 아이디어가 존중받기를 기대한다. 창의적인 사람은 자신의 창의력이 회사에서 언제 어디서나 높은 평가를 받고 타인들이 그의 아이디어를 진지하게 받아들이고 그것을 주의 깊게 다루는지 살핀다. 대부분의 아이디어가 실현되지 않거나 희석된 채 현실화되기 때문에 이러한 점이 더욱 중요하다. 이때 디지털은 아날로그와 큰 차이가 없다. 새로운 것은 열망이 아니라 호기심에서 탄생한다.

◆ 원칙 20 ◆

혁신을 관리하지 말라

갑자기 창의적인 아이디어가 떠올랐다고 상상해보라. 회사 내의 어떤 과정을 개선하고 싶다. 전통적인 회사에서 일하고 있다면 이 아이디어를 기록해두고 이것을 '영업 제안 시스템'이나 '지속적 개선 프로세스' 혹은 오늘날 '혁신 관리 시스템'이라고 부르는 곳에 저장한다. 혹은 아이디어를 들고 경영자를 찾아간다. 경영자가 관심을 보이지 않으면 아이디어는 사그라진다. 또한 아이디어가 성공하더라도 그 공은 상사나 그 상사의 상사에게 돌아간다. 이 상황을 수천 명의 사람들이 늘 새로운 대안을 추구하는 실리콘밸리와 비교해보라!

이미 언급했듯이, 사람이 제도를 만들어내는 것보다 제도가 사람의 행동을 만들어내는 경우가 훨씬 많다. 일반적으로 직원들은 함께 생각하지 않는다. 이들은 보상을 받을 때만 함께 생각한다. 그러므로 창의성과 꾸준한 개선을 일상적인 협력에 통합하는 일이 무엇보다 중요하다. 그러기 위해 창의성에는 다음의 조건이 필요하다.

1. 예외가 아니라 원칙이다.
2. 인위적인 규범이 아니라 당연하고 자연스러운 것이다.
3. 소수만의 것이 아니라 모두의 것이다.

자, 이제 본론이다. '혁신 관리'를 없애라! 이것은 회사가 가장 필요로 하지 않는 것이다. 오늘날 어떤 회사도 창의성을 '특별 업무'로 명시할 여유가 없다. 기업들은 영구한 혁명, 즉 계속해서 이어지는 "무엇을 어떻게 다르게 만들까?"라는 질문을 필요로 한다.

내가 일을 배웠던, 의심할 여지없이 세계에서 가장 창의적인 기업에 속하는 3M은 이미 몇 년 전부터 '영업 제안 시스템'을 폐지했다. 창의성에 추가 보상을 지급하다니 시대착오적이다. 혁신 역량을 갖춘 회사들을 주요 경쟁자로 둔 기업이라면 더더욱 그렇다. 첫 시도 만에 관료주의라는 괴물을 꽉 붙잡을 수 있으리라고 생각하지 말라. 이 상황을 뼈 골절과 비슷하다고 생각하라. 부목은 골절된 뼈뿐만이 아니라 근본적으로 잘못된 자세도 고정시켜버린다. 아이디어가 자유롭게 흐르길 원한다면 부목을 벗어던지고 오래된 부목은 버려야 한다.

◆ 원칙 21 ◆

혁신 담당자를 없애라

어떤 일을 주도하기 위해서는 회사에서 인정받을 수 있는 특정한 '형식'을 갖춰야 한다. 이러한 제도화에는 부작용이 있다. R&D 부서를 예로 들어보자. 이런 부서의 존재는 직원들에게 새로운 것을 창안하고 개발할 책임을 이 부서로 전가하라고 권유하는 것이나 다름없다. 창의성이 한 부서의 책임이 되어버린다. 동시에 경영자 스스로도 창의성에 대한 의무에서 '해방된다.'

만약 회사가 '혁신 매니저'라든가 CIO Chief Innovation Officer, 즉 **최고혁신책임자**를 고용한다면 앞서 언급한 효과를 얻게 된다. 이들은 자신들이 주도권을 잃는 일이 없도록 하기 위해 노력한다. 여기에도 부작용이 있다. 혁신 책임자들은 명백한 의도 없이도 다른 직원들에게 혁신은 자신에게 맡기라고 권하는 존재가 되어버린다. 이 전문가들은 동시에 다른 직원들이 다시 혁신에 대한 책임을 '되찾도록' 만드는 데 오랜 시간 열중한다. 자신의 진정한 존재 이유를 부정하는 셈이다.

딜레마다. 어떻게 해야 할까? 창의성을 진정으로 우선에 둔다면 그것을 제도에 '떠넘겨서'는 안 된다. 누구든 좋은 아이디어를 낼 수 있다. 모든 직원들을 창의력 프로세스에 연결하라. **경영자**가 바로 주요 엔진이다. 경영자는 간디가 "나 자신이 세상에서 보고자 하는 변화 그 자체가 되어야 한다."고 했듯 스스로가 "기업에서 보고자 하는 창의성"을 대변해야 한다. 바로 이것을 근거로 아마존은 CIO 자리를 없앴다. 물론 이 회사는 그런 역할을 하는 경영진을 보유하고 있다.

구글, 페이스북, 이베이eBay, 아마존, 트위터, IBM, 중국의 텐센트Tencent와 시나 웨이보Sina Weibo까지, 이 회사들의 최고 자리에는 컴퓨터 프로그래머 출신들이 앉아 있다. 이는 디지털 혁신이 경영자의 일이라는 힌트를 준다. 그렇다고 경영자가 직접 프로그래밍을 할 필요는 없다.

◆ 원칙 22 ◆

창의성은 비효율을 동반한다

"비용을 너무 늦게 생각하는 사람은 회사를 망친다. 비용을 너무 일찍부터 생각하는 사람은 창의성을 죽인다." 독일의 기업가 필립 로젠슈탈Philip Rosenstahl이 한 말이다. 절약과 풍부한 사업기회 사이의 딜레마 속에서 경영자는 늘 줄타기를 하듯 위태위태하게 회사를 운영한다. 노련한 기업들은 '사람은 자기가 잘하는 일에 전념해야 한다'는 말을 명심하고 있다. 과거에도 그랬고, 오늘날에도 그렇다. 핵심은 '원가 관리'와 '시너지 효과 내기'다.

기업에서 창의적인 결과를 내고 싶은 사람은 이렇게 물어야 한다. "우리는 효율성의 대가로 얼마를 지불해야 하는가?" 효율성은 기업을 지속가능한 존재로 만드는 모든 것을 약화시킨다. 유연성, 중복, 그리고 늘 '비효율적인 것'을 동반하는 창의성까지.

창의성의 원천 가까이에는 늘 '비용 줄이기'라는 과제를 짊어진 경영진이 눈을 부릅뜨고 서 있다. 나는 이 문제를 전작인 《근본적으로 경영하라Radikal Führen》에서 다루었다.

이 점을 명심하라. 비효율성 없이는 창의성도 없다. 회사의 창의성을 다시 일깨우고 싶다면 조직이 효율성에 집착하지 않도록 하라. 아니, 한 발 양보해서 '효율성에만' 집중하지 않도록 하라. 어디에서 효율성이 우세해야 할지, 아니면 그것이 발등을 찍는 일이 될지 심사숙고해서 결정해야 한다.

디지털 시대에 모험적인 아이디어를 피하는 것만큼 리스크가 큰 일은 없다. 창의성에 비용 지불하기를 꺼린다면 곧 아무런 돈도 손에 넣지 못할 것이다.

◆ 원칙 23 ◆

신뢰는 창의성의 기반이다

신뢰는 창의성을 위한 종잣돈이다. 정당화의 압박이 높으면 높을수록 사람들은 스스로를 정당화할 수 있는 길을 선택한다. 그리고 계속해서 주류에 붙어 있으려고 안간힘을 쓴다. 이것은 과감하고 창의적인, 그리고 실패할 수도 있는 길이 아니다. 안전장치가 설치된 길이다.

창의력은 오래된 조직의 패러다임하에서는 낯선, 단 한 가지 조건 위에서만 자라난다. 바로 '정당화를 포기하는' 상황이다. 불확실함을 받아들이고 통제를 포기하라. 어떤 일이든 광범위하게 실천하라. 이미 성공한 이들의 관점에서 보았을 때 새로운 것이란 거의 정당화하기 힘든 존재이기 때문이다.

이렇게 하려면 다음과 같은 조치가 필요하다. 규정의 압박이 행사되지 않고 규칙이 완화된 광범위한 영역을 만들어라. 사람들이 이 영역 내에서 비교적 자유롭게 움직일 수 있도록 말이다. 일견 비이성적으로 보이는 사람들을 제지하지 않고 내버려

두기에 적당한 공간을 만들면 극심한 손실이 발생해도 걱정할 필요가 없다. 이러한 영역은 문제가 발생해도 악영향이 제한적이며 동시에 새로운 것이 탄생할 기반이 된다.

사람들은 오직 신뢰가 바탕이 된 분위기에서만 창의성을 발휘할 수 있다. 정당화의 압박을 행사하는 모든 조직을 비판적으로 바라보라. 창의성은 숨쉴 공간을 필요로 한다! 창의력이 발휘될 수 있는 분위기를 조성하라. 창의성이 위축되는 분위기를 타도하라.

◆ 원칙 24 ◆

1등을 따라 하면 1등이 될 수 없다

어떤 영국인이 개 경주대회에서 늘 2등만 하는 그레이하운드를 한 마리 키우고 있었다. 수의사는 이 개가 근시라는 점을 발견하고 곧 콘택트렌즈를 끼도록 했다. 창의적인 시도였다. 그후 이 개는 경주대회에서 차례로 우승을 휩쓸었다. 어떻게 그렇게 할 수 있었을까? 이 그레이하운드는 여태까지 자신의 바로 앞에서 뛰는 개를 따라 달렸던 것이다. 그렇지 않으면 어디로 가야 할지 몰랐으니까. 하지만 눈이 잘 보이게 되자 앞에 다른 개가 있든 없든 전력을 다해 질주할 수 있었다.

실천은 흉내 내기인 경우가 많다. 그 예로 벤치마킹을 들 수 있다. 벤치마킹이란 특정 회사의 과거에서 착취한 것으로 다른 회사의 미래를 형성하는 일이다. 영국화•가 진행되면서 사람들은 스스로의 빈약한 핵심 요소를 은폐하기 시작했다. 비교

• 영국의 언어나 문화적인 특성을 받아들이고 그에 동화되는 현상을 말한다.

가 중요해진 것이다. 남과 비교하면 그 대상과 자신이 동일시된다. 하지만 누구도 남과 동일하지 않으며, 어떤 기업도 다른 기업과 동일하지 않다. 비교 결과 내가 남보다 못하다 싶으면 끝없는 정당화가 난무했다. 오늘날까지 성공을 거듭하고 있는 기업에 대한 신뢰도 높은 정보를 입수한다면, 벤치마킹이 어렵다는 걸 알게 될 것이다. 개별 기업의 전통과 고유한 특성에서 경쟁력이 나온다.

디지털 시대에 벤치마킹이라는 개념은 빛이 바랜 것을 넘어 썩어 문드러진 존재다. 과거에 작동하던 것이 현재도 어느 정도까지는 통용되리라는 생각은 오늘날 디지털 시대에는 적합하지 않다. 이 사실은 미래에 더 확실하게 증명될 것이다. 아마존이 바다 위에 떠 있는 모든 배를 나포하고 구글이 모든 것을 빨아들인다. 페이스북도 마찬가지다. 표준을 만드는 플랫폼 기업들은 경쟁에서 형용할 수 없을 만큼 유리하다. '승자가 모든 것을 갖는다'는 디지털 시대의 원칙을 생각한다면 우리는 스스로를 실험해야 하고 더 빨라져야 한다.

만약 상황에 따라 벤치마킹을 통해 이익을 얻는다면 이는 기업의 다음과 같은 집단 무의식을 증명하는 것이다. 모든 좋은 것은 타인으로부터 나온다! 우리는 늘 경쟁에서 뒤처져 있다! 익살스럽게 말하자면, 벤치마크 심은 데서 베스트 프랙티스Best Practice● 난다. 기업은 이렇게 수확한 베스트 프랙티스에 남을 흉

내 내는 방어적인 에너지를 주입한다.

디지털 시대에 이렇게 행동해봤자 전혀 도움이 되지 않는다. 타협하게 되기 때문이다. 목표치가 작은 사람들에게는 유용하겠으나 새로운 혁신을 찾아 나서고 싶은 이들에게는 적합하지 않은 방법이다. 이제 비교는 그만두라! 경쟁자를 곁눈질하는 데 에너지를 낭비하지 말라. 스스로에게 집중하라. 소비자들이 감탄할 만한 창의적인 제품 및 서비스를 개발하고 혁신을 통해 새로운 시장 잠재력이라는 전리품을 손에 넣어라. 그래야만 미래에 재미를 볼 수 있다.

그레이하운드 이야기를 떠올리자. 먼저 가는 사람의 뒤꽁무니를 쫓아 달려봐야 절대 1등이 될 수 없다. 스스로 날카롭게 보고, 널리 보고, 꿰뚫어 보기 위해 노력하라.

• 판매, 제품 혁신 등 경영 활동 분야에서 세계 최고의 성과를 낸 운영방식을 말한다.

◆ 원칙 25 ◆

창의성은 쉽게 질식한다

기업의 부는 끊임없는 혁신을 이어가는 그들의 역량에 근거한다. 경제사학자들은 다음 내용에 동의할 것이다. 산업화 초기에는 영국만큼 뚜렷한 발명가 문화를 보인 곳이 어디에도 없었다. 이러한 변화의 한 축을 담당한 사람들에는 지식인뿐만 아니라 수공업자도 포함되었다. 이들은 새로운 방식을 시도하는 것을 대단히 사랑했다.

16세기에 영국 왕실이 가톨릭교회와 결별을 선언한 점도 지식인들을 속박에서 자유롭게 하는 데 중요한 역할을 했다. 문화적 분위기로 모든 것을 설명할 수는 없지만 지대한 영향력을 미친 것은 사실이다. 기성세대는 두려움에 떨며 보호받는 대신 새로운 것에 대한 기대에 찬 즐거움을 축하했다. 새로움에 대한 욕망, 즉 호기심은 사람들이 18세기 후반 폭발한 기술혁신에 정신적으로 대비할 수 있도록 만들었다. 당시 탄광 산업이 혁명을 일으켰고 철강 산업이 부흥했으며 방적공장이 크게 성장했다. 경제사학자 데이비드 란데스David Landes는 이를 '발명의 발명'이라고 말했다.

우리 회사에서 어떻게 이런 분위기를 장려할 수 있을까? 행복의 오아시스를 설치하거나 등 마사지를 제안하거나 휴게실에 핀볼 기계를 설치할 수는 없는 노릇 아닌가. 대신 직원들에게 더 많은 자유, 특히 정신적 자유를 줘야 한다. 회사 내에서 실험적인 휴식을 취해보라. 회사에 필요한 것은 집단 파업이다. 그러지 못할 이유가 무엇인가? 뻣뻣하고 관료주의적인 일처리는 독이다. 위계적인 의사소통을 강제하는 것도 마찬가지다.

호텔 검색 플랫폼이자 독일의 유일한 유니콘인 트리바고는 최소 10억 달러(약 1조 1,000억 원)에 달하는 가치를 지닌 스타트업이다. 현재 기업 가치는 51억 달러(약 5조 6,100억 원)다. 이 회사는 위계질서에 큰 가치를 부여하지 않는다. 이 회사에서는 담당 업무와 과제가 순환보직으로 돌아간다. 고위 간부들도 마찬가지로 매년 다른 분야를 담당한다. 단, 업무상 자신의 위치를 지켜야 하는 재무 담당자는 제외된다.

우리는 다양한 방식으로 창의성에 박차를 가할 수 있다. 예를 들어 주변 분위기를 고무시키는, 재치 있는 인물을 채용해도 좋다. 축구는 물론 음악의 세계에도 아이디어를 고안하고 전파하는 데 서로 도움을 주고받은 눈부신 사례들이 존재하지 않는가. 레논과 매카트니, 메시와 이니에스타처럼. 서로가 없었다면 이들은 얼마나 큰 손해를 보았겠는가?

경영자는 누구를 지지해야 하는가? 창의적인 사람인가 아니면 관료주의자인가? 회사의 '걱정쟁이'들이 원대한 아이디어를 너무 일찍부터 축소시키지 않도록 주의하고, 스스로도 그렇게 하지 않도록 하라.

융폰맛의 공동 설립자이자 창의적인 인물인 장 레미 폰 맛Jean-Remy von Matt은 창의성이란 "쉽게 변질되는 것"이라고 말했다. 창의성은 '너무 많은' 것들이 주변에 있으면 금방 질식하고 만다. 예를 들어 너무 많은 관계자들, 너무 많은 이해관계, 너무 많은 미팅 등등.

◆ 원칙 26 ◆

자가 성형 메시지의 힘을 활용하라

끊임없이 떨어지는 물방울이 기업 경영에 구멍을 뚫는다. 낙숫물이 댓돌 뚫듯이. 단단하게 굳어진 직원 채용 방식 또한 이렇게 침식될 수 있다. 경영자가 내부 또는 외부로 보내는 메시지가 낙숫물이 될 수 있다. 베를린 거주자들은 아마도 베를린시 청소과가 내걸었던 슬로건을 아직 기억하고 있으리라. "We kehr for you(여러분을 위해 깔끔하게 만들겠습니다)." 베를린 시 청소과는 이 문구로 매우 큰 효과를 달성했다. 내부적으로도, 그리고 외부적으로도.

메시지의 자가 성형적 힘을 다룬 연구 결과가 발표된 바 있다. 실험 참가자들은 한꺼번에 네 통의 이메일을 받았으며 내용은 다음과 같다. "습관적인 시스템이나 절차를 주어진 것처럼 받아들이지 마십시오. 스스로에게 주어진 일을 왜 지금 하는 방식대로 처리하는지 꾸준히 자문하십시오. 그리고 그 일을 더 나은 방식으로 해결할 방법은 없는지 자문하십시오." 혹은 "오직 충돌을 피하고자 동료 직원들에게 동의하고 있다는 사실을 깨달았다면 그 욕구와 싸우십시오. 그리고 당신의 진심 어린 의견을 공개적으로 표출하십시오."

참가자들이 이 연구에서 어떻게 반응했는지, 이 권유에 응했는지 그러지 않았는지 여부는 중요하지 않다. 흥미로운 점은 이메일을 '받지 않은' 대조군과의 비교 결과였다. 참가자들이 1~10단계로 스스로를 평가한 결과, 이메일을 받지 않은 사람에 비해 받은 사람이 21%나 더 의욕적으로, 주도적으로 일했다. 그리고 이들은 18% 더 높은 확률로 창의적인 프로세스를 위한 주도권을 잡았다.

이 실험은 메시지의 힘을 명확하게 보여준다. 이메일, 운영요강, 경영 도구 안에 '붙박여 있는' 수많은 함축적인 메시지를 검토하라. 이러한 메시지는 사람들에게 다음과 같이 소리친다. "생각을 멈춰라!" "순응하고, 순응하고 또 순응하라!" "당신의 창의력은 바우마르크트•에서 마음껏 펼쳐라. 회사가 아니라!" 이런 메시지는 사람들을 억압한다. 그러나 안타깝게도 이러한 현실을 만들어내는, 기업의 수많은 제도가 미치는 영향에 주목하는 사람은 많지 않다.

이를 진지하게 받아들이고 질문을 되새겨라. 우리 회사 사

• 바우마르크트(Baumarkt)는 건축자재를 비롯해 각종 DIY 용구를 파는 대형 마트다.

람들을 점점 더 똑같아지도록 만드는 것은 무엇인가? 이들은 왜 그렇게 빠르게, 아무런 저항 없이 순응하는가? 동료 직원들이 아니라 제도 안에 숨겨진 심리적인 메시지를 분석하라. 결정을 내려야 할 때마다 시험해보라. 이렇게 해서 창의성이 실현될까? 아니면 파괴될까? 여기서 결단력이 발휘될까? 아니면 저지될까? 스스로를 바라보라. 타인의 기대대로 행동하게 되는 관성에 저항하라! 아무런 저항 없이 현재 상황에 굴복하지 말라! 기업 전체에서 양보하지 않겠다는 태도를 유지하라!

◆ 원칙 27 ◆

해커톤을 시도하라

디지털 창의성에 집중하는 몇 가지 방법이 있다. 이노베이션 잼Innovation Jam●이나 오픈 소스 이벤트Open Source Event 등이 그것이다. 또한 동료 직원들이 각자 자신의 아이디어를 시연하고 서로 의견을 주고받으며 아이디어를 더욱 발전시킬 수 있는 온라인 플랫폼도 있다. 그중 해커톤Hackathon을 살펴보자.

2017년 2월 나는 취리히에서 열린 해커톤 관련 컨퍼런스에 참석한 바 있다. 디지털의 냄새를 맡고 싶었기 때문이다. 페이스북이 해커톤을 거쳐 '좋아요' 버튼을 개발했다는 사실을 이미 알고 있었고 이런 이벤트가 도대체 어떻게 기능하는 것인지 흥미가 생겼다. 해커톤은 해킹Hacking과 마라톤Marathon의 합성어로, 며칠 동안 이어지는 창의력 대회라고 할 수 있다.

참가를 원하는 사람이 신청을 하고(서두르는 게 좋다. 많은 행

● 온라인 브레인스토밍 플랫폼으로 직원과 함께 협력업체들이 정보를 공유하거나 토론을 진행하는 것을 말한다.

사가 하루 안에 정원이 다 찬다!) 신기술에 열광하는 사람들 몇몇과 4~6명으로 이루어진 작은 팀을 꾸린다. 내가 맡은 과제는 취리히 시의 문제를 해결하는 것이었다. 주요 쟁점은 사물인터넷IoT이었다. 어떻게 하면 디지털 방식으로 주차장 탐색을 쉽게 만들 수 있을까? 어떤 애플리케이션을 이용하면 조명 시스템을 최적화할 수 있을까? 지하수를 디지털 기술로 확인하고 조정할 방법이 있을까? 대형 유통업체 세인즈버리스Sainsbury's는 16만 명에 이르는 직원들 모두가 소비자와 직원들의 삶을 편리하게 만들 아이디어를 제출하도록 했다. 이 해커톤에서 제시된 6개의 베스트 아이디어가 24시간 이내에 시제품으로 만들어져 시범 운영되었다.

경영자는 사람들이 신속하게, 실용적으로, 위계질서에서 자유롭게, 그리고 더 나은 논증의 토대 위에서 일할 수 있는 분위기를 조성해야 한다. 이에 더해 서로가 지식을 나누는 회수와 그 지식의 양이 늘어남에 따라 대화의 주제가 정해지도록 만들어라.

내가 해커톤 참가자들에게 어째서 여기에 참가했느냐고 물었을 때, 상금 때문이라고 답한 사람은 아무도 없었다. 대부분 과제에 대한 도전과 전문가들과 함께 작업할 수 있다는 기쁨을 꼽았다. 몇몇 참가자들은 이미 여러 다른 해커톤에도 참여한 적이 있었다. 많은 회사들이 이런 식으로 특정 문제를 해결할 전문 지식을 내부로 끌어들인다. 그들을 오랜 시간 구속하는 일 없이 말이다.

신선한 아이디어 바람을 원한다면 해커톤이 우리 회사를 위한 해결책이 되지 않겠는가? 내부와 외부의 조력자들을 한데 섞어라. 소비자들이 있는데 회사 고유의 발명가만 믿고 있을 필요가 있겠는가? 회사 직원들을 해커톤 같은 행사에 보내라. 곧 그들이 에너지에 가득 차 의기양양하게 돌아오는 모습을 보게 될 것이다. 적어도 나는 그랬다.

◆ 원칙 28 ◆

전문 분야라는 우물 밖을 내다보라

고전적인 인재 채용 과정에 대해 알아보자. 경영자는 무의식적으로 자신과 비슷한 사람을 찾는다. 그 결과는 다음과 같다. 자신과 똑같은 방식으로 생각하는 사람들에게 둘러싸인 경영자는, 미래에도 더욱더 여태까지와 똑같이 생각하는 편이 옳다고 확신하게 된다. 이와 반대로 우리는 생물학에서 자연이 서로 다른 수많은 선택지들을 만들어냈기 때문에 번성했다는 사실을 배운다. '살아남기'는 우연, 낭비, 소홀함으로 작동한다. 달리 말하자면, 독창성, 리스크 수용 범위, 업적 관리, 재조정으로 작동한다. 그러므로 성공 모델은 계획, 절약, 유지, 기득권 보호의 정반대에 뿌리를 둔다.

잘 생각해보면 바로 그곳에서 과학이 우리를 위한 선물을 준비해놓고 기다리는 중임을 알 수 있다. 환경 조건이 더 빠른 속도로 변할수록 창의적인 원칙은 더 많은 상을 받는다. 바로 '변칙'이라는 상이다. 미래가 예측 불가능해지면 안주하는 존재들은 점점 더 짧아지는 반감기에 붕괴해버리고, 그러고 나면 오직 다양성 풀을 확대하는 것만이 미래에 선별될 기회를 늘리는 셈이다. 생물 도태와 선별의 관점에서 보면 다양성은 늘 과잉이나 마찬가지이며 말하자면 적응을 준비하고 있는 예비군들이다. 적자생존(즉 가장 강한 자가 아니라 가장 잘 적응하는 자가 살아남는다)은 종의 다양성을 받아들일 때에만 가능한 일이다.

여기에서 무엇을 배울 수 있는가? 디지털 시대에 점점 증식하는 변칙성을 허용하라! 다양성에 베팅하라! 새로운 괴짜들을 시험하는 데 시간과 돈을 펑펑 쓰라. 서로 매우 다른 성향을 지닌 직원들을 고용하라. 즉 관점, 출신, 교육 수준, 관심사, 전문 지식이 전혀 다른 직원들 말이다.

다양성은 아이디어 및 문제 해결 선택지의 유효성과 다채로움을 증가시킨다. 스티브 잡스는 맥Mac을 창조해낸 팀의 이력이 인류학, 예술, 역사, 시학 등으로 다양하다고 늘 강조했다. 잡스의 선불교 스승인 오토가와 고분乙川弘文이 디자인에 영향을 미쳤다는 사실 또한 빼놓을 수 없다.

우리가 해야 하는 일은 자신의 전문 분야라는 우물 밖을 내다보는 것이다. 컨벤션에 참석해 각기 다른 전문 지식을 갖춘 각 분야 트렌드세터들과 직접 대화를 나누어라. 자신과 반대되는 견해를 펼치는 작가의 책을 읽어라. 자신과 정치 성향이 반대되는 논조의 신문을 읽어라. CEO라면 1년에 30일 정도는 전 세계에서 열리는 컨벤션에 적극 할애하라. 그렇지 않고서는 자신이 맡은 직무를 수행할 수 없다. 이에 더해, 개개인의 작은 능력은 회사에 도움이 되지만 손 놓고 구경하는 사람이 많으면 비생산적이라는 점을 기억하라. 회의에서 역할을 배분해도 좋다. 찬성 측 대변인과 반대 측 대변인으로 말이다. 아니면 '아웃사이더'를 기업 내로 끌어들여라. 네슬레Nestlé가 식품 업계와 거리가 멀었던 울프 슈나이더Ulf Schneider를 최고경영자로 데려왔듯이. 사람은 자신을 떠받칠 저항이 있는 것에만 의지할 수 있다.

◆ 원칙 29 ◆

다양성과 조화의 균형을 잡아라

오래된 조직 사회에 몸담은 사람들은 최대한 동질적인 직원들을 성공을 보장하는 존재로 여긴다. 트럼프도 마찬가지로 그렇게 생각하는 모양이다. 오늘날 이것은 더 이상 절대적인 조건이 아니다. 오늘날 유행하는 말은 **다양성**이다. 다양성은 기업이 시장의 복잡성을 내부적으로 모방하도록 돕는다.

거대한 다양성은 공짜가 아니다. 바로 친밀함이 사라지기 때문에 기업 내에서 신뢰도가 낮아진다. 이에 따라 사람들이 더 빨라지는 것이 아니라 오히려 더 느려진다. 조정 및 조화 과정에 시간이 걸리기 때문이다. 그리고 이 점은 간과되기 쉽다.

각기 다른 문화권에서 모인 사람들은 우선 서로 간에 '연결된 점'을 찾아야 한다. 이것은 저절로 생겨나는 것이 아니며, 사람들이 서로 간에 공통점을 찾아내기까지는 역시 시간이 필요하다. 국적이 제각기 다른 선수들이 모인 축구팀이 함께 연습하는 모습을 떠올려보라. 선수들은 서로 합을 맞추기 위해 몇 개월 동안이나 훈련소에서 시간을 보낸다. 이 과정에 비하면 축구 자체는 비교적 쉬운 게임이다.

아무런 전제조건 없이 상대방을 신뢰하기란 어렵다. 게다가 계속해서 이어지는 갈등을 방지하고 싶다면 문화 차이는 물론 수많은 규칙에도 신경을 써야 한다. 글로벌 팀에서는 하위 집단이 만들어지게 마련이다. 이러한 현상은 문화권 혹은 단순하게 지리적인 차이를 근거로 개개인의 팀 구성원을 소외시킨다. 이 모든 것은 감춰져 있던 거래 비용을 겉으로 드러낸다.

그래서 다양함 자체는 좋은 것도 나쁜 것도 아니다. 민첩함은 계속해서 움직이고 적응할 수 있는 힘이지 여태까지 보존되던 것을 모두 버리는 행동이 아니다. 더 나은 것을 추구하다가 좋은 것이 지나치게 성급하게 희생당하는 경우가 많다. 다양성에 관한 최적의 정도를 찾는 일이 중요하다. 그리고 이 정도는 유행이나 원칙이 아니라 구체적인 시장 조건에 따라 결정된 것이어야만 한다. 이상적으로는 소비자가 다양성의 혼합 비율을 결정한다.

우리 회사의 획일성이 지나치다고 생각된다면 인력 채용, 배치, 그리고 훈련 과정에서 섬세하게 조율하라. '모난' 사람들을 선호하라. 즉 고집이 세서 계획을 망쳐놓을 수 있는 인물들 말이다. 다양성에 집중하느라 고생했다면, 이번에는 신뢰에 있는 힘껏 투자하라. 아주 긴 호흡이 필요하더라도 말이다. 경영자는 능력이 뛰어난 개개인의 합주를 이루어내야 할 뿐만 아니라 전체적인 팀의 조화에도 주의를 기울여야 한다. 극단적인 다양성 추구는 정치적으로는 올바를지 모르나 그다지 생산적이지 않다.

◆ 원칙 30 ◆

시제품 단계부터 고객과 연결하라

사회학자 마크 그래노베터Mark Granovetter는 네트워크의 '강한' 유대관계와 '약한' 유대관계에 대한 연구로 유명해졌다. '약한 연결Weak ties'이 어떻게 구성원들의 성공을 뒷받침할까? 약한 유대관계의 강점은 무엇인가? 그래노베터는 네 가지 기준을 찾아냈다.

1. 더 많은 의사소통이 이루어진다.
2. 외부적이다.
3. 변동성이 크다.
4. 브레인스토밍에서 나온 의견이나 예측 가능한 사람들의 예측 가능한 의견이 아닌, 우연한 아이디어나 의견을 포착하기 쉽다.

그렇다면 어째서 당장 소비자를 네트워크 안으로 끌어들이고 영감의 원천으로 삼지 않는가? 이것은 '협력 전략'으로,

'트렌드 전략(고객 요구를 따르는 것)'이나 '아방가르드 전략(고객 요구를 유발하는 것)'과는 차이가 있다. 과거에 소비자들은 기업이 제품을 개인 맞춤화해야 할 때만 고려하던 존재였다. 디지털 시대에 서비스 범위를 넓히려면 소비자를 적극적이고 지속적으로 전체 제품 생애 주기에 관여시켜야 한다. 첫 시제품에 대한 첫 번째 아이디어부터 나중에 그것이 수정되어 정식 제품으로 출시되는 과정까지 말이다.

오픈 이노베이션, 소셜 커머스, 사용자 생산Peer Production, 크라우드 소싱. 이 모든 것은 소비자의 '창의적인' 연결을 두 배로 가치 있게 만드는 요소다. 그 누구보다도 중소기업은 이런 활동을 펼치는 데 유리하다. 소비자들과 매우 가깝고 친밀한 네트워크를 형성하고 있기 때문이다.

네슬레는 길거리에서 신제품 커피를 판매했다. 여러분은 제대로 읽었다. '판매했다.' 소비자들은 커피 시음을 위해 돈을 지불했다. 그랬기 때문에 소비자들은 더욱 집중해서 커피를 맛보았고, 자세한 의견을 전달했다. 만약 네슬레가 시음 제품을 무료로 나눠주었다면, 사람들은 그저 커피를 받아 마시고 무심히 지나갔을 것이다.

세계 최대 생활용품 제조업체 P&G 또한 소비자를 통해 혁신을 만들어내기로 유명하다. 이로 인해 기업은 수많은 이득을 얻는다. 그 방식은 다음과 같다.

1. 타임 투 마켓Time-to-Market: 제품이 제작되어 시장에 판매되기까지 걸리는 시간을 말한다. 이렇게 시간이 오래 걸리는 과정을 외부자, 즉 소비자들이 대신 맡는다.
2. 코스트 투 마켓Cost-to-Market: 제품이 제작되어 시장에 판매되기까지 드는 비용을 말한다. 외부자, 즉 소비자들이 시제품을 만들기 때문에 비용이 절약된다.
3. 핏 투 마켓Fit-to-Market: 제품을 시장 요구에 최적화하는 과정이다. 제품은 이미 소비자들의 요구에 잘 들어맞는다.

창의성을 중요하게 여긴다면, 초기 단계부터 소비자와 연결되도록 하라. 어떤 요구 사항이 디지털화를 거쳐 현실이 될 수 있는지는 소비자가 가장 잘 알고 있다. 소비자와 연합해야만 창의성이 혁신이 될 기회가 생긴다. 그리고 그래야만 회사는 비로소 돈을 벌 수 있다.

◆ 원칙 31 ◆

리드유저를 활용하라

글로벌 웹 인덱스Global Web Index에 따르면 인터넷 사용자의 54%는 물건을 사기 전에 인터넷에서 다른 소비자들의 의견을 참고한다고 한다. 따라서 P2P Peer-to-Peer를 지원하면 그 확대 효과는 현저하게 상승한다. 소비자를 동원하는 데 '리드유저•'를 활용하는 방법은 매우 수익성이 크다는 사실이 증명되었다. 이 발상의 핵심은 어떤 사람이든 특별히 좋아하는 물건을 하나쯤은 소유하고 있다는 것이다.

때때로 열광적인 소비자들은 표준화된 시판 상품에 만족하지 못한다. 이들은 자신만의 해결책을 찾아내는데, 이것이 상업적인 시장을 위한 잠재력을 지닌다. 전기기타를 변형하는 수백 가지 방법을 떠올려보라. 시장 조사를 활용하는 전통적인 고

• 리드유저(Lead User)란 시장 트렌드를 선도하는 사용자를 말한다. 이들은 누구보다도 먼저 제품을 사용하고 제품의 장점, 단점, 그리고 개선점을 알리거나 스스로 해결책을 찾음으로써 완전히 새로운 제품 사용법을 만들어낸다.

객 중심 기법과는 다른 방식이다. 이때의 소비자는 '프로슈머Prosumer'다.

경영자는 자신의 시선과 동료 직원들의 시선을 소비자 커뮤니티로 돌리고 그곳에서 리드유저들이 자신만의 사용법으로 개발한 시제품을 찾아내야 한다. 이런 식으로 소비자들이 원하는 최적화 요구가 명확해진다. '소셜 인플루언서 점수Social Influencer Scoring'를 활용하면 특히 활발하고 적극적인 소비자를 찾아낼 수 있다. 금전적으로 소비자를 자극하려 들지 말라. 이것은 쓸모없는 노력일 뿐만 아니라 불법적이기까지 하다. 돈은 용병에게 지불하는 것이다. 진심 어린 애정에 돈을 지불하는 사람은 없다.

이 분야의 좋은 사례는 바로 레고Lego다. 덴마크의 장난감 회사 레고는 회사 내부와 외부를 가로막던 장벽을 허물고 모든 사람이 접근할 수 있는 디지털 플랫폼을 만들었다. 이것은 어린이들에게는 장난감을, 어른들에게는 창의적인 도구를, 학교에는 학습자료를, 기업에는 회사를 발전시킬 창의적인 수단을 제공하는 장소였다. 반대로 어린이와 어른들은 자신의 아이디어를 제시했고, 레고는 이 아이디어를 새로운 제품에 도입할 수 있었다.

자사만의 디지털 오픈 소스 구조를 세워라. 디지털 오픈 소스 구조는 산업 분야에 속한 전통적인 기업들, 자신의 자리를 지키고 앉아 있는 조직들을 월등히 능가한다. 날것의, 결점이 있고, 때로는 디지털로만 만들어지는 시제품은 개발을 혁신으로 이어가기에 충분하다. 이 시제품이 어떤 면에서 여타 제품과 차별화되는지, 특별한 점과 경쟁에 유리한 점이 무엇인지 보여준다면 말이다. 미국의 기업가 리드 호프먼Reid Hoffman이 한 말을 따르라. "당신이 보기에 제품의 첫 번째 버전이 그리 나쁘지 않다면, 당신은 이 제품을 너무 늦게 시장에 내놓은 것이다." 조금 더 미국적으로 생각하면 도움이 된다. 시제품, 시제품, 그리고 시제품이다.

불완전한 결과물을 선보일 준비가 되었다면, 작업 사이클을 되도록 단순하게 만들어라. 바로 최소 요건 제품Minimum-Viable-Product, MVP을 위한 조건이다. 제품을 신속하게 개발하고, 곧바로 시장에서 테스트한 다음, 소비자들의 피드백을 지체 없이 제품에 통합해 제품을 다시 시장에 내놓고 재차 테스트한다. 개발 시간은 급격하게, 최대 90%까지 줄어든다. 중요한 것은 다른 이들보다 먼저 시장의 공급 공백을 메우는 것이다.

이런 민첩함을 손에 넣으려면 내면의 사고방식을 바꾸어야 한다. 완벽함의 추구를 멈춰라. 완벽한 해결책, 완벽한 조직, 완벽한 제품 추구를 멈춰라. 결함 없는 결과는 안정적인 시장에서나 성공하는 것이지, 계속해서 성장하는 시장에서 성공하는 것이 아니다.

'실패는 용납하지 않는다'는 생각을 용납하지 말라. 디지털 시대에는 일찌감치, 빠르게, 적당한 값으로 제품을 선보이는 편이 훨씬 낫다. 이만하면 좋은 것이 완벽한 것이다.

◆ 원칙 32 ◆

인적 구성의 변화를 성장의 촉진제로 활용하라

조직 생활을 일정 기간 경험한 사람이라면 알고 있을 것이다. 직원 변동이 적은 조직에는 장점과 단점이 동시에 존재한다는 사실을 말이다. 장점은 거래 비용이 적게 든다는 점, 직원들이 오래 다닌다는 것은 대부분 회사와 일에 만족한다는 증거라는 점 등이다. 마치 직원들이 회사를 '가족'처럼 생각하고 그 구성원들끼리 서로 믿고 의지하고 충성하는 것처럼 보인다.

단점은 내부가 고착된다는 점, 소위 '공무원 마인드'가 생겨난다는 점, 혁신하려는 생각이 사라진다는 점이다. 변화하려는 시도는 계속해서 수포로 돌아가고 새로운 차원에 도달하려는 노력은 공허한 울림으로만 남는다. 독일에서는 배우고자 하는 의지가 없는 직원들이 드높이 쌓아 올린 부당 해고 보호법 뒤에 몸을 숨긴다.

디지털화가 이러한 현실에 패러다임의 전환을 가져왔다. 과거에는 변화 의지가 없는 '오래된' 직원들을 '좋은 직원'이라고 애써 생각하는 편이 새로운 직원을 고용하는 것보다 비용 효율적이었다. 그런데 디지털 네트워크가 거래 비용을 눈에 띄게 낮췄다. 우리는 언제 어디서나 로그인할 수 있다. '유연한 노동력'은 '정해진 장소 없이' 일하며 속박을 원하지 않는다. 짧은 시간 동안 협력하는 긱Gig 문화가 생겨났다. 오늘날 사람들이 '안정된' 일자리를 원한다고 말할 때, 이 '안정된'이라는 말은 과거와 뜻이 다르다. 이들이 충성을 바치는 존재는 이제 기업이 아니라 특정 전문 분야에 한정된, 그리고 기업으로부터 인정받은 전문 지식이다. 그러나 이조차도 아주 짧은 시간 동안 연결된다. 젊은 고학력자들의 변화 욕구는 지난 몇 년 동안 천정부지로 치솟았다.

우리는 긱 문화와 변화 욕구를 수많은 측면에서 관찰할 수 있다. 디지털화를 원하는 기업에게 이것은 유리한 요소다. 이는 버클리대학의 제롬 엥겔Jerome Engel이 실리콘밸리에서 발생하는 끊임없는 이직 현상을 관찰하고 연구한 결과다. 이처럼 수많은 '직원 교체'가 디지털 기업의 그 유명한 유연성을 얻기 위한 '조건'이었다. 전문 인력들이 각기 다른 맥락에서 얻은 경험을 한데 모아 계속해서 새로운 경험을 찾아내고 만들어낸다. 이들은 이렇게 손에 넣은 전문 지식을 각자 새로운 회사로 가져가 각기 다른 단계에 머물고 있는 기업의 성장을 촉진한다.

떠나는 자는 잡지 말라. 인적 구성의 변화는 긍정적인 성장

촉진제가 될 수 있다. 직원들의 퇴사를 회사의 변화를 도모하는 계기로 활용하라.

◆ 원칙 33 ◆

인재는 회사에서 허용하는 만큼만 창의적이다

정식 채용된 창의적인 인재는 팀과 회사에서 허용하는 만큼만 창의적이다. 직원들은 상호 간에 조화를 이루고, 서로를 보완하며, 자극해야 한다.

그래서 팀의 구성요소에 관해 많은 연구가 이루어졌다. 대부분은 심리적인 적합성(팀 유형)에 관한 연구였다. 나는 이런 연구 결과에 회의적이며, 이를 부정한다. 그러나 팀의 크기라는 주제에 관해서는 내 경험을 소개하겠다.

가장 생산적인 팀의 크기는 '3명' 규모다. 그 이상이 아니다. 세 사람이 모이면 모든 것은 개개인에게 달려 있게 된다. 팀이 3명으로 구성된다면 이들은 스스로에게 집중할 수 있으며, 그룹 역학 때문에 다른 곳으로 주의를 빼앗길 가능성이 적고, 하위 그룹이 거의 생기지 않는다. 팀원이 5명만 되어도 벌써 팀이 비효율적으로 돌아간다. 5인조 팀은 경제적인 연합체라기보다 정치적인 모임이다. 사람들은 점점 더 주목받길 원하고, 모두가 자신의 생각을 발표하길 원하며 자신이 아니라 다른 사람이 팀을 대표하길 원한다. 그러면 장황한 논의가 발달하고, 무언가를 이해하지 못한 사람이 반드시 나타난다. 5명보다 규모가 큰 팀은 생각조차 하지 말라. 비평에는 적합할지 모르나 창조에는 적합하지 않다. 전통적인 브레인스토밍에서 창의적인 것이 탄생했는가? 회사를 위한 더 풍부한 창의성과 혁신을 원하는가? 그렇다면 3인조 팀이 정답이다.

여기서 한 가지 편견을 지적하고자 한다. 한 팀에 속한 사람들이 반드시 잘 협력해서 일해야 한다는 법은 없다. 오히려 그 반대다. 팀이 잘 협력할수록 창의성은 줄어든다. 사람들은 서로 마찰을 일으키고, 자신만의 특이성을 포기하지 말아야 하며, 이질적인 사람들끼리 의존해야 한다. 수많은 연구 결과가 이를 뒷받침한다.

한 가지 더 주목해야 할 사실이 있다. 구체적이고 세부적인 과제 설정과 인적 자원, 시간의 제약은 창의성을 가로막는 것이 아니라 그 반대로 촉진한다는 것이다. 과제는 객관화가 가능하도록 구체적이고 세부적으로 규정되어 있어야 한다. 그렇지 않으면 초점에서 벗어나게 된다. "자, 완전히 자유롭게 생각해봅시다."라는 제안이야말로 창의력을 저해하는 방해물이다. 인적 자원의 제한은 앞서 말했듯 팀원의 수를 셋으로 제한하는 것을 말한다.

시간적 제약은 어떻게 창의성을 촉진할까? 오늘날 혁신 경쟁에서 속도를 중시하는 풍조가 늘 부정적인 것만은 아니다. 과거에 어떤 현자는 위기가 상상력을 풍부하게 만든다고 말했다. 그리고 우리는 마감 기한이 닥쳐야 창의적으로 변하는 경우가 많다. 시간 제한이 없으면 집중력이 발휘되지 않는다. 집중력이 발휘되지 않으면 창의성이 자극되지 않는다.

◆ 원칙 34 ◆

창의성을 촉진하는 공간을 구성하라

창의력이 뿜어져 나올 상징적인 장소를 찾고 있는가? 그곳은 바로 차고다. 과거에 차고는 어린이들의 아지트였다. 어지를 물건이 별로 없는 장소였기 때문이다. 몇 평방미터의 자유라고나 할까. 차고는 전통적으로 창업의 중심지이기도 하다. 애플, 보잉Boeing, 디즈니, 구글, 할리데이비슨Harley-Davidson, 휴렛패커드Hewlett-Packard 등은 모두 차고에서 탄생했다. 한 독일인도 차고에서 일을 시작했다. 에센 출신의 하인츠 닉스도르프•다. 그리고 세계적인 록밴드 AC/DC는 방과 후 교복도 갈아입지 않고 곧장 차고에 틀어박혔다.

창의성이 어떻게 생겨나는지는 아무도 모른다. 그러나 생각해보라. 일반적인 사무실용 건물 안에서 생기가 차오르고, 기

• 하인츠 닉스도르프(Heinz Nixdorf)는 독일의 컴퓨터 분야 선구자이자 1952년에 닉스도르프 컴퓨터(Nixdorf Computer AG)를 창립한 사람이다. 그의 회사는 IBM의 경쟁사였다.

뽐에 부풀고, 영감을 받은 듯한 기분이 느껴지는가? 전혀 그렇지 않을 것이다. 분위기 좋은 레스토랑, 클럽, 호텔, 무엇보다도 '자유로운 자연' 속에서, 즉 예측 불가능한 환경에서는 그런 기분을 느낄 수 있다. 이런 곳에서 상상력이 솟아나고 연결의 역학이 시작되며 아이디어가 날개를 펼친다. 또한 이런 곳에서는 때때로 간과되기 쉬운 창의성의 원천이 발견되고 채취된다. 그 원천이란 바로 고요함이다. 프라운호퍼 연구소Fraunhofer-Institute가 제시한 연구 결과에 따르면 특정 환경이 다른 환경에 비해 사람을 더 창의적으로 만든다고 한다. 분위기와 장소는 사람의 사고방식과 행동에 영향을 미친다.

소프트웨어 서비스업체 인포름Inform의 CEO 아드리안 바일러Adrian Weiler는 이에 대해 다음과 같이 말했다. "기술 기업의 성공은 창의성과 결단력에 기반을 두며, 이 두 가지는 직원들에게 자신들만의 동력에서 발생한 혁신을 가속화할 공간이 주어질 때 생겨난다." 그의 주장에 따라 이 회사는 사무실 건물의 평면도를 클로버 잎 모양으로 바꾸어 사무공간을 만들었다. 그렇게 함으로써 늘 10~14명의 직원들이 아주 가까이서 함께 일하게 되었고 이들은 시간이 지날수록 서로를 더 잘 알게 되었으며 격식에 얽매이지 않고 매우 효율적으로 협력할 수 있었다.

디지털 시대의 차고는 '랩Lab'으로 불린다. 랩 밀도가 가장 높은 도시는 베를린이다. 랩은 개방적인 공간이다. 사람들은 목재 팔레트에 앉아(포르쉐 디지털 랩Porsche Digital Lab에는 이런 나무 팔레트가 가득하다) 혹은 다채로운 쿠션이나 재활용품으로 수거해 온 가구 등에 앉아 일한다. 사무실이라기보다는 키즈카페를 연상케 하는 모습이다. 게다가 인터넷 대기업들은 새로운 기준에 따라 사무실 건물을 지었다. 구글과 알파벳의 '토탈 오피스Total Office'를 그 예로 들 수 있다. 사람들에게 활기를 불어넣는 근무 환경은 조직의 '몸짓 언어'나 마찬가지다. 즉 이렇게 말하는 셈이다. "이곳에서 창의적으로 일하시길 바랍니다!"

회사에는 자유자재로 빠르게 이동시킬 수 있는 방음벽이 설치된 공간이 반드시 필요하다. 회의실과 개인 사무실이 서로 뒤섞여 이 방이 저 방으로, 저 방이 이 방으로 변화하는 사무공간이 늘어날수록 방음이 되는 구역은 점점 더 중요해진다. 대부분의 직원들은 소음이 방해가 된다고 느낀다. 직원들을 고무시키는 분위기를 조성하기 위해 작게라도 바꿀 수 있는 것은 무엇일까? 인테리어 디자이너나 공간 전문가를 불러라. 작은 요소로 변화를 일으키는 방법을 알고 싶다면 인터넷에서 포츠담의 통합 중고등학교를 찾아보면 도움이 될 것이다.

마음에 새겨야 할 기본적인 원칙은 다음과 같다. 창의성을 촉진하는 건물 구조는 인간의 자연스러운 느낌(즉 기쁨, 편안함, 마음 끌림)과 아주 깊고 밀접한 관계를 맺고 있다. 사람들의 자연스러운 느낌을 존중해야 한다.

◆ 원칙 35 ◆

유연하게 활용하는 혼합형 사무실을 구축하라

집중, 의사소통, 그리고 재생. 기업은 이 세 가지 욕구를 충족시켜야 한다. 직원들의 창의성이 향상되도록 지원하고 싶다면 말이다. 결코 로베르트 무질Robert Musil과 같은 칩거를 권장하는 것은 아니다. 이 작가는 외부 소음으로부터 방해받지 않기 위해 자신의 작은 방 전체에 코르크판을 붙였다. 전체 공간을 활용한 넓은 사무실도 필연적으로 협력을 촉구하는 것은 아니다. 그보다는 상징적인 의미가 더 강하다. 작은 사무실 또한 늘 창의성을 촉진하지는 않는다. 어떤 사람들은 카페를 선호하고 어떤 사람들은 여러 기능이 혼합된 도서관을 선호하고 어떤 사람들은 익명성이 강한 오픈 스페이스 사무실 건물을 선호한다. 이곳에서는 공동체 안에 있다는 기분을 느끼면서 혼자 일에 집중할 수 있다.

말하자면 요즘 트렌드는 혼잡함이다. 적어도 이제 조명이 거의 없는 회의실에 있는 타원형 테이블과 고정된 자리는 인기가 없다. 동그랗거나 각이 많이 진, 그러면서도 굴려 움직일 수 있어서 언제 어느 때나 타인과의 미팅과 공동 작업이 가능한 작업 책상이 유행이다. 이제 사람들은 유연하게 활용할 수 있는 공간이 존재하는 '혼합형 사무실Mixed Offices'를 구축한다. 개인 사무실, 대형 사무실, 소그룹 사무실 등이 한데 모인 공간이다. 오토 그룹은 '콜래보레이트Collabor8'를 만들었다. 본사 건물 가장 높은 층에 위치한, 뭐라 한마디로 정의할 수 없는 자유로운 공간이다. 이곳에서 직원들은 이동 가능한 가구를 이리저리 옮겨 언제든 현재 주어진 과제를 해결하는 데 가장 적합한 환경을 조성한다.

건축 구조를 바꿔 창의성을 뒷받침하고 싶다면, 표준에서 멀어져야 한다. 직원들이 개개인의 작업 스타일을 스스로 결정할 수 있도록, 그리고 그렇게 할 수밖에 없도록 해야 한다. 이것은 선택 가능성을 전제로 한다. 그리고 직원들에 대한 신뢰를 전제로 한다.

'공간이 발휘할 감정적인 효과'를 생각하라. 공간을 '비용이 발생하는 물리적인 크기'라고만 여기지 말라. 대신 '창의성의 몸짓 언어'라고 생각하라. 그러면 공간이 많은 일을 해낼 수 있다.

◆ 원칙 36 ◆

창의적인 혼돈을 조성하라

"만약 정리가 잘 된 책상이 단정하게 정돈된 정신을 의미한다면, 텅 빈 책상은 그 소유자를 어떻게 묘사하겠는가?" 알베르트 아인슈타인은 고인이 된 지 오래이며 그래서 많은 사람들이 그가 던진 수사적인 질문을 까맣게 잊은 모양이다. 요즘에는 깔끔하게 정리된 업무 공간이 모범이자 기준이 되었다. 최신 사무실 콘셉트 또한 정돈된 공간을 강조한다. 하지만 그러려면 매일 저녁마다 직원들이 책상 위를 깨끗하게 치워야 한다. 그 결과 다음날 이들은 자기 자리를 찾지 못해 다른 사람 자리에 앉게 될 것이다.

창의성 연구는 이런 분위기를 비판한다. 한 연구에서 연구진은 깔끔하게 정리된 혹은 전혀 정돈되지 않은 회의 공간에서 일한 실험 참가자들의 창의성을 평가했다. 그 결과 무질서한 공간에서 일한 참가자들이 훨씬 창의적인 아이디어를 내놓은 것으로 밝혀졌다. 무질서한 환경이 사람들을 더욱 자극한 것이다.

이 자극은 각기 다른 뇌 영역과 연결되어 독창적인 뉴런 연결성을 만들어냈다. 주변에 산재한 재료들이 활용될 때, 예를 들어 콜라주와 그림이 만들어질 때 새로운 뉴런 연결이 발생한다. 과도하지 않을 정도로 밝고 따듯한 빛이 환하고 차가운 빛보다 더 활발한 창의성을 촉진한다. 또한 초록색이 빨간색보다 창의성을 자극하고 아이디어를 풍부하게 만든다는 점도 증명되었다. 빨간색은 금지를 뜻하는 색이므로 사람을 도발하는 경향이 있다. 그리고 자신에게 익숙한 물건을 이용해 스스로 직접 꾸민 사무실이 창의성 측면에서는 완전한 익명의 공간보다 앞섰다.

'데스크 셰어링 콘셉트'나 '깔끔한 책상 정책'을 활용 중인 기업에는 좋지 않은 연구 결과인지도 모른다. 나는 구조와 자유 공간을 의도적으로 넘나드는 '혼돈의 섬' 전략을 추천한다. 저녁에 퇴근하기 전에는 책상을 정리하는 편이 좋다. 그러나 일을 하는 동안에는 책상 위에 종이, 필기구, 공작 재료 등이 마음껏 굴러다니도록 하라. 혹은 사무실 전체를 작업에 필요한 재료로 채워 창의적인 혼돈을 조성해도 좋다.

본질은 공간적인 전제조건이 아니라 개인적인 '규율'이 잘못되었다는 점이다. 바로 옆에서 스마트폰이 계속 진동하거나, 깜박이거나, 울리는 상황 혹은 그저 스마트폰이 옆에 놓여 있는 상황에서 창의적일 수 있는 사람은 없다. 스마트폰은 우리의 주의를 분산시키고, 도파민 분출을 유도하고, 이목을 끈다. 스마트폰이 타인의 관심을 보여주는 도구이기 때문이다.

"누군가가 나를 생각하고 있어! 그러니 나도 다른 사람을 생각해야지!" 이러한 '디지털 주의산만'은 우리가 '열심히 겉만 핥은', 아주 엉성한 일처리 결과물을 내놓도록 만든다고 컴퓨터 전문가 칼 뉴포트Cal Newport는 말했다. 급진적인 새로움이 이렇게 폄하되어서는 안 된다. 그러기 위해 필요한 것이 '엄격한 집중'이다. 절박함을 가득 담아 다시 한 번 강조하겠다. 스마트폰을 치워라!

◆ 원칙 37 ◆

실험하고 또 실험하라

망원경과 현미경 등으로 유명한 170년 전통의 세계적 광학 전문 기업 자이스Zeiss는 약 20여 년 전에 자사에서 제작하는 칩의 능력이 한계에 도달했다는 사실을 깨달았다. 그래서 자이스는 새로운 칩 생산 방식을 찾기 위해 실험을 진행했다. 그리고 파장이 짧은 빛을 활용하는 리소그래피 기술을 개발하는 데 성공했다. 당시 내부의 반발이 엄청났지만 오늘날 자이스는 이 기술을 활용해 디지털 산업 분야에서 손꼽히는 업체가 되었다.

창의적인 생각을 일깨우기 위해서는 '올바른 것'을 '편리한 것'보다 우위에 두어야 한다. 세상의 모든 사람들은 안정성이나 편리함을 추구할 것이다. 그리고 이것은 우리의 천성이다. 그러나 올바른 것, 필요한 것을 수행하고 앞을 내다볼 때만 창의적인 발걸음을 내딛을 수 있다. 이 발걸음은 다시 '무질서'를 만들어낸다. 무질서 없이는 창의적인 과정이 탄생하지 않는다. 창의적인 과정이 진행되려면 민첩함을 위해 상세한 설명서와 프로그램 진행 계획을 없애야 한다. 민첩함은 계획과 정반대다.

오늘날 기업은 급속한 변화의 시대에 오랜 시간 자리 잡은 불안이라는 조건하에서 어떻게 행동해야 하는가? 계획을 따르지 않는 세상, 타인을 통제하는 대규모 위계질서가 사라진 세상, 그리고 하룻밤 사이에도 수많은 경쟁자들이 나타나는 세상에서 말이다. 아직 기업의 이름을 드높일 비장의 전략이 남아있다고 생각하는가? 물론 그렇다. 최신 전략은 '실험'이다. 시도해보고, 실험적인 도전을 허용하고, 실패를 염두에 두는 것. 다음 시도가 있을 때까지는 잠정적인 것. 냉정하게, 그러나 머리에는 모험심과 호기심을 가득 채워 실시하는 것.

이때 단순하게 어떤 예산의 몇 퍼센트를 성공 기대 없이 실험에 투자하는가를 중요하게 여겨서는 안 된다. 이에 집착하면 우연으로 인한 좋은 결과를 기대하게 되기 때문이다. 긍정적인 결과를 얻으려면 많은 자금을 투입해야 한다. 투자와 기대 가능한 매출의 상관관계에 주목해야 한다. 그러기 위해서 많은 기업이 더욱더 놀이 같은 샌드박스 씽킹을 할 필요가 있다. 예를 들어 현실적인 조건 아래 새로운 시스템을 실시해볼 수 있도록 개발자와 소비자가 한데 모이는 연구실을 만들어도 좋다. 이러한 기업의 예로 아마존을 들 수 있다.

아마존은 특히 많은 것을 시도하기로 유명하다. 이 회사가 7년 전부터 흑자를 내고 있음에도(2016년 수익은 240억 달러(약 26

조 4,000억 원)였다) 월스트리트는 효율성 문제를 거론하며 이 회사의 높은 투자 예산에 불만을 드러냈다. 아마존의 소매 부문 CEO 제프 윌키는 이에 반론하지 않았다. "우리에게서 배우고자 하는 사람들은 우리가 '스스로 만족하게 되는 것'을 어떻게 기피하는지 살펴봐야 한다. 우리는 위대한 아이디어 하나에 안주하기보다 계속해서 실험하는 쪽을 택한다."

전통적인 기업이 '경기장'에 뛰어든 경우도 있다. 바이어스도르프•를 예로 들자면, 이 회사는 '디지털 팩토리Digital factory'의 문을 열었다. 디지털 팩토리는 크리에이티브 랩으로, 전통적인 업무 형태와는 멀리 떨어져서 생각하고 아이디어를 현실화하는 곳이다. 이곳의 주제는 디지털과 클래식의 연결이다. 예를 들어 CRM, 즉 고객관계관리의 새로운 형태인 데이터 관리를 꼽을 수 있다.

한 가지 실험을 제안한다. 나는 마이클 슈라지Michael Schrage의 아이디어를 직접 여러 번 실행한 바 있다. 이른바 '다섯 가지 5' 팀워크숍이다. 각기 다른 분야에 속한 사람들을 5명 모아 5일 동안 5,000유로(약 650만 원)의 예산으로 5가지 업무 관련 실험을 진행하도록 만들어라. 전체 실행에 5주 이상 시간이 걸려서는 안 된다. 예상에 따르면 그 결과 엄청난 절약 가능성이

• Beiersdorf, 이 회사의 대표적인 브랜드로 니베아(Nivea)가 있다.

나타나거나 이에 상응하는 성장이 이룩되어야 한다. 내 경험에 따르면 대부분의 아이디어는 애초에 무용지물이었다. 마지막에는 단 한 가지 아이디어만이 남아 구현되었고 기업의 디지털 포트폴리오에 채택되었다. 아이디어가 단 하나도 현실화되지 않았을 때는 적어도 가능성에 대한 인식이 자극되었다. 이런 식으로 회사는 탄력을 얻을 것이다.

◆ 원칙 38 ◆

진짜 중요한 것은 아날로그로 표현하라

"의사들이 하는 일은 연극이다." 1994년에 영국의 의학 학술지 〈란셋Lancet〉에 게재된 온타리오대학 관련 기사의 일부분이다. 의사들은 의술을 갈고닦기 위해 연극 수업을 들어야 했다. 의사들의 절규가 들려오는 듯하다. 의사들마저 자신이 하는 일을 인정받으려면 공개적으로 표현하는 연기력이 필요하다는 이 기사는 기업에서 탄생하는 그 많은 아이디어들이 어째서 디지털 워크플로우로 전환되지 않는지를 보여준다. 그 이유는 좋은 아이디어가 혼자 돌아다니는 경우는 거의 없기 때문이다. 우선 아이디어가 수많은 수문에서 쏟아져 나와야 비로소 그 아이디어에서 혁신이 탄생한다.

이 수문 중 하나가 모든 실행의 모순점이다. 이 야누스의 머리는 내용과 발표 과정이다. 아이디어를 얻으려면 이 두 가지 가치가 모두 충족되어야 한다. 아이디어에는 내용이 있고, 이 내용이 세상에 드러나려면 발표 과정을 거쳐야 한다. 어차피 중요한 것은 내용일진데 어째서 쓸데없이 겉모습을 아름답게 꾸미고 그것을 발표해야 하느냐며 화를 내지는 말라. 잘 생각해보자. 발표되지 않은 아이디어는 존재하지 않는 것이나 다름없다. 아이디어는 스스로 펼쳐질 수 없다. 그렇기 때문에 발표 과정이 내용보다 중요하다.

그러나 어떻게 발표할 것인가라는 의문이 남는다. 아이디어를 디지털로 발표해보라! 프레젠테이션 소프트웨어는 발표가 발표자의 독백으로 진행되어야 한다는 분위기를 고착시키고 대화 형식의 아이디어 흐름을 가로막는다. 따분하기 이를 데 없다. 내가 추천하는 것은 사람이 중재하는 발표다.

모든 창의적인 아이디어는, 특히 그것이 '디지털' 관련 아이디어라면, 아날로그, 대화, 시선 교환을 필요로 한다. 아이디어를 열성적으로 소개해야 하고, 사람들의 참여는 물리적으로 느낄 수 있는 것이어야 한다. 아이디어를 종이와 연필로 시각화한 다음, 나중에 사인펜과 플립차트로 보완하라. 사람들은 '진짜' 중요한 것은 아날로그로 말한다.

◆ 원칙 39 ◆

무너지고 엎어지고 실패하라

우리는 성공을 거두기 전 실패한 경험이 있는 위대한 인물들의 이야기를 다수 알고 있다. 현대 인물들을 몇 명 열거해보자. 스티브 잡스는 애플을 성장시키기 전에 회사 두 군데를 '말아먹었다.' 브라이언 액튼Brian Acton은 자신의 파트너 얀 쿰Jan Koum과 왓츠앱을 개발하기 전 페이스북으로부터 두 번이나 입사를 거절당했다. 테슬라를 세운 일론 머스크는 팔콘 로켓으로 수백만 달러를 날렸다. 이들은 모두 패배자란 존재하지 않으며 오직 승리자와 배움만이 있을 뿐이라는 교훈을 가르쳐준다.

실패하는 것은 아무 문제도 되지 않는다. 한 번 실패했다고 해서 다시 시도하지 않는 것이야말로 실패다. 오뚝이같이 몇 번이고 다시 일어서는 정신력이야말로 미국인들이 디지털 사업 분야에서 그토록 눈부시게 혁신적일 수 있는 이유다.

그러나 그 이면에는 기업에서 수많은 혼란을 불러일으키는 언어의 불명료함이 숨어있다. 영국인들은 작동하지 않는 모든 것에 대해 '실패Failure'라는 단어를 사용한다. 독일인들은 이보다 조금 짧은 '실패Fehler'라는 단어를 사용한다. 사람들에게 용기를 북돋는 메시지는 다음과 같다. "우리 회사에서는 누구든 실패해도 좋습니다.", "실패는 성공의 기회다." 혹은 "때로는 무언가가 잘못돼도 좋습니다."라는 식이다. 새로운 실패 문화가 디지털 변화의 상징으로 자리 잡았다. 좋은 의미에서 나온 말들이겠으나, 카테고리를 잘못 설정했다.

실패란 무엇인가? 무언가가 조직되면, 즉 '이렇게 해야 한다'는 규정이 만들어졌을 때, 실패는 목표Target와 실제Actual의 차이를 뜻한다. 예를 들어 예산과 실제 비용의 차이다. 우리는 이런 실패를 피해야 한다. 그럼에도 이런 실패가 발생한다면 (당연히 실패는 발생한다) 경영의 지혜가 개입한다. 이들은 실패를 비난하는 대신 그것을 수습하려는 식으로 반응한다. 그러나 그렇다고 해서 일반적으로 '실패가 허용된다'고 착각해서는 안 된다. 아니, 우리는 '실패해서는 안 된다.' 오히려 그런 일이 일어나지 않도록 모든 노력을 다 해야 한다. 아주 유명한 예를 하나 들어보자. 당신이라면 표어가 "우리 회사에서는 누구나 실패할 수 있습니다."인 항공사의 비행기에 탑승하겠는가? 글쎄다.

실패라는 말은 '실험에서 나쁜 결과가 도출되었다'라는 말과 확연히 구분되어야 한다. 실험은 완벽하게 결정된 것이 아니며 어떤 결과든 나올 수 있는 과정이고, 우리를 안내하는 역할을 한다. 실험이 결실을 맺지 못했다면 그것은 '실패'가 아니라 '좌절'일 뿐이다. 즉 수포로 돌아간 실험이다. 제약 회사들은 성공적이고 혁신적인 신약 개발과 이에 따른 높은 수익을 기대한다. 그리고 이런 개발 과정 중 대부분은 좌초한다. 누구도 이것을 실패라 칭하지 않는다.

그렇다면 어째서 실패, 실패 친화성, 그리고 창의성에 관한 토론이 새로운 노동 세계의 핵심 요소가 되었을까? 이것은 신성한 산업 패러다임과 관련이 있다. 산업 패러다임 속에서 사람은 '실패'를 대할 때 그저 그것을 '방지하는' 데만 힘을 쏟았다. 즉 미리 정의되고 표준화된 의무를 실수라고는 찾아볼 수 없이 완벽하게 수행하는 것을 전제로 한 이른바 완벽지향이다. 더 많은 목표를 입에 담을수록 오히려 원치 않는 실패를 '만들어내게' 된다. 이것은 오래된 조직의 사고방식, 즉 혁신과는 거리가 먼 규칙성, 질서, 반복 속에 굳어진 사고방식이다.

디지털 패러다임에서 '목표'는 다양한 방법을 허용하는 열린 공간이다. 이 공간에서는 시도와 오류가 근본 원칙으로 작용한다. 그런 의미에서 더 이상 '실패'를 논하지 말라. 이 말은 표준화된, 그리고 효율성에 의해 조종되는 기존의 프로세스를 위해 아껴두시라. 기업의 창의성을 다시 일깨우기 위해서 실패라는 단어를 사용할 필요는 없다.

◆ 원칙 40 ◆

실패는 우리를 앞으로 나아가게 한다

인생 경험에 따르면, 성공은 우리를 증명하지만 실패는 우리를 앞으로 나아가게 한다. 실패한 시도만이 교훈을 내포하고 있기 때문이다. 만약 교훈을 얻길 원한다면 말이다. 그런데 많은 사람들이 그러길 원하지 않는다. 그 이유는 앞서 설명했듯이 이들이 좌절과 실패를 혼동하고 있기 때문이다. 그리고 성공을 추구하는 사회에서 실패자보다는 성공한 자에 대해 이야기하길 원하기 때문이다. 사람들이 자신의 이미지를 계속해서 성공하는 사람으로 유지하길 원하기 때문이다. 그리고 사람들이 자신을 둘러싼 사회적인 환경, 즉 동료와 상사들을 그다지 신뢰하지 않기 때문이다.

실패를 겪음으로써 우리는 수많은 가치 있는 것들을 손에 넣을 수 있다. 예를 들면 경험이라든가 리스크를 두려워하지 않는 용기, 결단력 등등. 거기에 더해 기업 입장에서는 실패를 받아들이는 포용력까지. 실패가 우리를 앞으로 나아가게 만든다는 사실을 알고 있는 사람은 쉽게 포기하지 않는다. 게다가 우리가 실패함으로써 거의 항상 얻을 수 있는 이익이 있다. 바로 시장에 대한 지식, 소비자, 그리고 트렌드다. 극작가 사무엘 베케트Samuel Beckett는 다음과 같은 글을 남겼다. "계속 시도하라. 계속 실패하라. 괜찮다. 다시 시도하라. 다시 실패하라. 더 나은 실패를 하라!" 기업 내에 적합한 제도를 만든다면, 그리고 이 제도에 따라 앞선 교훈이 모든 이들에게 적용된다면 실패는 곧 성공이 된다.

실패한 업무 과정에서 발견된 보물을 발전시킬 방법은 다양하다. 내가 아는 몇몇 경영진은 직원들과 함께 매주 짧은 시간 대화를 나누며 '3F 협의'를 실행했다. 빨리Fast, 자주Frequently, 진보적인Forward-looking의 머리글자를 딴 것이다. 다른 사람들은 이와 비슷하게 'GL 전략'을 활용했는데 이는 영업 실적Geschäftsleistung의 머리글자가 아니라 '같이 배우기Gemeinsam lernen'의 머리글자다. 아마존에서는 오늘도 마치 스타트업에서 그러하듯 최신 실패에 관한 중요한 미팅이 열릴 것이다.

비교적 새로운 접근법으로는 이른바 실패담 컨퍼런스인 '퍽업나잇Fuck-up-Night(혹은 퍽업데이즈Fuck-up-Days)'이 있다. 이 행사에서는 각 회사의 경영진이 정기적으로 모여 자신의 실패담을 거리낌 없이 털어놓는데 다음 질문으로 막을 연다.

- 실패한 프로젝트를 통해 고객, 시장, 자기 자신에 대해 무엇을 배웠는가?
- 직접적으로 그리고 간접적으로 발생한 비용이 있는가?
- 실패에 좋은 점이 있었는가?
- '실패로 돌아가라'는 말을 얼마나 높이 평가하겠는가?
- 이렇게 터득한 깨달음을 한 문장으로 요약한다면?

이처럼 '실패란 아름다운 것'이라 여기는 문화가 호들갑스럽다고 생각되는가? 우선 시도해보라! 내 경험에 따르면 처음에는 다들 서먹한 태도로 참여한다. 그러나 이 과정에서 무언가를 얻는다면, 회사 직원들에게 리스크를 기꺼이 감수하고 결단력을 믿으라고 조언하라. 퍽업나잇은 '교훈을 배우는' 혹은 '서로 경험을 나누는' 점잖은 미팅과는 차원이 완전히 다르다.

이를 실행하는 데 한 가지 팁이 있다면 머나먼 과거에 숨지 않도록 참가자들을 격려하라는 것이다. 과거에 집착하면 현 상황에 대해 많은 것을 배울 수 없다. 한 가지 더. 자신부터 시작하라. 알을 깨고 나오라. 우선 시도하는 것만으로도 가치가 있다.

마지막으로 한 가지만 더하자면, 퍽업나잇을 진행함과 동시에 해결해야 할 작은 과제가 있다. 자신의 실패담을 적어도 하나 이상 늘어놓지 못하는 사람은 채용하지 말라. 이런 사람들은 디지털화의 문을 열 수많은 기회를 지나쳐버린다. 축구와 마찬가지다. 골대 앞에서 슛을 잘못 해본 경험조차 없는 선수는 골문을 열 가능성이 낮다.

◆ 원칙 41 ◆

재무 부서를 새롭게 정의하라

디지털 변화는 기업의 모든 기능 분야에 속한 일을 바꾸어놓았다. 어떤 일자리는 사라질 위기에 처했고 어떤 일자리는 가치가 상승했다. 앞으로는 무엇보다도 창의성, 감정 이입, 설득력이 요구되는 과제가 끊임없이 등장할 것이다.

일반적으로 이러한 측면에 속하지 않는 영역을 한번 살펴보자. 바로 통제Controlling 영역이다. 상상력이라고는 눈을 씻고 찾으려야 찾을 수 없다. 이런 핵심 영역에 존재하는 디지털 전문가들이란 기업 전체에 퍼진 양산 공정의 표준화에서부터 이사회, 투자자, 그리고 감사를 위한 디지털 콕핏Digital Cockpit•까지 생산성 향상을 가능케 하는 존재다. 그러나 앞으로는 애자일 방식의 민첩한 개발을 위한 놀이공간을 다양하게 만들고 조화시

• 비행기 조종석을 뜻하는 콕핏이 디지털화되면서 조금 바뀐 개념으로, 여기서는 IoT 기술을 이용해 자동차 등 탈것을 다른 기기 및 인터넷과 연결해 전방 영역에 각종 정보를 표시하는 기술을 말한다.

키는 것이 재무 분야에 훨씬 중요한 일이 된다.

통제가 노골적인 예측 가능성으로 국한되어서는 안 된다. 그러면 직원들이 흘린 땀방울이 상당히 제한된 가치를 지니는 것으로 여겨지기 때문이다. 단기적인 목표 달성은 더 이상 뛰어난 경영 성과를 증명하지 않는다. 새로운 아이디어가 테스트되어야 한다면 우리는 다음 사업계획 수립 시기가 돌아올 때까지 기다릴 수 없다. 이럴 때 우리는 더욱 빨라져야 한다. 유연한 기업은 그 유연성을 재무 분야에도 반영한다.

무엇보다도 스스로 혁신을 발전시키는 회사에서는 통제가 수행 과정을 동반하는 것이어야지 그저 결과를 보증하는 것이어서는 안 된다. 계획을 짜야 한다면 부디 간단하게, 꼭 필요한 경우에는 중간 수준의 범위로 만들어라. 시간 제한 때문에 프로젝트를 조정하는 일이 발생하기 전에 말이다. 그리고 통제권을 쥔 사람은 '통제의 환상'을 털어버리고 사람이 모든 것을 수중에 쥘 수 있다고 믿지 말아야 한다.

전통적으로 통제가 지니고 있던 권리는 이제 IT, 즉 디지털화로 만들어진 세상으로 옮겨왔다. 데이터는 통제의 손아귀에서 벗어났다. 그러나 그럼에도 아직 IT가 인계받을 수 없는 것이 있다. 배경을 비판적으로 따지기, 기업의 성향 정하기, 그리고 가정假定을 시험하기. 이것은 통제 영역이 해결해야 할 과제다. 데이터 추려내기, 데이터 평가하기, 거기서부터 도출된 의

문점 해결하기. 이것이 재무 부문의 새로운 역할이다.

시장에 생태계가 형성되면, 즉 시너지 효과와 함께 여러 시스템이 결합되면 통제의 의식구조가 바뀌어야만 한다. 개별 서비스나 매출이 아주 높은 제품을 격리해 계산하는 편이 이 모든 것을 생태계로 뭉뚱그려 간주하는 것보다 훨씬 간단하다. 한편으로는 상업적으로 아무런 의미가 없는 서비스를, 이를 이용해 디지털 생태계를 지킨다는 이유로 논쟁을 겪어가며 정착시킬 필요가 없어진다. 다른 한편으로는 관련성을 찾아내는 눈을 길러야 한다. 이는 여태까지 통제의 강점으로 꼽힌 적이 거의 없던 능력이기도 하다.

외적으로는 물론 내적으로도 효과적인 처방이 한 가지 있다. 당신의 통제를 생세포 치료live cell therapy●에 맡겨라. IT의 과제가 무엇인지, 통제의 과제가 무엇인지 명확히 하라. 통제하는 자의 동기를 절대 간과해서는 안 된다.

● 퇴행성 질환을 치료하기 위한 재생 요법으로, 장기나 태아, 동물의 배아 등에서 추출한 생세포를 주사하는 치료법이다.

◆ 원칙 42 ◆

혁신은 변방에서 시작된다

1800년대 독일에서는 온갖 사상들이 만발했다. 수많은 도시들이 창의성의 온실로 탈바꿈했다. 바이마르, 예나, 마르부르크, 괴팅겐, 그리고 할레 등의 도시로 각기 다른 재능을 가진 사람들이 구름처럼 몰려들었다. 유명한 비평가이자 소설가 마담 드 스탈(본명 제르맨 드 스탈Germaine de Staël)이 유럽에서 이름을 날린 사상가들은 모두 독일의 영향을 받았다고 말할 정도였다. 사람들이 서로를 이토록 자극해 다양한 결실을 맺도록 만들고 상호간에 최상의 지식을 이끌어내고 스스로가 최고의 경지에 올랐다고 믿었던 시대는 전무후무하다. 그야말로 천지가 약동하는 정신생활의 시대였다. 그렇기에 작은 독립 국가들이 수없이 생겨난 것은 아주 당연한 수순이었다.

시인 노발리스Novalis는 이러한 정국이 스스로의 내면을 들여다볼 수 있는 힘을 만들어낸다고 말했다. 마치 생명의 기운을 되살리기 위한 전기충격처럼. 이것이 놀라운 시대의 서막이 아니라면 대체 무엇이 새 시대를 열었다는 말인가?

오늘날은 어떤가? 이 시대 최고의 대학인 하버드, 스탠퍼드, 예일, 케임브리지, 그리고 스위스 취리히연방공과대학은 대도시와 떨어진 곳에 위치한다. 세상을 바꾼 스타트업들도 마찬가지다. 이런 스타트업의 주소는 마운틴뷰, 서니베일, 팰로앨토, 로스앨러모스 등이다. 전부 주민이 6만 명 수준인 소도시다. 철학자 마르틴 하이데거는 이렇게 말했다. "작은 도시에서는 생각을 매우 단단하고 날카롭게 제련할 수 있다."

창의성을 떠올릴 때 가장 주요한 장애물은 기업의 크기다. 거대 기업은 스스로 성공의 희생양이 된다. "우리는 늘 이런 식으로 일을 처리해왔어!"라고 생각하기 때문이다. 그러나 지방 도시를 거점으로 생겨난 중소기업이 향후 25년 동안 빛나는 별이 되리라는 징조는 점점 많아지는 추세다. 멀리 갈 것도 없이 최근 몇 년 사이 세상을 놀랜 선구적인 신기술을 살펴봐도 알 수 있다. 이런 기술은 대도시 지역의 거대 기업에서 탄생하지 않았다. 이는 인터넷은 물론 산업이나 서비스 분야에도 통용된다.

이에 대한 근거는 각양각색이다. 그중 한 가지 근거를 들으면 당신도 경악할 것이다. 이것이 비교적 새로운 연구 결과 밝혀진 결실이기 때문이다. 대도시에 기반을 둔 대기업은 '지나치게 정신이 산만하다.' 대기업은 수많은 주연배우와 조연배우가 등장하는 연극이다. 여기에는 커튼이 있고, 프롬프터•가 있고, 잘못된 배역이 있고, 끊임없는 잡담과 계속되는 방해공작이 있다. 숨 쉬듯 자연스럽게 창의적인 발걸음을 내딛기에 좋은 장소가 아니다. 게다가 대도시는 주의를 분산시키는 요소를 계속해서 만들어낸다. 이른바 기분전환 제작소다. 이런 환경 속에서 사람들은 집중하는 데 반드시 필요한 '긴 시간'을 누리기 어렵다.

내 개인적인 경험은 칼럼니스트이자 작가인 에릭 와이너Eric Weiner의 저서 《천재의 지도The Geography of Genius》와 방향을 같이 한다. 위대한 아이디어는 협소한 장소에서 나온다. 요컨대 창의성이 통통 튀는 사람들끼리 만나기에 충분한 크기이면서 이들이 자신의 창의적인 발견에 집중할 만큼 작은 장소 말이다. 소크라테스가 살던 아테네나 르네상스가 꽃핀 피렌체, 그리고 오늘날 스탠퍼드대학처럼.

그래서 나는 이렇게 추천한다. 베를린이나 실리콘밸리, 텔아비브, 런던 등에 정착하지 말라. 사방에서 칭송받는, 변하기 쉬우며 늘 잠재력만 보고 이어지는 '네트워크 일처리'는 잊어도 좋다. 이런 일들은 특정한 장소 없이 진행된다. 공항 근처에 위치한 중소도시에 주목하라. 예를 들어 브리검영대학이 있는

• 배우가 대사를 잊었을 때 알려주는 모니터 장치

유타 주 프로보는 현재 가장 좋은 인력 시장이다. 아니면 영국의 브리스톨이나 프랑스 보르도로 가라. 독일 포르츠하임도 나쁘지 않다. 창의성을 구체적인 것으로 만드는 장소는 '변방'이다. 중심 도시가 아니다.

◆ 원칙 43 ◆

성공적인 커리어에 대한 집착에서 벗어나라

성공적인 커리어를 이룬 어떤 사람이 반드시 가치 있는 변화를 이끌어냈으리라고 장담하기는 어렵다. 가장 이상적인 경영진은 '창조적인 파괴자'다. 그러나 커리어 시스템을 통해 보았을 때 이것이 절대 일어날 가능성이 없는 만일의 사태라는 사실을 우리는 모두 알고 있다. 대개의 경영자는 기업가가 아니다. 이들은 관리인이다. 경영자는 돈과 타인의 기대 수익을 관리한다. 사회적인 상승을 염두에 둔 사람이라면, 규칙과 관행을 따르는 편이 훨씬 이득일 것이다. 그리고 대부분의 조직에서 이런 일이 계속 이어진다. 한마디로 말하자면 가장 창의성이 없는 태도가 커리어를 보장한다.

커리어를 쌓는 데 전혀 관심이 없는 사람도 있을 것이다. 더욱 '심도 있는' 삶을 중요시하는 사람이라면 말이다. 그렇다면 더 창의적인 방식이 성공을 위한 길이다. 새로움을 추구하고 위험한 생각을 하고 아이디어를 풍부하게 만들면 집중력이 높아진다. 그리고 집중력은 마치 돛단배가 물살을 가르도록 만드는 바람처럼 우리 개개인의 삶을 추진하는 에너지다. 이렇게 증대된 생명력을 우리는 객관적으로 논증할 수 없다. 하지만 이것은 새로움의 탄생을 위해 필수불가결한 전제조건이다. 보장할 방법은 없지만.

우리가 의식적으로 창의력을 갖고자 힘쓸 수 있을지 여부도 불명확하다. 하지만 단 한 가지는 결정할 수 있다. 자신이 하는 일에 '애정'을 가지는 것이다. 스스로가 '애정으로 일을 하는 아마추어'라는 점을 인정하는 것이다. 그러면 창의성은 더 이상 다른 목적을 이룰 수단이 아니라 그 자체로 목적이 된다. 여기에는 다른 무엇보다도 커다란 장점이 하나 있다. 이로써 우리가 자주적인 사람이 된다는 것이다. 이것이 바로 자유다.

나오는 말

우리가 희망을 걸어도 좋은 이유

산업 기술은 전통적인 사회를 기계화하고 표준화했다. 새로운 세상에서 탄생한 디지털 기술은 역설적이게도 산업 기술이 억압하던 가치를 되살렸다. 사람을 그저 실행자가 아닌 창조자로 보게 된 것이다. 기업에서는 이것이 고객 다시 끌어들이기, 다시 협력하기, 창조성 다시 키우기로 구체화되었다. 보편성과 효율성은 뒤로 물러나고 특별함과 재능이 앞으로 나섰다. 이것이 바로 111가지 경영 조언을 담은 이 책의 핵심 주제다.

아마도 이런 의문을 품었을지 모르겠다. '다시' 하라고? 주변을 둘러보면 사람을 프로그램 실행을 위한 도구로만 사용하거나 '인간을 배제하는' 상황이 더 많지는 않은가? 혹은 일자리가 사라질까 걱정되지는 않는가? 어쩌면 디지털화가 자신에게 위협인지 아니면 기회인지 결정을 내리지 못하고 있을지도 모른다. 산타페 지역 신문 〈뉴멕시칸The New Mexican〉에 '디지털화에서 살아남는 방법'이라는 제목의 기사가 실렸다. 이 기사의 조회 수로 보건대 독자들 또한 디지털 시대에 살아남기 위해 심히 고민하고 있는 것 같다.

과감하게 미래를 내다보자. 우선 이렇게 질문하라. 기술 발전으로 대규모 실업 사태가 일어날 것인가? 역사가 대大플리니우스Gaius Plinius Secundus에 따르면 로마제국 제2대 황제 티베리우스Tiberius는 잘 깨지지 않는 유리를 발명한 자를 사형에 처했다. 유리 제조업계에 일어날 파란을 우려했기 때문이다. 이 이야기를 염두에 두고 다음 인용문을 읽어보라. "디지털화는 그것이 지금 현재 진행되고 있는 곳뿐만 아니라, 10년 전만 해도 이런 기술적 변화를 아주 먼 미래 혹은 사이언스 픽션이라 받아들이던 산업 분야에도 나타나 매우 빠른 속도로 진행될 것이다." 미국의 경제연구자 워너 블룸버그Warner Bloomberg가 지금으로부터 60여 년 전인 1955년에 쓴 책에 있는 문장이다. 단, 나는 당시 그가 '자동화'라고 쓴 것을 '디지털화'로 바꿨을 뿐이다. 이 문장이 우리에게 시사하는 바는 무엇인가? 이미 수많은 경제사학자들이 예전부터 강조하던 바로 그 내용이다.

경제에 지각변동이 발생하면서 이미 그 과도기부터 오래된 일자리가 사라진 것보다 더 많은 수의 새로운 일자리가 생겨났다. 그리고 모두를 위한 복지도 계속해서 향상되었다.

하지만 예언자 카산드라Kassandra가 아니더라도 누구나 처음으로 생겨난 새로운 일자리보다는 사라질 위기에 놓인 오래된 일자리를 먼저 생각할 것이다. 게다가 1890년대부터 제1차 세계대전 사이에 일어난 변화 과정보다 오늘날 디지털화가 과연 인간 삶의 가장 근본적인 부분까지 포괄하고 있는지 여부가 먼저 증명되어야 한다. 당시 유럽에는 전력이 보급되고 엑스레이와 비행기가 개발되었는가 하면 질소 비료와 아드레날린이 합성되었으며 라디오가 개발돼 방송이 시작되었다. 향후에 우리가 현재를 돌아보며 어떻게 평가하게 될는지 기다려보도록 하자.

그럼에도 디지털화될 수 있는 것은 결국 디지털화되리라. 그렇기 때문에 디지털화는 일자리를 없앨 수밖에 없다. 무엇보다도 금융 산업 분야와 전통적인 무역 분야에서 말이다. 얼마나 많은 일자리가 사라질지에 대해서는 예측 전문가들 사이에서도 의견이 분분하다. 숫자 또한 눈부신 억측에 불과하다. 앞으로 사라질 일자리는 여태까지 존재한 모든 일자리의 10%에서 최대 50%에 이른다는 의견이 제시되었기 때문이다.

변화가 빠르게 일어날까? 아니, 단기적으로 발생할 것이다. 향후 8~10년 동안 아주 작은 변화가 일어날 것으로 예상된다. 장기적으로는 이와 반대다. 장기적으로 보면 오래된 것이 새로운 것과 어울리게 된다. 경제사학의 관점에서 보면 기술적인 혁명이 일어났을 때 단기적인 영향은 늘 과대평가되었고 장기적인 영향은 늘 과소평가되었다. 사라지고 있는 일자리 중 대부분은 특별히 큰 손해가 되는 것이 아니리라. 대량생산은 사람의 일자리가 점점 더 기계처럼 변하도록 만들었다. 이제 이러한 작업이 실제로 기계에 의해 수행될 것이다. 적어도 일부분은 말이다. 과거에는 작업 과정에서 로봇과 사람이 철저하게 분리되어 있었다. 오늘날에는 초강력 센서 덕분에 사람과 로봇이 함께 일할 수 있다.

100년 안에 사람들이 지루한 문서 업무나 품이 많이 드는 육체노동과 이별하며 헤어짐의 눈물을 흘리게 될까? 여론 조사 결과도 이미 오래 전부터 직원들이 합리적이고 창의적인 과제를 원하고 있다는 사실을 보여주고 있지 않은가? 이를 위한 현실적인 기회가 존재한다!

고도의 기술이 만들어내는 하이테크 일자리들 건너편에 인간의 감성에 호소하는 하이터치 일자리들이 생겨난다. 하이테크놀로지 분야의 일자리 하나가 서비스 분야에 4개의 일자리를 만든다. 훨씬 더 많은 사람들이 앞으로 IT 시스템을 관리 및 감시하는 직종에 종사하게 될 것이다.

일자리는 개발도상국에서부터 산업 국가로 다시 이동해 늘어날 전망이다. 인간과 로봇 간의 협력을 지능적으로 배치하면 노동력이 저렴한 국가들의 이점이 사라지기 때문이다. 이런 인공적인 동료들, 즉 로봇 동료들은 장애인들에게도 새로운 기회를 열어줄 것이다.

SAP는 최근 자폐증을 앓는 사람들 120명을 채용했다. 모든 것을 감안할 때 이러한 움직임이 더 많은 일자리를 창출해낼지 아니면 없애버릴지 여부는 아직 알 수 없다. 히스테릭한 목소리가 이번에는 모든 것이 달라질 것이라며 우리에게 믿을 것을 강요하더라도 그 말이 사실인지 여부는 판단할 수 없다.

덧붙이자면 중부 유럽의 출생률과 이민률이 사망률을 따라잡지 못하고 있다. 게다가 베이비붐 세대였던 50~60대들이 노동 시장을 떠나고 있다. 바야흐로 인력이 부족한 시대가 도래하는 것이다. 노동력에 대한 요구는 미래에도 오늘날만큼 높겠으나 일할 사람이 수백만 명 부족해진다. 디지털화는 우리를 기다리고 있는 심각한 전문 인력 부족을 완화할 것이다.

이러한 발전 상황을 모두 종합했을 때, 우리는 문제의 '수적인 면'에 대해서는 두려워할 필요가 없다. 그러나 '질적인 면'에서는 어려움이 발생할 테니 긴장해야 한다. 전문 작업이나 표준 절차, 반복 작업이 뒷전으로 밀린다면 사람들과 그들의 능력은 그 이상으로 사용되기 시작할 것이다. 예를 들어 어떤 은행원은 아침에 출근해 컴퓨터를 켜자마자 원래 자신이 하던 일의 80%가 이미 완료된 결과물을 확인하게 된다. 리서치, 꼼꼼한 검산, 통계 처리 및 평가가 모두 완료되어 있다. 그러면 이 은행원은 더욱 본질적인 일을 할 시간을 얻게 된다. 사람의 직감, 즉 섬세한 정신espirit de finesse이 요구되는 일 말이다. 그리고 출금 담당 로봇이 제아무리 일을 잘하더라도 고객과 공감하거나 고객에게 정신적인 만족감을 주지는 못한다. 이런 업무 또한 사람 은행원이 할 일이다. 물론 사람 은행원이 이런 일을 '할 수 있어야' 하겠지만.

만약 기계가 우리를 위협한다면, 아래 세 가지 행동 전략 중 하나를 선택할 수 있다.

1. 스텝 업Step up : 계속해서 위계질서의 상위로 올라가기 위해 투쟁한다.
2. 스텝 어사이드Step aside : 디지털화가 불가능한 직업군으로 이직한다.
3. 스텝 인Step in : 지능형 기계들과 함께 일한다.

무엇보다 중요한 조언이 있다. 계속해서 배워라! 모두가 '테크놀로지'라는 기본 지식을 갖추고 있어야 한다. 디지털 분야에 뛰어든다는 말이 반드시 '젊어야' 한다는 뜻은 아니다. 부당 해고 보호법 뒤에 몸을 숨기고 겨울을 나려 하지 말라. 이것은 살아가는 것이 아니라 죽음을 기다리는 태도다.

그렇다면 사람들이 계속해서 떠드는, 소위 인공지능이 인간을 능가하리라는 말에는 어떻게 대처해야 하는가? 기계 혹은 인공지능이라 불리는 것은 사실 그저 금속 상자일 뿐이다. 금속

상자는 아무것도 이해하지 못한다. 이 기계들은 개별 사례들을 식별하고 기계학습(머신러닝)을 진행한다. 오늘날 슈퍼컴퓨터는 수준 높은 전문 시스템으로, 특정 학문 분야에 통달해 있어 사람이 도저히 이길 수 없다. 그러나 슈퍼컴퓨터가 하지 못하는 일도 많다. 부정확한 것을 올바르게 해내거나 불충분한 정보로 과제를 완수하는 일을 예로 들 수 있다.

어쨌든 기계 지능이란 편리하고 좋은 것이다. 그런데 대부분의 로봇은 사람의 손으로 프로그래밍되어야만 생산적인 일을 할 수 있다. 로봇은 매우 생산적이다. 그러나 로봇이 하지 못하는 일이 있으니, 바로 '터득하기'다. 사람은 생산적인 존재가 되기까지 로봇보다 더 긴 시간을 필요로 하지만, 신속하고 지속적으로 학습한다. 바로 이 학습 곡선이 사람을 로봇과 차별화하는 요소다. 물론 '아직'이라고 덧붙여야 한다. 아직 우리는 미래에 어떤 일이 일어날지 모른다.

기계는 데이터 처리 분야에서는 매우 지능적인 면모를 보인다. 하지만 인간적인 측면에서는 결코 지능적인 존재가 되지 못한다. 인간적인 측면이란 감정, 영감, 지혜, 슬기로움, 그리고 불명확한 것을 인지하는 능력 등을 말한다. 그리고 이런 능력 덕분에 우리는 오직 사람만이 할 수 있는 과제를 수행한다. 인간은 창의적인 과제, 개인화된 일, 복잡하고 특별한 일은 물론 신중한 검토, 감지, 가치평가도 처리한다. 또 대화, 온정 베풀기,

관계 구축하기 등의 사회적인 일도 할 수 있다. 일이 유익함 그 이상의 가치를 지니도록 만드는 분위기를 조성할 수 있는 것은 오직 인간의 지식뿐이다.

그러니 고개를 들라! 기술에 순응하며 물러나서는 안 된다. 디지털화는 우리의 기세를 꺾거나 우리를 끊임없이 밀려드는 데이터와 데이터 처리 기계의 발 아래 굴복시키는 이유가 될 수 없다. 오히려 고의는 아니겠지만 부작용을 낳을 것이다. 사람의 소질과 재능을 새롭게, 그리고 여태까지보다 더 높이 평가하는 부작용 말이다. 우리는 기술의 지원을 받으며 우리가 사회적으로 늘 원하던 위치에 도달할 수 있다. 바로 모든 개인이 중요한 세상, 즉 우리가 각자의 개성을 인정받는 사회다.

사람을 기업으로 다시 끌어들이기는 궁극적으로 언제 어디서나 사람만이 갖추고 있는 능력에서 유래한다. 스스로에게 반대하는 능력 말이다. 이 능력이야말로 사람을 모든 기계보다 뛰어난 존재로 만드는, 이른바 인간의 품격이다. 그리고 이것이야말로 사람이 완벽해지는 길이다. 나 또한 스스로의 의견에 늘 동의하는 것은 아니다.

옮긴이 강민경

대학에서 독어독문학을 전공하고 졸업 후 독일계 회사를 다니며 글밥아카데미 출판번역 과정을 수료했다. 독일 어학연수 후 현재는 바른번역 소속 번역가로 활동 중이다. 옮긴 책으로《젊은 베르테르의 슬픔》,《도대체 왜 그렇게 말해요?》,《피터 틸》 등이 있다.

효율성을 넘어 창의성으로

궁극의 차이를 만드는 사람들

초판 1쇄 발행 2020년 1월 2일
초판 2쇄 발행 2020년 8월 7일

지은이 라인하르트 K. 슈프렝어
옮긴이 강민경
펴낸이 유정연

책임편집 백지선 **기획편집** 장보금 신성식 조현주 김수진 김경애 **디자인** 안수진 김소진
마케팅 임충진 임우열 이다영 박중혁 **제작** 임정호 **경영지원** 박소영

펴낸곳 흐름출판(주) **출판등록** 제313-2003-199호(2003년 5월 28일)
주소 서울시 마포구 월드컵북로5길 48-9
전화 (02)325-4944 **팩스** (02)325-4945 **이메일** book@hbooks.co.kr
홈페이지 http://www.hbooks.co.kr **블로그** blog.naver.com/nextwave7
출력·인쇄·제본 (주)상지사 **용지** 월드페이퍼(주) **후가공** (주)이지앤비(특허 제10-1081185호)

ISBN 978-89-6596-358-5 03320

- 흐름출판은 독자 여러분의 투고를 기다리고 있습니다. 원고가 있으신 분은 book@hbooks.co.kr로 간단한 개요와 취지, 연락처 등을 보내주세요. 머뭇거리지 말고 문을 두드리세요.
- 파손된 책은 구입하신 서점에서 교환해 드리며 책값은 뒤표지에 있습니다.

이 도서의 국립중앙도서관 출판예정도서목록(CIP)은 서지정보유통지원시스템 홈페이지(http://seoji.nl.go.kr)와 국가자료공동목록시스템(http://www.nl.go.kr/kolisnet)에서 이용하실 수 있습니다.(CIP제어번호: CIP2019046633)